河合隼雄著作集

第II期

臨床教育学入門

5

岩波書店

序説　臨床心理学と教育

教育現場の重視

大学を卒業したとき、私は一生高校の教師をするつもりでいた。大学時代に一年休学してまで自分の将来について考え、それを自分の天職と考えるほどになっていた。しかし、高校の教師は同じことを教えることの繰り返しになり、マンネリズムに陥りやすいので、何らかの意味で「進歩」し続ける必要がある、という先輩の忠告を生かし、教師を続けながら臨床心理学を学ぶことにした。教師として生徒に接するときにその知見が役立つと思ったからである。

望みどおりに就職したときは、ほんとうに嬉しかった。幸いにも高校と中学併設の私立校であったので、中学生に教えることができたのも有難い体験であった。教師と生徒が非常に親しく、同僚にも恵まれたので、「わが生涯の最良の年」などと冗談まじりに言うほどの生活であり、教師という仕事にのめりこんだ。

私がまず関心をもったのは、知能が高いのに数学が極端に苦手な一群の生徒たちがいる、という事実であった。自分から見れば、極めて容易なことがなかなか理解できない。知能が低いのかと思うが、他の教科はよくできるので、私にとっては不可解極まるのであった。

そこで、校長に依頼して、そのような生徒たちに特別に補習授業をしたりした。個人的にもよく話合ったので、多くの興味深い事実がわかった。ここはそれについて論じる場ではないので省略するが、心に残ったことを少し述べると、まず数学という学問の性格上、どこかで一度つまずくとなかなか回復できず、そのために嫌いになって勉強しない、という悪循環が生じることがわかった。ひとつのトラウマが大きい影響を後に残すのである。そんなことを考えていたとき、幾何学の証明問題で、答を丸暗記してきた生徒が「一字だけ間違って書いた」。証明のプロセスとしてはナンセンスなので0点をつけるより仕方がないが、その生徒の丸暗記の努力をまったく評価しない0点をつけるのは、果していいのだろうか、と真剣に悩んだことがある。

そこで、その生徒を呼んで、その努力は評価するが「数学」としては0点をつけざるを得ない。「幾何学の証明は……」と熱心に説明した。しかし、勉強というのは先生に教えられたことを暗記することであり、「証明」などということの意味のわからないその子は、ポカンとしているだけだった。数学を教えることの難しさを痛感して私はやり場のない気持だったが、その生徒は最後はニッコリとして引き下っていった。数学はわからないが教師の熱意だけはわかったのであろう。

生徒と親しくなるにつれて、心の問題で相談に来る生徒が増えてきた。家族のことで悩んでいる生徒もあった。そのいずれもが、なかなか解決のつかないことであった。知能指数が高いのに成績が極端に悪い生徒もいた。その生徒の家庭を訪問し、親とも話合っていろいろ努力したが、ほとんど効果はなかった。この学校を去って大学に行くことが決まってから、何もできずに去ってゆく自分が後ろめたく、両親に教師としての自分の無力を詫びようとして絶句し、逆に慰められたりしたこともある。教育の現場は、なかなか簡単に解決しない困難な課題に満ちていた。

その後、大学に転職し、臨床心理学を専門にするようになるが、自分自身が僅か三年間ではあったが教師の体験をもったことは、その後の自分の仕事のためにかけがえのない価値あることだったと思う。アメリカの大学院やスイスのユング研究所などで、臨床心理学をじっくりと学ぶことになったが、私の教育現場に対する関心は決して薄くなることはなかった。理論や考察より前に、ともかく学校において深く悩んでいる子どもたちのために何とかしなくてはならない、という気持は非常に強い。それと、かつての自分がそうであったように、それらの子どもたちのために役立とうと努力している教師たちに対する「同志」としての気持も、いまだに強くもっている。

臨床心理学と学校教育

実際に教育現場に生じている個々の問題に対処してゆく上で、臨床心理学は私にとってもっとも強力な支えとなるものであった。教育について考えるには、その制度や社会との関係、その原理的考察、などと多くのことが必要になるが、私の最大の関心は、いま自分の前で悩み、困っている人を何とか援助したいということであった。そのためには、他のどのような学問よりも臨床心理学が役立つと思ったのである。

一九六五年にスイスより帰国してすぐ、私は京都市教育委員会の嘱託となり、当時、教育現場でとりあげられつつあったカウンセリングの指導を現場の教師にすることになった。そのなかで、特に忘れ難いのは、夏休みに約一週間の合宿研修に講師として参加したことである。もちろん冷房などない時代に、山の寺が涼しいので、そこに参加者全員が合宿し、一日中、教育現場の問題を論じるのである。小グループに分かれて話合いをするが、熱心のあまり自由時間も討論は続き、夜は二時、三時までも続くという状態であった。山積する学校現場の問題を、カウンセリングという新しい技法によって何とか解決したい、という熱気に満ちていた。

このような合宿はその後も続けられ、現場の教師の方たちと親しくなったので、折にふれて接触する機会が多く、常に教育現場のホットな問題について共に考える機会をもてたことは、私にとって非常に有難いことであった。これらの経験を生かして、教育のことに関していろいろと発言を重ねてきたが、それほど的はずれにならなかったのは、長い間共に歩み続けてきた教師の皆さんのおかげと思い感謝している。

ところで、合宿の間にそれぞれの教師が自分のかかえている「問題児」について話をした。不登校はすでにはじまっていた。盗み、うそ、暴力、喫煙、いろいろあった。暴力も烈しく、集団での対決や、学校のガラスを二百枚割った中学生もいた。いじめはまだ問題になっていなかったが、ともかく、どの教師も悩みをかかえていた。

合宿して十分な時間をとっての話合いなので、ひとつの例に対して各人が考え討論し合い、自分の体験を振りかえり、じっくりと取り組んでいった。その結果、本書にあげている多くの例のように、「悪い子」と思っていた子どもを、それほど単純に攻撃できなくなってきた。多くの場合、その「悪」の陰に多くの意味やメッセージがこめられていることがわかってきた。「問題児」とは、われわれに重要な「問題」を提出する子どもであり、われわれ大人はそれを解く義務があることがわかってきた。本書は言ってみれば、それらの「問題」とそれに対する私なりの「解答」を書いているもの、ということになろう。

子どもの提出する「問題」を解くためには、人間の心について深く考えてみる必要がある。盗みやうそなどについて、「悪い」というのは簡単であるが、それはなぜか、それに対してどうすればいいのかを考えるためには、人間の心に関する深い理解が必要になってくる。この点で、スイスのユング研究所で学んできたことは大いに役立った。当時の日本のカウンセリングはロジャースの説が強い影響力をもっており、それは、カウンセラーの基本的態度について学ぶべきことが多かった。ところが、人間の心の理解という点ではあまり学ぶところがなかったのに対して、ユング心理学の知見はそれを補ってくれるところがあった。と言っても、このような合宿研修の間に私は講義をしたことは一度もなく、話合いのなかでユング心理学の用語を使うこともほとんどなかった。

しかし話合いのなかで、本書のなかにも述べているように、盗みに関連してプロメテウスの神話を語ったり、母娘関係について、昔話のシンデレラを通して論じたりした。ユング研究所で、元型と元型的イメージのはたらきについて学んだことが生かされ、また話がよく理解されることを実感した。

臨床心理学の学会において、神話や昔話について述べることは、当時としてはすぐに誤解を招きそうなので言わなかったが、このように実際の現場で生きた人間に接している人に対しては、話が通じることを体験していた。それに少人数のグループなので、反応がよくわかるのもいいことであった。

ユング心理学において重要な「夢」についても、ほとんど話さなかった。自分は帰国後すぐに臨床の場では夢分析をしていたが、夢というだけで「非科学的」という烙印を押される危険は十分にあった。そこで一般に理解されやすい「箱庭療法」を先に導入することにした。当時奉職していた天理大学と、京都市教育委員会のカウンセリング・センターにおいて箱庭療法をはじめたが、それが有効であることはすぐに例証された。不登校、場面緘黙《かんもく》、吃音、チックなどの問題をもつ子どもたちがつぎつぎと箱庭療法によって治療された。箱庭療法によってイメージの大切さが多くの人に理解され、それを基にして「夢分析」についての理解も進んでゆくのだが、そのことは本題と関係がないので割愛する。

文化・社会への視点

教育現場における児童・生徒の問題解決のために臨床心理学が有効であることは、だんだんと明らかになってきた。それにつれて、教育現場とのつながりは、ますます強くなった。多くの治療を経験したなかで、特に印象に残った不登校の事例があった。それらの例においては、子どもたちがユングの言う母親元型の強い拘束力によって、まったく身動きのできぬ状態にあり、登校できないのであった。このような事例に接しているうちに、日本の社会全体に、母親元型の支配力が実に強くゆきわたっていることが明らかになってきた。

それまでの一般的な見方によると——欧米人でさえ——日本は父権の強い国ということになっていた。家父長の権力によって家族の自由が奪われているので、そのような封建的な体質を改めねばならない、という考え方が一般的であった。確かに戦前のわが国の家族制度にはそのような面があったし、「男尊女卑」の傾向も強かった。しかし、実際に欧米で生活してみて彼らの生き方に接していると、彼らが考えているような——それを日本のいわゆる知識人はすぐ直輸入するのだが——「家父長」とか「男尊女卑」などというのとは、日本の事情はどこか異なっていると感じざるを得ない。

このことは、不登校の子どもとその家族と親しく接していると、ますます強く感じられる。その上、子どもたちの夢を聞くと、グレートマザーのイメージの強力さが如実に感じられる。これらのことから次のように考えたのである。日本は常に母性原理の強い国であり、戦前はそれを補償するために家族制度としては家父長をたて、何とか母性と父性のバランスをはかろうとした。それが敗戦と共に家制度は崩壊したので、現在の日本の社会においては、母性原理の強さが目立つようになってきたのではないだろうか。

日本の社会を「母性原理優位」という目で見ると、実に多くのことがわかってくる。日本人特有の途方もない平等感というのも、そのひとつのあらわれであろう。欧米では一般に行われている小学校における「跳び級」や留年の制度を日本に取り入れるのは極めて難しいことである。あるいは、終身雇用制なども、これとの関連で考えることができるであろう。

日本の現代社会を父性原理、母性原理という観点でみると、日本は一応先進国のなかに入ってはいるが、他の国が父性原理優位であるのに対して、日本のみが母性原理優位であるという特徴をもっていることに気づく。このことは、わが国の現状に良きにつけ悪しきにつけ、いろいろな形であらわれてきている。このようなことを日本の社会に発言することも、われわれ臨床家の務めではないか、と思ったので、いわゆる社会学的な調査とか、制度の比較などではなく、個人の例を基にして、日本の社会や文化に関する考察を発表することを敢えて行うことにした。

最初に行なったのが「母性社会日本の「永遠の少年」たち」(『中央公論』一九七五年四月)であり、続いて同誌の十月号に「能力主義と平等主義」を発表した。両者ともに相当に反響があり、父性原理と母性原理という観点から文化・社会のことを考えてみようとする人がその後も生じてきた。

ここで少し困ったのは、原理としての「父性」「母性」ということを誤解する人がでてきたことである。もともとこのような命名は欧米人に日本文化のことを話すときに思いついたことで、よく理解されたのだが、日本人やアジアの国々の人にとっては、「父性原理」の強さというのが昔の権力的な父親像と結びついて、「昔の父は強くてよかった」というように誤解されることがままあることに気がついた。

原理としての「父性」は、ものごとを明確に区別判断する機能に関係しており、昔の日本の父親は個人としてものごとを判断するよりは、「世間」の考えに従って、それを子どもに押しつけるときは家父長としての権力をもってした。それは一見「強い」ように見えるが、「父性原理」はむしろ弱いのである。このことを明確にしておかないと、日本の母性原理の強さを反省して、「父権の復興」などということを言いたてることになる。日本においては「復興」などではなく、「父性」の強さを新しくつくり出す努力をしなくてはならないのである。

不登校や家庭内暴力などの事例に接していると、その子どもたちが無意識的にではあるが、自分の家庭の「父性原理」を強めるために行動しているのではないかとさえ感じさせられる。日本文化のもつ欠点をカバーするための「病」とさえ考えられるので、「文化の病」という考えを、本書のなかでも述べている。したがって、それらの子どもと接しているうちに、その子のみならず周囲の人間も変化してゆくのを見て、一人の個人の治療というより、文化の病の克服ということがそこに行われていると感じられるのである。

日本の教育改革

日本の教育を改革するべきであることは、多くの人の認めるところであろう。この点について、私も発言してきたし、政府や文部省(現文部科学省)の会議などに参加して改革の方向を見出そうと努力してきた。しかし、実際に考えてみるとなかなか困難なことが多い。

このことに関しては、本書の「日本の教育の底にあるもの」に論じているので、それを参照していただきたいが、日本の教育改革の根本は日本人の意識改革であり、それゆえに非常に困難なのではないか、と考えている。人間の意識は、思いの外に変り難いものである。簡単に言ってしまえば、日本人はこれまでよりも、父性原理をもっと身につける努力をするべきだ、ということである。ただ、これは母性原理優位を父性原理優位に取りかえろ、と言っているのではなく、これまで保持してきた母性原理を棄てることなく、父性原理も身につけよう、という主張なのである。両立し難いものを両立させようというのである。

故小渕恵三氏が総理に就任したとき、「21世紀日本の構想懇談会」を発足させ、私はその座長に就任した。二〇〇〇年一月に報告書を提出したが、そのなかで日本人にとって重要な課題として「個の確立と公の創出」ということをあげた。

これを受けて教育においても、「個の確立」「個性の尊重」ということが強調されるようになった。グローバリゼーションの波の激しい今日において、日本人が外国人と対等に意見を述べ討論できる人間にならなくては、日本という国の存続すら危うくなるであろう。政治、経済、外交、学術などあらゆる面においてこのことは必要である。

日本の教育はこれまでは、どうしても「追いつき、追い越せ」の姿勢が強調され、いかにして早く大量に先進国の知識を取り入れるか、ということに専念してきた。この点について言えば、日本の教育は大いに成功してきたと言えるだろう。明治の開国以来、日本人は途中に戦争による失敗があるにしろ、現在は先進国のなかに仲間入りをしている事実を見てもそれは明白であろう。しかし、今はこれまでの方法を続けてゆくことはできない。「追いつく」ことだけを考えていた時代は終り、むしろ、各人が自ら考え自ら判断する能力を身につけねばならぬ時代になったのである。

このようなときに文部省が平成七(一九九五)年に、スクールカウンセラーを教育現場に送りこむ試みをしたことを高く評価したい。われわれ臨床心理士が主としてこの仕事に従事しているが、これは時に誤解されるような、単に不登校の子を登校させるという対策的発想から出てきたものではない。臨床心理士の根本は、あくまで個人を大切にする、ということである。不登校の子どもをどうして学校に行かせるのかと考える前に、不登校ということを契機に、この子どもが学校について、将来の自分の生き方について、などと自ら考え判断することを援助するのである。

これまでの日本の教育は、集団的に全体の能力を高めるという点では成功してきた。しかし、日本人特有の集団の均質性への傾斜が強すぎて、そのために個々人の特徴を殺してしまうことが多かった。このことは「いじめ」の問題にもつながり、少しでも集団と異質と感じられた者は、良きにつけ悪しきにつけ「いじめ」の対象とされるのである。

日本の教師たちが、どうしても集団としての子どもたちの向上や安定を願う傾向の強いなかで、それと異なり、あくまで個人を中心として考えようとするスクールカウンセラーを外部から送りこみ、両者の切磋琢磨を通じて、日本の新しい教育をつくり出そうとする試みは、画期的なことであり、今後とも推進させてゆきたいものである。現在までのところ、よい成果をあげているのは嬉しいことである。

日本の教育改革として考えるべきことに、高等教育の問題がある。諸外国との競争に打ち勝ってゆくためには、大学および大学院のシステムが学術の進歩や社会の変化などに応じてゆくためのフレキシビリティをもつことが必要である。また、特別な能力を有する個人を大切にし、それが十分に発揮されるようなシステムづくりも必要である。

かつての日本において外部権力の侵入を防ぐため、教授会自治を守ってきたことは評価すべきである。しかし、どのような制度であれ長く続きすぎると硬直化する欠点が認められるもので、教授会自治の在り方についても、そろそろ反省してみる必要があると思われる。教授が新しいことに取り組むよりも、既得権を守ることに努力しはじめ、いつも多数決の原理によって運営されることになると、教授会の大勢は得てして保守的――保身的と言うべきか――になりがちで、思い切ったイノベーションが起こりにくくなる。しかも、そこに個人差を無視した絶対的平等感が強いとなると、せっかく創造的で新しいことを行おうとする人がいても、全体のなかに呑みこまれてしまうことが起こりやすい。これは、日本の研究者から創造的な人が出にくい、あるいは創造的な学者ほど海外に流出する、などということの原因にもなっている。

日本の教育改革は、家庭教育から大学院教育まで課題が山積していると言っていいだろう。他のところについて論議する前に、自分のかかわるところで改革をはじめることが第一であろう。

教育のことにかかわって発言することが多いためもあってか、私は「教育学者」として紹介されることがある。臨床心理学の専門家として、教育現場の実際を知ることが多く、それを土台として発言していることが、結局は一般的には「教育」のことを研究する人と思われたのだろう。このことは本書に論じる「臨床教育学」の発想へとつながるわけである。

道徳教育再考

戦後、わが国において道徳教育が論じはじめられた頃、一般的には反撥の方が強かった。私自身も戦争中の体験なども作用して、上からの押しつけを排したい気持があった。

その後長い期間を経て、最近また道徳教育の必要性を論じる人が増えてきたし、道徳教育アレルギーとでも言いたい傾向は相当に弱くなったと感じられる。上からの押しつけを排しているうちはよかったが、さりとて、自分はどのような道徳観をもつのか、それをどのようにして自分の子どもたちに伝えようとしたのか、を反省すると、あんがいその稀薄さに驚いてしまったり、最近の若者の行動を見ていると、その必要性が感じられたりする。

そこで極端な人は、すぐ昔にかえることを考える。何かの会議で、「昔の修身教育」がどんなに素晴らしかったかを強調する人がいた。私は「修身教育で鍛えられた日本の軍人が、戦時に海外でどんなことをしたかを考えていただきたい」と申しあげたことがあった。道徳の教育はそれほど単純にはできないのである。

「心の教育」などという言葉もある。しかし、人間はほんとうに「心」について教えられるだろうか。「シンナーを吸うのは悪い」と教えても効果がないことは多い。少年たちは「悪い」と知りつつしているのだ。そこで、大人に出来ることは、「悪いことはしない」心を育てることではないか。親も教師も「教える」ことに熱心すぎて、育てることを忘れている。このことを強調するために、私は「教師」も大切だが「育師」も大切だ、と言ったことがある。このことは大分一般に受けいれられるようになった。

子どもの心を育ててゆくなかで、人間は何をするべきか、するべきでないか、を共に考えてゆこうというので、本書に述べているような「考える道徳教育」ということを提唱した。そして自分も少し行なってみたり、現場の先生方にお願いして試みてもらったりした。これは大学でも行なってもらったが、なかなか反響はよいように思われた。

「考える道徳教育」は今後ももっと続けてゆきたいと思っているが、もう少し他のことも考えるようになった。それは多くの子どもに会っているうちに、基本的なしつけをまったくされていない子がいることに気がついた。そのままで大学生になっているのもいて、このような人たちと会い続けるのは非常に難しい。「考える」以前の問題である。

これは先に述べたように、日本人の価値観が、母性原理のなかに父性原理をどう取りいれるか、という点で大いに揺れていることや、戦後の価値観の変化などのため、親が子どもに示すべき規範がわからず、手放しの自由のなかで、子どもにしつけをする仕事を怠ってきたためと思われる。

しつけは深い人間関係を基盤として、文句なしになされることだ。しつけを支える親子関係が稀薄になっていることも、ひとつの要因になっているだろう。道徳教育を考える上で、これも大切なことだ。しつけは何と言っても家庭で行われるものだ。

それにしても、現代において子どもにどのようなしつけをすればいいだろうか。一神教を信じる人にとっては、神の命に従えばいいので、あまり迷うことはないだろう。しかし、一般的な日本人はそれほどの信仰をもっていない。それではどうすればいいのだろう。総理大臣や文部科学省が、「望ましい人間像」について語ったりすると、どれほどいいことを言っても、マスメディアは反撥するだろう。

最近は政府や自治体などの道徳教育を考える会にかかわることが多くなった。周囲を見ても、道徳教育にかかわっている臨床心理学者が割にいて、道徳教育に関する一般の考え方の変化を示していると思われる。それにしても、以上に述べた国民的課題に対して、どのように対処してゆくのか、いろいろ模索しているのが現状である。

河合隼雄著作集第Ⅱ期 第5巻　臨床教育学入門　目次

I

子どもと悪

Ⅰ　悪と創造

悪の問題を論じるのに、最初に、「悪と創造」を論じるのは、思い切ったことのように感じられるかも知れない。しかし、現代における「子どもと悪」について考えると、まず最初に心に浮かんできたのは、このことである。現代日本の親が子どもの教育に熱心なのはいいが、何とかして「よい子」をつくろうとし、そのためには「悪の排除」をすればよいと単純に考える誤りを犯している人が多すぎる。そのような子育ての犠牲者とでも呼びたい子どもたちに、われわれ臨床心理士はよく会っている。

そのような思いが強いので、どうしてもこのことを最初に論じることにした。なお、このようなことを考える上で、私は貴重な体験をした。それは現在日本で活躍しておられる人たちで、極めて創造的な仕事をしていると感じる人にインタビューをして、その方たちの子どもの頃について語っていただいたことがある。全部で十名の方々にお会いして、全体を通じて流れているモチーフは、「悪と創造」ということだと感じた。まずその経験から話をはじめてみよう。

1　創造的な人たち

創造的な人としてお会いしたのは、ジャンルもめちゃくちゃで、まったく恣意的な選択であったが、鶴見俊輔、田辺聖子、谷川俊太郎、武満徹、竹宮恵子、井上ひさし、司修、日高敏隆、庄野英二、大庭みな子、の方々であった。一人一人の人に長時間のインタビューをして、「あなたが子どもだったころ」という題でお話をしていただき、それを児童文学の雑誌『飛ぶ教室』に連載した(『あなたが子どもだったころ――こころの原風景』講談社+α文庫、一九九五年)。

誰もよい子ではない

一番最初に鶴見俊輔さんにお会いしたときのことは、今も忘れることができない。途中で体がふるえ出しそうになったほどの感激であった。鶴見さんにお会いするとき、もちろんその業績については知っていたが、子どもの頃についてはまったく知らなかった。お父さんは大政治家、お姉さんは一流の学者。というわけで、大変な「恵まれた」家庭に育ってこられたのだろう、ぐらいの漠然とした予想をもって臨んだ。

ところが予想はまったく裏切られた。「決戦また決戦」と表現されたような母・息子の凄絶な戦いのあげく、俊輔少年は自殺をはかり、カルモチンの致死量をのんで「渋谷の道玄坂をフラフラ歩いてたら巡査に捕まって、ビンタをとられてね」ということになる。中学生で当時の「カフェ」に入りびたりだったのだから、れっきとした「不良少年」である。これが「よい子」であるはずはない。

子ども時代の「暗い」思い出などという表現では不十分。それはまったくの暗黒である。しかし、その暗黒から鶴見さんの現在の創造的エネルギーが生み出されてきている、とも感じられるのだ。

鶴見さんのインタビューはこのインタビューシリーズの展開の予示のようなところがあって、後にもう少し詳しく述べるように、どの方をとってもお世辞にも「よい子」と呼べるような子ども時代を送っている人はいなかった。単純なレッテルを貼ると、不登校、盗み、いじめ、うそ、怠け、孤独、反抗、などなど「悪」のカタログができそうであった。

このようにレッテルを貼ってしまうと、「悪い子」ときめつけたくなる人もあるだろうが、実際にお話を聞いていると、そうとばかりも言えない感じがする。あっさり言うと、けっこうオモシロイのである。井上ひさしさんは、相当な「ワル」少年(それも知能犯)だったと思われるが、そのいじめやいじめの仕返しの話など、聞いていて思わず笑ってしまう。「子どものときには、ちょっとくらいいじめもやらなくちゃ」という気持さえ起こってくる。これはいったいどうしてなのだろうか。そのことについて考えていくことが、本章の目的だが、その前にもうひとつこれらの人の特徴について述べてみたい。

脱学校教育

インタビューも大分進んで八番目、当時の京大教授、日高敏隆さんにお会いした。日高さんは東京大学卒業後、京大の理学部の教授をしておられた。ところで、お話を聞いていると、「学校というところは三分の一ぐらいしか行ってない」と言われる。小学校は病弱でよく休んだ、中学は戦争中で工場に動員で行かされた、高校は通学に二時間もかかるので、ほとんどサボっていた。大学は父親が病気で倒れ、もっぱらアルバイトをしていた、という有様である。このことを聞いているうちに、インタビューをしてきた人たちが、ほとんど学校教育の恩恵を受けていないことに思い当った。

鶴見さんのことはすでに述べたが、武満徹さんも大学教育は受けておられない。中学のときは戦争中で、「教練の点が最低で」まず上級学校に進む可能性がなかった。何しろ、あれだけの作曲をするための準備を独学でされたのだからすごいものである。天才だと言ってしまえばそれまでだが、このようなことが可能なのだと示されると、一般の人も学校教育万能の考えから少しは自由になれるだろう。

現代の日本の親たちが望んでいる、いわゆる一流大学を卒業して、というようなイメージに合う人は一人もおられない。私はこの人たちを選ぶとき、もちろん、一流大学出身者を除外しようなどとは思っていなかった。ただ、非常に創造的でお会いしてもいろいろ自由に話をしていただけそうな人を選んだら、こんな結果になったのである。

庄野英二さんは、行こうと思えば普通の中学、高校と進める条件は整っているのに、農学校に行かれた。これは父親の考えによっているとのことだが、この選択がよかったか悪かったかはともかくとして、あのユーモアの豊かな作品を生み出す庄野英二さんを「学校教育」の成果とは思われない。

しかし、考えてみると「学校教育」というものは、一般に知っておくべきことを教えるのが目的なのだから、創造的な人とあまりかかわりがないのは当然かも知れない。谷川俊太郎さんと話をしていたとき、「大学に行かなかったのでよかったと思われますか」と誰かが質問すると、「そうとばかりは言い切れない」と答えられた。やはり大学へ行っていた方が、一般的な知識を能率よく広く取り入れることができてよかっただろうとのこと。ただ、ここで難しいのは、日本の学校教育が画一的で少しでも異質なものを排除しようとする力が強すぎるので、どうしても創造性の高い人はそこに入っていくことができない、という点である。

これから、日本の教育も変っていかなければならないが、ともかく、ここにあげたような例から考えると、一流大学へ入学するのが「よい」とか、学校へ行かないのは「悪い」とかそれほど単純に決められないことがわかるだろう。

個性を伸ばす、ということが日本の教育において、最近特に強調されるようになった。国際社会になって、日本人が画一的でなく、それぞれの個性をもった人間として他国の人とつき合う必要性を強く感じるようになったからである。したがって、小学校教育の時点においてもそのことを大切にしなくてはならない、と考えられるようになった。しかし、端的に言ってしまうと、個性の顕現は、どこかで「悪」の臭いがするのではなかろうか。

2　個性の顕現

好きなこと

個性の発揮のはじまりは、その人の「好きなこと」に熱中することからだと思われる。作家の大庭みな子さんは読書が好きで、子どもの頃から熱中したと言われる。それも大人の本を読むのが好きで、小学五、六年生のときから新潮社の『世界文学全集』を読んだりした。女学生のときは戦争中で「西洋のものは読んではいけない」ので『源氏物語』、『落窪物語』などを原文でどんどんと読んだとのこと。

横道にそれるが、当時は西洋の恋愛小説などは軟弱極まりないものとして「悪」とされていた。これは子ども心にも不合理だと思ったことを私もよく覚えている。そして、『源氏物語』などは日本のものなので許していたのだから、大人の設定する「善悪の規準」というものも、実に御都合主義的である。

この点はともかく、読書に明け暮れる大庭さんの子ども時代の交友関係をおききすると、「とても孤独でした」

とサラリと言われる。当然と言えば当然である。

このようなとき、教育熱心な先生はどう言うだろう。「読書もいいが、友人関係はもっと大切だ」とか「孤独はいけない」とか言うのではなかろうか。個性は悪の形をもって顕現してくる。幸いにも大庭さんの両親はこのような大庭さんの読書をそのまま受けいれられた。

大庭さんのような生き方は、現在だったらオタクと言われるのではないだろうか。司修さんの場合だと、「映画オタク」とでも言われるのだろうか。勉強もせずに映画ばかり見ていた、と言われる。「わけもわからないけれど、観たいという気持が起こって、映画が替わるたびに観にいってたわけだから、やっぱり何かを感じたんでしょうね」という司さんの言葉は意味深重である。「わけもわからない」ことなど、いくらしても意味がない、というふうに断定できないのだ。

この頃はあまり言われなくなったが、ネアカ、ネクラという分類があり、どうしてもそれに善悪の判断がつきまとっている。しかし、ネアカで非オタクというタイプの人は、いわゆるタレントには向くかも知れないが、おそらく創造性とは縁が薄いのではなかろうか。

「明るく、友達と仲良く」ということは、もちろんいいことである。しかし、大人は「いいこと」をすべて子どもに押しつけていいものだろうか。大庭さんや司修さんに親や教師が「明るく、友人とよくつき合う」ことを強制していたらどうなっていただろう。おそらく、この人たちが現在行なっているような創造活動は生まれなかったのではなかろうか。

私は中、高校生にカウンセリングをするとき、「好きなことは何ですか」ときくことが多い。なかには「暴走」とか「パチンコ」とか言って、ニヤッとしたり、ざまみろと言う顔をする高校生もいる。そんなときでも、それをほんとうに好きなのか、好きだとしたらどんなところがいいのかを真剣にたずね、その答に耳を傾ける。すると、その会話から、あんがいその子どもの個性的な生き方が導かれてくる。何かを好きと感じるということは偉大なことである。

集団に入れない

幼稚園に行くと、必ず集団のなかに入れないでいる子がいる。皆が戸外に出て遊んでいるときに、部屋のなかで椅子に坐って、ぼうっとしている。皆が入室するとき、一人で外で砂遊びをしたがる子がいる。このような子は、ともすると「悪い」子と見なされがちである。先生も、そのような子どもを集団内に入れこむために大いに努力をする。

ところで、お会いした十名の人たちの子ども時代は、集団になじめなかった人が多いのに気づく。もっとも、井上ひさしさんのように集団でワルをするような人もいるので、別に集団になじまない人の方がよろしい、などと言えるものではない。谷川俊太郎さんは、ずいぶんと昔に「不登校」になった人だが、どこか学校の空気になじめない。皆が画一的に行動するのについて行けない感じを受けたためだと思う。創造の道は一般的傾向とは、異なるものである。

谷川さんは「生意気だ」というので、いじめにあった体験も語っている。もっともこれは谷川さんにはあまり通用しなかったようだが、「生意気」というのは、日本的集団に入り切らない行動に対してよく言われる言葉である。創造的活動をしている人で、子どもの頃、あるいは、青年期に「生意気」と言われた人は多いのではなかろうか。このことは、「いじめ」のときにも詳しく述べることになるが、日本では創造性のある人がいじめにあうことが多い。これは、大人社会においても同様と言っていいだろう。

アメリカでは、むしろ逆に個人差を強調しすぎるようなところがある。小学校の授業などでも、それぞれの子どもが何とかして他人と異なる意見を言おうとするし、教師もそれを応援している。しっかり他人と同調すると「悪」の烙印を押されそうな感じがする。個性ということを前面に出そう出そうとしている。

日本でならすぐ「生意気」と言われそうな子が、アメリカでは評価されるし、「素直」と言って日本で評価される子は、アメリカでは個性がないなどと言われそうである。このあたりのことでは、「悪の文化差」などということさえ考えられるが、ともかく日本においては、どうしても創造性が悪に接近して受けとめられる度合いが高い。

3　自立の契機

創造性の高い人は自立的である。自分の考え、自分の判断などを踏まえて、しっかりと立つ力がある。と言っても、子どもはすべて大人の保護のもとに大きくなってくるのだから、自立に至るステップとして「反抗」が、まず生まれてくる。「第一反抗期」、「第二反抗期」などという言葉があるように、人間誰しもそれ相応の自立をしていくのだから、一般的に見ても、それなりの反抗期をもっている。ただ、創造性の高い人は、反抗の程度が他と異なっている。それに、反抗に限らず、悪というのは自立へのひとつの契機として生じることがある。

反抗

鶴見俊輔さんはすでに述べたように、首相にもなるかと思われている政治家の家に生まれた。母親は長男である俊輔さんを「幹部候補生」として育てようとした。何かにつけて絶対に優れていなくてはならない。「長男、なんだ！ってわけですよ。だから、ボカボカッとやられてるわけ。もうフラフラですよ。どうしたらいいのかねえ。つらい、つらい」という状態である。

この母親に対抗するとなると普通の方法では何の役にも立たない。結局、自殺という手段に訴えることになる。「手首を切るとか、カルモチンのむとか、たばこの「バット」を食べるとか、いろんなことをやりました。それと、今でも渋谷の道玄坂へ行くと思い出しますが、あすこのカフェ街でカルモチンをのんで寝てたんです。」ほんとうにすさまじいことだ。「それは、おふくろに対する一種の……何ていうのかなあ、対抗ですねえ。」「動機はというと、今から思うと単純なんです。おふくろに対して、はっきりオープンに世の中で復讐したかったんです。自罰的なんですね。おれは悪い人間だから死ぬ。悪い人間としてしか、おれは生きられないんだ。それですね。それも生の原型だな。」

これを聞いて、鶴見さんの母親を「悪い母」と思うのは速断である。鶴見さんもそのことは認識しておられ、自分の姉や弟にとって母親は何も「悪い」母親でなかったと語っている。これが家庭関係とか人間の「運命」としか呼びようのないものの不思議なところである。きょうだいのなかの誰かが「反抗」の役をしっかりと担うと、他の子どもはそんなことをあまりする必要がなくなることがある。家族はしばしば全体として運命を背負っているようなところがある。

鶴見家のこの凄まじい母・息子の対決について知ると、二人のうちのどちらが「悪い」などということではなく、そのような運命（というのが嫌な人は、「課題」とでも言うべきか）を背負っていたと思われる。鶴見さんのその後の人生をみると、この課題を生き抜いてきたとも言うことができる。もちろん、対決すべき相手は個人としての「母親」を超えてしまっているが。

後になって振り返って考えると、このような言い方もできるが、俊輔少年が母親との関係のなかで行なった行為は、その時にそれを判断するほとんどの人に「悪」というレッテルを貼られるものであった。母との対決のなかで、どうしても「正しい」相手に対して、子どもとしては、万引、性への強い関心、反抗的ないたずらなどに走らざるをえない。このようなさまざまの悪事を重ね、「ぼくは悪人」という自覚をもった子どもが、どのようにして、悪を創造の起爆力のようにして、今日、鶴見俊輔という思想家になったのかについては、新藤謙の『ぼくは悪人——少年鶴見俊輔』（東方出版、一九九四年）に詳しく語られていて興味深い。ここでは、これ以上に論じることは避けるが、私自身が高校の教師をしていた者として、果して自分の担任する子どものなかに、このような「悪い」生徒がいるとき、それに適切に接していけたかどうか、と考えると冷汗がでる感じがする。そんな「悪い」生徒は、退学にするべきだなどと考えたのではなかろうか。創造性というのはなかなか恐ろしいものである。

登校拒否

最近は学校に行かない子どもが増え、われわれはそれを一括して「不登校」と呼んでいる。かつては「登校拒否症」とか「学校恐怖症」とか言っていたのだが、そうすると、子どもが頑張って登校を拒否しているとか、あるいは、子どもが学校を恐ろしいところと思っているとか決めつける誤解が生じる。登校しない理由にしろ、その状態にしろ、実にさまざまなので、ともかく誤解を避けて一般的な名称として「不登校」と呼んでいる。

ところで、私がお会いした日高敏隆さんの小学生の頃の話は、まさに「登校拒否」の状態である。学校が「もう嫌になってね。断固いかなくなったんです」というのだから、文字どおりの登校拒否である。どうしてそうなったかを説明するためには、日高さんが子どもの頃に通っていた小学校の状況を少し述べねばならない。当時は軍閥の力がだんだん学校教育にも及んできて、なかでも日高さんの小学校はその最先端のようなところだった。「朝礼のときに、校長がこぶしを振り上げて列の中を歩いていく。だれかちょっとでもわき見をしたら、バーと殴り倒す。気持ちが悪くなって倒れでもしたら、蹴っ飛ばして列外にたたき出」す、というような恐ろしい小学校なのだ。日高さんは病弱な子どもだから、このような軍国主義教育は、たまったものではない。

その上、子どもの時から日高さんは昆虫に興味があった。現代ならともかく、当時だと「昆虫学で飯が食えるか！」というときである。親からは昆虫好きを否定される。学校は嫌だし、当時だと病弱なものはどうせ青年になっても辛いことばかりに違いない、というので、日高少年は真剣に自殺を考える。

ところが、担任の先生が素晴らしかった。どうしてわかったのか、日高少年の自殺の意図を見抜き、両親に対して、子どもが死のうとまで思っているのだから、何とか好きなことをやらせるようにと、昆虫学をすることを承認させてしまう。そして、少年に対しては、昆虫学をほんとうに勉強するためには学校の他の科目を勉強する必要があると説得して、少年に登校をすすめる。ただ、この先生の偉かったところは、自分の学校が日高さんに合わないことを認め、他の小学校に転校をすすめ、そこで日高さんは登校をするようになる。担任の先生が自分の力によって何とかしようとばかり考えず、転校を考えたりするところは大したものだが、この点は省略して、この「登校拒否」を日高少年の自立の契機として考えてみてはどうであろうか。

このときの少年の「登校拒否」は、まず学校に対する反抗として行われている。しかもそれは時代の潮流に対するものとも見ることができる。自立のための反抗は、必ずしも両親に対してする必要はない。自分を取り巻き、取り込もうとするものに対して向けるといいのである。しかし、親に対するときに比べると、時代の流れに対する反抗はなかなか大変である。少年は反抗に挫折しそうになり、自殺を思い至るほどになる。

鶴見さんの場合も自殺の意図が見られた。急激な人格の変容は、象徴的には「死と再生」の過程として表現するのが一番ぴったりであり、人格が急に変化するときは、その背景にいろいろな形で「死」がはたらいていることが多い。自殺はもちろん防がねばならない。鶴見少年や日高少年が、ほんとうに自殺していたら、現在の日本は非常に大切な人材を二人失っていたことになる。自殺はそんな意味でも「悪」である。しかし、だからと言って、それをすぐに排除するのも、どうかと思われるところがある。自殺して死ぬほどのところを経てこそ、二人の少年の自立性は高まるのである。

大人が「悪」と見なしていることを敢てするのは、大人に対する一種の宣戦布告のようなものである。「大人の言うとおりに生きているのではないぞ」という表現である。大人になって自分の子ども時代を振り返ってみると、自立の契機として何らかの意味での「悪」が関連していたことに気づく人は多いのではなかろうか。これはもちろん危険なことである。下手をすると、まったくの悪の道への転落につながるだろう。しかし、危険のない意味あることなど、めったにないと言うべきだろう。

4　悪と想像

創造性は、想像によって支えられている。想像する力がないと創造はできない。もっとも想像と言っても、そのレベルが問題である。気軽に逃避的になされるときは、人格の表層がかかわるだけである。ちょっと頭をはたらかせることによってできる。創造につながってくる想像は、もっと自分の存在全体とかかわってくる。時には知的なコントロールによっては止めることができないほどに、想像のはたらきが自律性をもっているとさえ感じられる。

想像のなかには、悪とかかわってくるものがある。子どものときに、「悪い空想」を楽しんだ人は多いのではなかろうか。性に関するもの、お金を盗むこと、暴力をふるったりすること、怠けること、などなど。やはり、想像のレベルが深くなってくると、平素は抑圧している内容がかかわってくるので、このようになるのだろう。

万引がしたい

作家の田辺聖子さんにも、「あなたが子どもだったころ」について語っていただいた。心が暖かく、そしてものごとのけじめのしっかりとついた両親に育てられ、経済的にも困ることはないし、一般的な意味における「よい家庭」であり、うらやましいと言えるような子ども時代であった。

そうすると、何も問題はなかったのか。お会いすると、まずはじめに迷子になった体験が語られ、次に「小ちゃなときの体験」については「悪いことばっかりしてた記憶がある」と言われる。そのなかで非常に印象に残ったことを次に紹介しよう。

田辺さんは万引について語られる。「万引衝動というのかしら、私、女学生のときにそれに悩まされた。大きな古本屋さんがあったんだけど、店員さんが少ないもんだから、目が行き届かなくてほんとにスッと取れそうに思うの。なんべんもしたろかしらなんて思うけど、ついにできない。それも、とくに、お金があるときにかぎって万引したくなる」とのこと。それは「小学校六年生ぐらいから女学校二年ぐらいまで」続いたのだから、その衝動をおさえるのは、なかなか大変なことだったろう。いったいどうしてそんなことになったのだろう。「お金があるときにかぎって」万引したくなるのだから、経済的理由でないことは明らかである。

ところで、その万引衝動は、あるとき突然に消えていった。女学校(旧制)の二年生のときである。その後、田辺さんは「小説の真似ごと」を書きはじめる。クラスメートが読んで喜ぶので、つぎつぎと書かれたらしい。それが、現在の作家活動の萌しであったことはもちろんである。このことを聞いて私が思ったのは、「万引衝動」と「創作活動」とは、根っこのところで微妙につながっている、ということであった。

盗みについては後に詳細に論じるが、田辺さんの場合は、創作として自分の内にあるものを表現する前に、外にあるものを何がなんでも自分の内に取り込みたい、という気持が高まったものと思われる。しかし、それは明確に意識されたものではなく、存在の深みのなかでうごめいているものだけに、「悪」の形を取りやすく、万引という欲求として姿を顕わしてきたのであろう。万引したかったのが「古本」だというのも面白い。古来からあるいろいろな知識や物語、それを語る手法などを、田辺さんは「盗み取ろう」としたのであろう。田辺さんの家の厳しい倫理観のため、それは幸いにも実行されなかった。別に実行しなくとも、その「意味」は田辺さんのものとなり、とうとう創作となって外に流れ出ることになった。

田辺さんの万引と創作の関係について考えているとき、シオランの「善良なるものは創造しない。それは想像力を欠いている」という言葉を思い出した。これは実に名言である。

悪の問題を考えるときに、厳しい一神教的態度によって、善悪を裁断してしまうのは、問題であると私は考えている。それでは多神教的に考えるとどうなるのか、ということがある。ここで、わざわざ一神教的、多神教的という表現をして「的」をつけているのは、信仰としては一神教を信じていても、人生の考え方としては多神教的なものを取り入れることは可能と考える考え方があるからである。シラキュース大学神学部教授のデイヴィッド・ミラーは一神教の信仰を持ちつつ多神教的な考えを展開しているが（桑原知子・高石恭子訳『甦る神々——新しい多神教』春秋社、一九九一年）、そのなかに、「バルカンのパスカル」と呼ばれるシオランの考えを紹介している。

シオランは、善悪を明確に区別し、悪を排除しようとする単純な一神教的思考をラディカルに批判している。ところで、先に引用したシオランの言葉は、彼の著書『悪しき造物主』（金井裕訳、法政大学出版局、一九八四年）のなかにある。これをもう少し長く引用してみよう。

「善良なる神、〈父なる神〉が創造のスキャンダルに手に貸したとは信じ難いことであり、信じられぬことだ。この神が創造に何らかかわりをもたなかったこと、創造がどんなことをも平然とやってのける神、堕落した（降格した）神の権限に属するものであること、これは例を挙げるまでもなく明らかなことである。善良なるものは創造しない。それは想像力を欠いている。ところで、どんなヤッツケ仕事とはいえ、一つの世界をつくるには想像力が不可欠なのである。」

どんなことであれ創造には想像力が必要であり、「善良なるもの」は想像力を欠いているので駄目だ。したがって、この世を創造した神は「悪しき創造主」だったのに違いない、というのがシオランの主張である。宗教にかかわる部分には触れないとして、この「善良なるものは創造しない」というのは、本章を通じて多くの例をあげて述べてきた「創造性と悪」という点にしっかりと呼応する言葉である。

恵まれた家庭に育って、そのまま「よい子」を続けていたら、田辺聖子さんはあれほど多くの素晴らしい作品を生み出すことはなかったであろう。お金があって買えるにもかかわらず、万引という悪の形をとって創造にかかわる心のはたらきが顕われてくることを、よくよく認識しておきたい。しかも、そのときは本人もわけがわからない状態なのである。

こんなことを言って、無分別に悪を称揚しているのではない。悪はもちろん大変な破壊性をもっている。すでに述べたように、鶴見少年や日高少年が実際に自殺してしまっていたら大変なことである。

日高さんの場合は素晴らしい担任教師がいた。鶴見さんの場合については詳しく語れなかったが、結局は母親から(そして、実は日本という母性社会から)離すのがよいとして、アメリカに留学させることを決定した父親がいた。このように、悪がポジティブに変容するとき、そこに重要な他者がからんでくることも、ひとつの要因である。それは必ずしもいつも起こるとは限らず、田辺さんの場合は「突然に」生じている。

このようにいろいろな例を見てくると、「悪」というのが実に一筋縄では捉えられない難しいものであることがわかる。それは無い方がいいと簡単に言い切れないし、さりとて、あるほどよいなどとも言っておられない。それは思いの外に二面性や逆説性をもっている。そこで、まず「悪と創造」というところから——これが大切と思ったので——話をはじめたのだが、ここで、そもそも悪とはどんなことなのかについてあらたに考えてみることにしよう。

Ⅱ　悪とは何か

はじめに「悪と創造」ということを取りあげ、悪を単純に排除すべきものと考える人には、少しショックになるようなことを述べた。後にも何度も例をあげることになろうが、教師や親が悪を排除することによって「よい子」をつくろうと焦ると、結局は大きい悪を招き寄せることになってしまう。そのことをまず始めに認識して欲しかったのである。

しかし、悪と創造とか、大きい悪などという、悪とはそもそも何なのか。いったいそれをどのように定義するのか。これはあんがい難しいことである。特にキリスト教文化圏においては、神の言葉に従うことによって、善悪の判断が非常に明確なのはよいとして、それでは、そのような至高至善の神がこの世を創り出すときに、悪をそのなかに入れこむことなど考えられない、などと疑いはじめると、この問題は非常に難しくなってくる。そんなわけで、悪は宗教、倫理学においては極めて重要なこととして論じられてきた。

しかし、「悪の心理学」というと、そんなのはこれまであまり論じられたことがなかったのではなかろうか。心理学を専門にする者として、悪とは何かについて、自分の専門の立場から考えてみたい。

1　悪の心理学

『悪の哲学ノート』(岩波書店、一九九四年)において、中村雄二郎は「〈悪〉というのは理論的にはほとんど解明されてこなかったのではなかろうか」と述べ、それに続いて「認識にとっては、〈悪〉はまことに手ごわい相手なのである」と指摘している。したがって、「悪の哲学」というのは、例外的なものを除いて、あまり存在しなかった。

それでは心理学はどうであろうか。「悪の心理学」という著書は今までのところ、筆者は寡聞にして知らない。これは意外のようだが、心理学の伝統のなかで考えるとむしろ当然のことである。心理学は近代になって、近代科学の方法論によって学問体系をつくってきたので、善悪などという価値判断はむしろ研究の対象から除外しており、悪などということは最初から問題にならなかった。したがって、「悪の心理学」などは、まったく考えられなかった。

人間の主観の世界を取り扱わざるをえない臨床心理学は、今世紀になってから遅れて出発してきた。それを専攻する筆者は、どうしても悪のことを避けては通れないと考えている。そこで、ここにその試論とも言うべきものを述べてみたい。

悪は存在するか

日本の「学」というのはすべてヨーロッパをモデルにしている。そこで、まずヨーロッパに目を向けるが、そこでは実に長い間、「悪は存在するか」、「悪はどこから来るのか」についての論争が続けられた。それはすでに少し触れたように、至高至善の唯一の神をいただく限り、悪がどこから来たかを説明するのが極めて困難なためである。

この問題を解決するために、悪とは「善の欠如」であるという理論が神学のなかで考え出された。神の創造した世界なので、本来は悪というものはないのだが、善の欠如態として悪は存在することになる、と考える。これは神学的には見事な考えである。現実を見ていると悪が存在するように思えるし、さりとて至善の神が悪を創ったとも考えられないので、このような説明を考え出したのであろう。理論としては、そうとも言えるのかと思うが、自分が実際に生きている実感としては、悪は存在していると言いたくなってくる。どうしても「悪人」と呼びたい人はいるし、自分のことを考えても、我ながら「悪い」ことをしたと思うときがある。

子ども心にも、親に叱られるという前に、自分なりに「悪い」ことをしたと感じることがあったのを思い出す。実際に子どもたちを見ていても、三歳児になると自分なりに「悪い」と感じている様子がうかがえる。あるいは、悪いと知りつつやっていることが、こちらにも感じられたり、子どもなりに悪いことを何とかごまかそうとしているのが見られたりする。

次に小学校一年生の詩を紹介する。これは鹿島和夫の担任する一年生、ごうだなおと君の詩である(鹿島和夫・灰谷健次郎『一年一組　せんせいあのね　いまも』理論社、一九九四年)。

うそ

ごうだ　なおと

ぼくは学校をやすみました
おかあさんにうそをついたからです
なんのうそかというといえません
おかあさんをなかしてしまいました
ぼくもなきました
おかあさんは
こんなおもいやりのない子とはおもわんかった
こんなくやしいおもいをしたのは
はじめてやといいました
ぼくはあほでまぬけで
ばかなことをしたとおもった
ぼくもかなしくてこころがいたい
それでもおかあさんは
なおちゃんのことがだれよりもすきやでと
だきしめてくれました
もうにどとしません

この詩を読むと、小学校一年生の子どもが、非常にはっきりと自分が行なった「悪」を自覚していることがわかる。そして、それに対する自責の念も明白である。悪によって、子どもが悲しみ、母親も悲しみ怒っている。しかし、その後で母と子との心は、以前よりも通じ合う関係になる。

こんな例を見ると、難しいことを考えずに、ともかく「悪」が存在することは認め、それに対して、人間の心がどのようにはたらくのか、そこからどんなことが生じるのかを見るべきだ、と思われる。

破壊力

悪とは何かを定義することは難しい。中村雄二郎は先にあげた書物のなかで、悪を「〈存在の否定〉あるいは〈生命的なものの否定〉」として捉えている。一番明白な場合を考えるなら、人間は自分を殺そうとする者に対しては「悪」と感じるのではなかろうか。そして、それに対しては戦わねばならないと思う。これを出発点とすると、人間は自分の存続のために、何らかの集団をつくっており、その集団――一種の生命あるもの――の否定を悪と感じることになる。

ここに、悪の問題が複雑化する緒がある。つまり、集団の維持にはある種の規約が必要となり、その規約を破ることが、悪になってくる。なかには便宜的と思えるようなのもあるが、それを破ることによって集団の秩序が破壊されるので、それは悪ということになる。このようなことがわかり、悪が何かがわかると、人間はそれをせずにいるか、というと、そうはいかないところに人間の不思議さがある。悪いと知っていてもやってしまう。

秩序を破壊することが自分にとって利益でもないのに、あるいは損であるとわかっていながら、人間はやってしまうことがある。これは大人でも子どもでも同様である。「悪の誘惑」、「悪の魅力」ということを考えざるをえない。それはなぜかについては後で考えるとして、このような破壊性、悪と名づけたい傾向を「人間の心」がもっていることは、認めざるをえないのではないか。

もちろん、そのような特別な場合ではなく、自分の利益を優先して、他のことを考えない、あるいは無視することによって生じる悪は多い。例に出した、ごうだなおと君の詩の場合でも、おそらくごうだ君は何らかの自分の都合で「うそ」を言ってしまったのだろう。しかし、うそというのは秩序を破壊する力が強いので「悪」とされている。集団全体の規則を破っているのだ。

悪を行なってはならないということは、悪の規準が文化によって差はあるにしろ、いかなる文化においても強調されてきたことである。しかし、どの文化でも悪人が絶えてなくなるということはない。やはり、悪の存在というのは、人間生活において重要なことである。

2　悪の両義性

悪がなくならないということは、人間の心に本来的に悪が存在しているからだとも言えるが、それが人間生活にある種の意義をもっているからだと言えないだろうか。悪は不思議な両義性をもっている。そのことを端的に示す例がすでに述べた「悪と創造性」ということになるだろう。これは、いかなる創造にも背後には「破壊」がつきまとう、ということではなかろうか。われわれが生きている世界はすでに何らかの秩序をもっている。そのなかで何かあらたにつくりだそうとするならば、古いものを破壊する必要がある。もっとも、それが破壊のみに終ってしまうと無意味になるが。

悪の魅力

子どもたちを見ていると、空き缶を蹴とばしたり、ダンボール箱を踏み破ったりして大喜びしていることがある。創造につながる破壊などと難しいことを言わなくとも、そのこと自体に魅力があると言っていい。このようなことをしながら、将来の創造活動に備えているのかも知れない。それはともかく、悪というもののもつ魅力を子どものときに感じたのを思い出す人は多いだろう。

悪の魅力を語った名文として、ヘルマン・ヘッセ『デミアン』(実吉捷郎訳、岩波文庫、一九五九年)をあげたい。筆者は、青年期にこれを読んで心を惹きつけられたのを忘れることができない。『デミアン』の冒頭は「ふたつの世界」について語ることからはじまる。主人公は十歳の少年。「片方の世界は、ぼくの生まれた家だった。いや、それどころか、もっとせまいものだった。じつを言うと、ぼくの両親をふくんでいるにすぎなかった。この世界は、大部分、ぼくにとってはなじみのふかいものだった。その名を父母と言った。その名を愛情と厳格、模範と訓練と言った。この世界には、なごやかなかがやき、あきらかさ、そしてきよらかさが、所属していた。ここには、おだやかな、やさしい言葉、洗いきよめた手、清潔な衣服、よき風習が、住みついていた。」

ヨーロッパのプロテスタントの「よい家庭」の記述がこの後もながながと続く。ヘルマン・ヘッセ自身の体験がここにはそのまま描かれていると言っていいだろう。それでは、これに対する「もうひとつの世界」はどうなのだろう。

「ところが、もうひとつの世界は、すでにぼくら自身の家のまんなかで、はじまっていた。そしてまったく様子もちがえば、においもちがうし、ことばもちがうし、別のことを約束したり要求したりした。この第二の世界には、女中や丁稚《でっち》がいたし、怪談や醜聞があった。そこには、途方もない、心をそそるような、おそろしい、なぞめいた事物の、雑然とした流れがあり、屠殺場だの、刑務所だの、よっぱらいだの、がなりたてる女たちだの、子を生みかけた牝牛だの、たおれた馬だのといったようなものがあり、強盗や殺人や自殺などの話があった。」

ここに語られるふたつの世界について、割切った言い方をすると、前の世界が「善」で、後の世界が「悪」である。そして、どちらが魅力があるかというと、どうしても悪の世界の方になるのではなかろうか。『デミアン』においても、主人公の少年は、だんだんとその魅力に惹かれていく。これはどうしてだろう。やはり、悪の世界が未知なものを秘め、活力に満ちているからではなかろうか。それは確かに「恐ろしい」世界だ。しかし、「心をそそる」ものがあり「謎めいた事物」がある。ダイナミックな動きがある。これに対して、「善」の世界の方は平和でいいのだが、あまりにスタティックで、下手をすると退屈につながりやすい。あるいは硬直化しやすいと考えられる。

こんな言い方をしていると、悪即生命力、魅力的などということになって、それは善ではないのかということになりそうだが、話はそれほど簡単ではない。それのもつ破壊力に直面するときは実に恐ろしい。『デミアン』の主人公も悪の世界に接近して恐ろしい経験をする。

関係の解体

スピノザの『エチカ』は文字どおり倫理の書である。難解でわれわれ凡人にはなかなか歯が立たないが、彼の主張のひとつとして、中村雄二郎の前掲書にもあるように、悪を「関係の解体」として捉えることがある。確かにこれは適切な表現である。いろいろな悪の様相を考えると、そこに何らかの「関係の解体」が存在していることがわかる。

しかし、この言葉を見て筆者がすぐに感じたのは、これこそ近代の自然科学の命題そのものではないか、ということであった。そもそも人間は自然の一部として生きてきたのに、その関係を解体し、人間が自然の外に立って、関係のないものとして観察をすることから、近代科学がはじまったのではなかろうか。あるいは、人間存在として全体性を保っているのを、敢て心と体に解体して考えることによって近代医学は進歩したのではないだろうか。こんな考えをこれ以上展開する気はないが、これによって見ても悪の両義性は明らかである。

関係の解体による近代の科学技術を、人類の進歩として喜ぶ側に立てば、それは「善」につながるし、最近意識されてきたように自然破壊を憎む立場に立つと、それは「悪」につながってくる。これは人間の本性のなかに、自然の流れに反するものがあるというところに、その根本があると思われる。人間が自然のままだったら今日の文明はなかったろうし、さりとて、その発展を「善」として手放しで喜んでおられないのが現代の状況ではないだろうか。

何だか話が「子どもと悪」からずいぶんと離れたところに行ってしまったようだが、子どもの教育や育て方について考えるとき、現代においては、このあたりまで考えておかないと、いったいどのような子育てが「よい」のかどうかわからなくなってしまうのではないか、と筆者は考えている。子育てをするときに「自然にかえれ」と単純に主張するのもどうかと思うのである。自然との関係をどのようにもつのかを考えるのは、大切であるが。

3　根源悪

悪の両義性はいくら論じてもつきるところがない。したがって単純な悪の排除は大きい悪を招く、などと言いたくなる。しかし、そのような「悪とは何か」という一般論ではなく、一人の人間として人間が生きていく上で、何と言っても「悪い」、本人としても弁解しようもない「悪」がある、ということを認めることが、「悪の心理学」としては必要であると思う。小学校一年生のごうだ君も詩のなかで、「ぼくはあほでまぬけで／ばかなことをしたとおもった」と言い、それが弁解の余地のない悪であることを認めている。

悪の体験

多くの人に読みつがれてきた、オルコットの『若草物語』には、どうしようもない悪の体験が見事に描かれている。これは四人の姉妹の物語である。話を要約して示す。

年上の二人、メグとジョーはボーイフレンドのローリーと観劇に行く。妹のエミーがついて行きたがるが、ジョーは足手まといだと泣いているエミーを置き去りにしてしまう。腹を立てたエミーは、ジョーが大切にしている彼女の書いていた小説の原稿を燃やしてしまう。ジョーの怒りを見てエミーは反省してあやまるがジョーは許さない。

その後でジョーはローリーとスケートに行く、後からエミーが追いかけてくるのを見て、ローリーは氷が薄いので岸に沿って滑るように言う。ジョーはそれを聞いたが、エミーには聞こえなかったようだ。そのときジョーの心のなかにいる「小さな悪魔」が「エミーに聞こえようと聞こえまいと」とささやく。ジョーはそのささやきに従ってしまったので、エミーは氷を割って危うく死にそうになるのをローリーの機転で助かる。ジョーはまったく打ちのめされてしまう。自分が「小さな悪魔」のささやきに従ったばかりに、もう少しで妹を殺してしまうところだった。彼女はいてもたってもいられなくなり、母親にすべてを打ち明けて泣く。

この次の展開は後に述べるとして、このような「悪のささやき」は誰にもあること、つまり根源悪と呼びたい悪は、いつでも人間の心をとらえようとしていることを、われわれは忘れてはならない。ここで、エミーが死ねば、悪の両義性などと言っておれない。

悪が一定の破壊の度合をこえるときは、取り返しがつかないことを、人間は知っていなくてはならない。そして、そのような可能性を秘めた根源悪は、思いがけないときに、ひょっと顔を出すのだ。そして、後から考えると何とも弁解のしようがない状態で、人間はそれに動かされてしまう。このことをよく心得ていると、大切なときに踏み止まることができる。

それを可能にするためには、やはり、子どものときに何らかの深い根源悪を体験し、その怖さを知り、二度とはやらないと決心を固くすることが必要である。筆者は、非常に多くの人がこのような体験をもっているのではないかと思っている。そして、そのときに大人がどのように対処したかが、その人の人生にとっても大きい意味をもつものと思う。

関係の回復

子どもの悪の体験に対して、大人はどうすればよいのか。それは前掲のごうだ君の短い言葉によく示されている。子どもの悪に対して、母親は「こんなくやしいおもいをしたのは／はじめてやといいました」、つまり厳しい叱責があった。そしてごうだ君も深く反省した。しかし、それだけで話が終ったのではない。「それでもおかあさんは／なおちゃんのことがだれよりもすきやでと／だきしめてくれました」とつづく。

ここには見事な「関係の回復」がある。そして、そこに回復された関係は、以前よりも深くなっている。悪を犯した者を激しく叱責しながら、にもかかわらず関係が回復される。それは、叱責する側の大人もやはり人間として根源悪の恐ろしさを体験したことがあるからではなかろうか。根源悪は厳しく拒否しなくてはならない。にもかかわらずそれを犯した人間と関係を回復すること、そこに愛ということがはたらくのではなかろうか。悪と関係なく、よいことずくめの人と関係をもつのは当り前で、愛とか何とか言う必要はない。「にもかかわらず」というときに愛のはたらきがある。

このことは、『若草物語』の方では、もう少し具体的に語られる。ジョーが自分のしたことを悔んで、母親のもとで泣き崩れたときに、母親は「そんなになかないで。だれにも経験はあるのよ。おかあさまにも、よく似たことがありましたから」と言う。ここで母親は裁く人としてではなく、根源悪の体験をした先輩として語っているのだ。しかも彼女は、自分の怒りっぽいのを直すのに「四十年もかかったのよ」と語っている。悪との戦いは、それほど簡単ではないのだ。

このような母親の態度に支えられて、ジョーは妹のエミーと「しっかりとだきあった」。ここにも見事な関係の回復がある。そして、この姉妹の絆は前よりも一層強いものになっているはずである。姉妹が仲良くするのが、よいことなら、そのよいことをするように努力すればよさそうだが、その関係を解体してしまうほどの悪の体験があってはじめて、その仲が以前にもまして強化されるところが、人生の不思議なところであろう。

だからと言って、悪は何も歓迎すべきものではない。『若草物語』の場合にしても、少し間違っていれば、エミーは溺死し、ジョーは一生の間、妹を殺したという罪をかかえて生きてゆかねばならないであろう。したがって、大人は子どもに根源悪の恐ろしさを知らせ、それと戦うことを教えねばならない。時によっては厳しい叱責も必要であろう。しかし、そのことと子どもとの関係を断つこと、つまり、悪人としての子どもを排除してしまうこととは、別のことなのである。自分自身も人間としての限界をもった存在であるという自覚が、子どもたちとの関係をつなぐものとして役立つのである。そして、そのような深い関係を背後にもって、悪も両義的な姿を見せてくると思われる。

Ⅲ　盗　み

盗みは悪である。とは言っても私有財産というのが明確に定められていないところでは、盗みの定義があいまいになってくる。たとえば、大地などというものを私有することはありえないと考えているネイティヴ・アメリカンに対して、土地の私有を白人が認めているとき、白人が自分の土地と思っているところの穀物を彼らが「盗んだ」と断定しても、彼らにとっては、すべての人間の共有する大地の恵みの分け前をいただいたのに過ぎない、というような場合がある。

幼い子どもの場合は、これに近いことがある。欲しいから、ただ単純に何かを自分のものにしたと子どもは思っていても、それは大人からみると悪になる。もちろん、このようなときに大人は子どもを責めないが、その行為を「いけません」とたしなめ、それによって、他人のものを勝手にとることが悪であることを教える。子どもはこのようにして学習していくが、欲しい気持があまりに強いときは、つい自分のものにしようとする。「出来心」という、うまい表現が、このような状態を示すのに用いられる。大人になっても、「出来心」を弁解に用いる人もある。

しかし、盗みを「出来心」によってのみ説明するのは、あまりにも表層的である。他の多くの悪と同様に、それはそれなりの意味をもっている。盗みは悪として禁止すると共に、その意味について考えることが必要である。

それによって、子どもの盗みに対処することができると考える。

1　盗みの魅力

盗みは悪であるとよく知っていても、それが魅力をもつことを、子ども心に感じ、その行為をしてしまった思い出をもつ人は多いであろう。「悪」という烙印を押すよりも、「子どものいたずら」という分類をする方がいいかも知れない。筆者の子どもの頃は、田舎に育ったということもあって、そのような「盗み」をしたものだ。他人の畠の農作物や、柿などをちょっととって食べる。もちろん、見つかるときつく叱られるし、それが悪であると知っている。しかし、そこのところにスリルがあり、魅力がある。

これは店の品物を盗むのとは異なる、と何となく子ども心に感じていた。はっきりと意識していなくとも、「大地の恵み」の共有性のようなことを感じていたのかも知れない。大人も特別な人でない限り、怒りはしても、それほど「悪人」扱いはしなかった。こんなふうにして、自然のなかで——自然に見守られながら——悪の体験ができたのは幸せだったと思う。

しかし、子どもの盗みでも、もう少しスケールの異なるのがあり、それは「悪」の世界に入っていくことになる。

盗みの話

先にあげた『デミアン』の続きを見てみよう。『デミアン』の主人公、十歳の少年ジンクレエルは幸福な上流家庭の子どもであったが、知らず知らずのうちに「もうひとつの世界」の方に心を惹きつけられるようになった。そんなこともあって近所のいたずらっ子とも一緒に遊んだりしていた。そこへ、彼らよりも一枚上の「悪党」のフランツ・クロオマアが現れた。クロオマアの関心を惹きたいばっかりに、ジンクレエルは「角の水車小屋のそばにある庭で」仲間と一緒に夜中にりんごを盗んだ話をする。

話をしているうちに少年はすっかり話に夢中になり、まったくうその盗み話をでっちあげる。「話し終ったとき、ぼくは多少のかっさいを期待した。ぼくは結局熱中してしまって、作り話をすることに酔っていたのである。」しかし、クロオマアは冷静であった。それはほんとうの話かと念を押した後で、「天地神明にちかって」ほんとうだとジンクレエルに言わせてしまう。この後が大変なことになる。クロオマアは、盗みのことを告げ口しない代りにと、口封じ代に二マアク持って来いと言う。ジンクレエルは自分の持っている物——時計とかコンパスとか——で勘弁してくれと嘆願するが許されない。彼にとって、二マアクは大金である。彼が貯金箱に少しずつ貯めていたお金は全部で六十五ペンニヒ(百ペンニヒが一マアク)である。

ジンクレエルは後悔する。「なぜぼくは、いっしょに出かけたのだろう。なぜぼくは、かつて父に従ったよりもおとなしく、クロオマアのいいなりになったのだろう。なぜぼくは、あのせっとうの話をでっちあげたのだろう。まるで手柄ばなしでもするように、犯罪のじまんをしたのだろう。これであくまは、ぼくの手をはなさない。これで敵は、ぼくのあとを追ってくるのだ。」

まさにそのとおりで、クロオマアはジンクレエルを捕えた手を離さなかった。彼はチクリチクリと餌物をいじめ、結局、ジンクレエルはクロオマアの御機嫌をとるため、女中の置き忘れていた小銭をとって貢いだりするようになる。盗みのお話が実際の盗みへとつながってしまったのだ。盗みだけではなかった。クロオマアはジンクレエルに使い走りをやらせたり、「十分間、片脚でとんでみろとか、通行人の上着にほごっかみをくっつけろとかいうのである」。現在、日本でよくある「いじめ」と同じである。

もちろん、ジンクレエルの家族たちは、彼の様子が変なことに気づいていた。事実、体の調子がおかしくなり、嘔吐をしたりした。日本のいじめの場合も、このようなことがよく起こっているのではないかと思うが、彼は医者の診察を受けさせられ、医者は「あさ、冷水まさつをするようにと命じた」。こんなことは何も解決につながらない。「当時のぼくの容態は、一種の狂気だった。自宅の整然たる平和のただなかに、ぼくはゆうれいのごとく、びくびくもので、なやみながらくらしていて、ほかの人たちの生活にあずかることもなく、めったに一時間とはわれを忘れることもなかった。ときおり腹立たしげにぼくを問いつめる父に、ぼくはむっつりとつめたく対していた。」

ジンクレエルは、平和で暖かい家庭に恵まれながら、どうして「盗みの話」などを得意気に話したのだろう。そして、それは実際の盗みの行為にまでつながってしまったのである。

自立の衝迫

ジンクレエルはクロオマアにうその盗み話をして、彼にとっつかまってしまったとき、父親にすべてを話して父親の罰を受けると共に、彼に救ってもらおうかと思った。しかし、何かしらぬ力がはたらいて、それは出来なかった。父親の顔を見たとき、父親はジンクレエルの靴がぬれているということで小言を言った。それを聞きながら、少年の心のなかはだんだんと変化していった。そこのところをヘッセの文によって紹介しよう。

「ある妙に新らしい感情が、心のなかにきらめいた。さかばり〔逆針〕をいくつもふくんだ、たちの悪い、しんらつな感情である。つまり、ぼくは父に対して優越感をいだいたのだ。ぼくはほんの一瞬、父の無知に対して、一種のけいべつを感じた。ぬれた靴についての父の叱責が、ぼくにはくだらなく見えた。」

このジンクレエルの感情は、実によい気なものである。家の外で起こったことを父親が知るはずがない。それを「あの大切なこと」も知らず、ぬれた靴にこだわって、くだらぬことを言っている、と彼は父を軽蔑しているのだ。このようなことが生じる前提として、少年の心にこれまで「全知全能の父」というイメージがあった。そのような父に完全に従うことによって少年は生きていた。そのような「よい家庭」がどれほど甘美であったかも、ヘッセは的確に描写している。しかし、少年はその世界に留まっておれなかった。彼の内にある自立への衝迫が、彼を思いがけない悪の道に追いこんだのだ。

このことは「父親の尊厳に、はじめてはいったひびわれであり、ぼくの幼年生活をのせていた支柱に、はじめてできたきりこみであった。その支柱は、どの人間も、かれ自身となりうる前に、はかいしたにちがいないものなのである。だれも見ていない、こうしたさまざまな体験で、われわれの運命の内的な重要な線は、できあがっている。」

自分自身になるためには、それまで自分を支えてきた支柱を破壊しなくてはならない。しかし、これは危険極まりないことである。このために、支柱どころか自分自身の破壊になったり、あるいは、家族や他人を深く傷つけてしまうことにもなる。ジンクレエル少年もそのような危険にさらされるが、そのなかから何とか立上り、一人前として成長していくが、その話は『デミアン』にまかせることにして、盗みの意味についてもう少し考えてみよう。

2　火を盗む

自立の意志は人間の心のなかから湧きあがってくる。ヘッセも言うように、それまで安泰な生活を支えてくれた支柱を、何がなんでも破壊したい、という形でそれは顕われてくる。そして、それは時に生死を賭ける事にさえなる。ここで、安泰な世界を「善」とすれば、それを破るものは「悪」ということになり、この図式に従って言えば、自立は何らかの悪によってはじまるとさえ言える。そして、その「悪」がそのままの悪に留まってしまうのか、新しい秩序のなかに組みこまれていくのかは、その本人の努力が一番重要だが、それを取りまくいろいろな条件によって、規定されることになる。

したがって、盗みに限らず、すべての悪は、どこかで自立にかかわるところがあるが、特に盗みが問題になりやすいのは、この行為の意味が非常に深いルーツをもっているからではないか、と思われる。

プロメテウス

盗みと自立の関連について、ヨーロッパ人ならすぐに思いつくのが、ギリシャ神話のプロメテウスの物語であろう。この物語はやはり人間の本性に触れるところがあるためもあって、現在に至るまで、多くの文学作品の素材となっている。

ゼウスは人間に火を与えなかった。人間は夜の闇の中で野獣を恐れながら過し、物を煮たり焼いたりすることも知らず、病気になりやすい生活をしていた。プロメテウスはこれを放置しておくことはできない、と考え、火を天界から盗み出そうとした。彼はオオウイキョウ（地中海地方の雑草で、乾かすと燃えやすい）のうつろな茎を持って、天に登り、そこから火を盗んできた。どのようにして盗んだかについてはいろいろと類話があるが、太陽神の燃える車輪に燈心を押しつけて火を移し、隠し持って地上に帰ってきたと言われている。それ以来、人間は火を得て、これをいろいろに用いるようになった。

ゼウスはプロメテウスに対して大いに怒り、カウカリスの高山の嶺の巨巌に彼を磔けにした。その上、一羽の大きい鷲に彼の肝臓をついばませた。かくて、プロメテウスは人類のために大変な苦しみを背負うことになった。プロメテウスは、人類にとっては、火をもたらす英雄であるが、ゼウスから見れば極悪人ということになる。それにしても彼の刑罰はあまりにひどいので、後にゼウスは彼と和解して、解き放たれるという話もある。

プロメテウス神話は盗みの話のルーツと言ってもよく、そこには自立することの難しさと恐ろしさ、そしてそれは「盗み」によってなされることがよく示されている。

「火」というのは「あかり」であり、闇のなかを照らすものであり、しばしば人間の「意識」の象徴として用いられる。個人が自分を「個」として何ものにも従属しないと「意識」すること、それは自立である。しかし、このことは、その個人を自分に従属させたいと思っている者にとっては「悪」と見なされるし、なかなか許してもらえない。そこで、「盗み」という手段が生まれてくる。

プロメテウスという「英雄」の姿は、ヨーロッパの文化のなかで大きい位置を占めている。プロメテウスは後に和解するにしても、一度はゼウスと敵対し、火を盗みとる必要があるのだ。

火を与える文化

以上の論を読んで、私が「盗み」を賞賛していると思ってもらっては困る。それはあくまで悪いことで禁止しなくてはならない。だが、その悪のなかに深い意味があることは知って欲しい。このようなパラドックスに満ちているのが人生であり、それを身をもって知っている先達として子どもの悪に接することが必要ではなかろうか。そこには画一的な答はないのである。

その上に、まだ話を難しくすることがある。プロメテウスの話は、ヨーロッパ文化圏の人々の心を惹きつけるものがあると述べた。日本人でもヨーロッパ文化に親近感を感じる人は、同様に感じるだろう。そして、自分自身のことや、自分の周囲に生じた現象に、「自立の試みとしての盗み」を認めるのではなかろうか。しかし、プロメテウスが誰にとっても模範というわけではない。文化が異なると、英雄の姿も変化してくる。日本はそもそもヨーロッパとは異なる文化をもっている。ここのところが難しいのである。

「火」は意識を象徴することが多いと述べた。そんなこともあって、人間がいかにして火を獲得したかということは、多くの神話のなかで重要な位置を占めている。それでは、日本神話のなかで、火はどのようにしてもたらされたのだろう。

『古事記』によると、最初の夫婦神である、イザナギ、イザナミの結婚式があげられた後に、母なるイザナミは日本の国土をはじめ、山や川や、この世のすべてのものを産む。そして、最後に「火」を生むが、御陰《みほと》が焼かれて病死してしまう。これはプロメテウスの話と比較すると、あまりにも異なる話である。人類には火を与えないと決めている神のところから、処罰を覚悟で英雄が火を盗んでくる、というのに対して、日本では、神自らが自分の命と引きかえに、火を人間に与えてくれている。「神」に対するイメージの差は歴然としている。

どうしてそんな神話など語るのか、と言われそうだが、プロメテウスの話が唯一の話ではなく、文化が異なるといかに考えが異なるかを知って欲しいからである。そして、このことは現実に子どもの成長過程や、子育てのことに直結してくる。読者は自分が成長してくるときに、プロメテウス型だったのかイザナミ型であったか、あるいは、子育てのときにどうしたかを思い起こして欲しい。おそらく完全なプロメテウス型は少ないであろう。プロメテウスとイザナミとの入り混じった状態が多いのではなかろうか。

「何でも欲しいものはお母さんがあげるから、よい子でいなさい」というイザナミ型と、「少しでも悪いことをしてみろ、命がないぞ」、あるいは、「どうせお前たち子どもには「火」(ここにいろいろ子どもの欲しいものをいれてみるとよい)などやらないのだから」というなかで、敢て欲しいものを「盗みとる」プロメテウス型と。これも一長一短でどちらが正しいとか、よいとか言えぬところが難しいと思う。現代は善悪の判断が極めて困難な時代である。自分はなぜこのような生き方を選んでいるのかをよく自覚し、その都度考えていくより仕方がないのではなかろうか。ただ、ひとつの考えにのみ縛られているのは、単純すぎるようにも思われる。

3 欲しいものは何か

はじめに自立のことを書いてしまったが、すべての盗みが自立に関連しているとまで思ってはいない。非常に単純な場合であれば、人間が飢えてきたとき、目の前に食べられるものがあれば、悪いと知っていても盗むだろう。生存のためにはやむをえない。生きていくためには食物を摂取しなくてはならない。摂取するという意味での「とる」は、盗むという意味でも用いられる。生存する、あるいは、子どもの場合は成長するためには、何かを「とる」必要がある。そのように考えると、子どもが盗むのは、その子どもの成長にとって、何か「必要不可欠」のものを得ようとしている、と考えられる。

もちろん、人間は自分に必要なものを「盗む」のではなく、社会的に容認された方法で得るようにするか、どうしても難しいときは辛抱して他の可能性を探すか、断念するかしなくてはならない。このようなことができてこそ大人であると言える。子どもに対しては、盗みは絶対にいけないと教えていくことが大切だが、それと同時に、その子の成長にとって必要なものを、大人がよく考えてみなくてはならない。

「盗み」の相談

いろいろな方の悩みの相談を受けてきたが、子どもの犯した盗みに関する相談が相当に多かったことに気づく。細かいことは忘れてしまっているが、ひとつのタイプとして、自分の家は子どもに悪いことはしてはいけない、人のものを盗んではいけない、と厳しくしつけてきたのに、どうして窃盗などしたのだろう、というのがある。子どもにしつけは必要である。人のものを盗んではいけない、というしつけができていない家庭は論外である。子どもの心を「理解する」というのを甘くとって、しつけをしない家庭は反省が必要である。このような家の子がみすみすすぐ見つかるような盗みをすることがある。これなどは、親の「しつけ」を引き出そうとしているのではないかと感じられる。この子たちは無意識的に「しつけ」の必要を感じ、それを欲しがっているのだ。これに対して、厳しいしつけをしたにもかかわらず盗みをした場合はどうなのか。その子は何を欲しているのか。その答のひとつは、先に『デミアン』を引用しつつ述べたとおりである。もっとも、このような場合は、親に知られない場合が多いようだが。

厳しいしつけをしていたのにもかかわらず、小学二年生の女の子が盗みをした。買い与えたはずのない文房具を持っているので、問いただしたら、子どもが文房具屋からちょいちょいと窃盗していたことがわかった。母親は怒りでわめきたて、あれほど人のものを盗ってはならないと教えてきたのに、というので、「自分のことは自分で始末をつけなさい」と、盗品を持って文房具屋にあやまりに行かせようとした。「お母さんは知りませんから」と言い、茫然として立っているわが子を見ているうちに、はっと気持が変った。

子どもの姿があまりにもかわいそうに見えると共に、自分が子どもだった頃のことをふと思い出した。「お姉さんだから、しっかりしなさい」と言われ、何となく母親にまとわりつきたいと思っているときに、手を払われたりして、ずいぶんと悲しい思いをしたことが思い出された。「お母さんは冷たい」と思ったものだが、自分はそれと同じようなことをしているのではないか。そう思っているうちに、思わず子どもの手を取って、二人で泣いてしまった。

ところが、母親としては次にどうすればいいのかわからなくなった。ここである程度やさしくしたのはいいとして、自分が子どもの代りに文房具屋にあやまりに行ったのでは、子どものしつけ上、甘すぎるのではなかろうか。と言って、一人で行かせるのは小学二年生にはきつすぎる。それにしても、自分のせっかくしてきた厳しいしつけは何だったのか。というわけで、いったいこのようなときにどうすべきかと相談に来られた。

このようなとき、私はすぐに結論を出すことはしない。これをどう解決するかなどということより、このことによって来談された人が何を発見し、何を自分のものにしていくか、という過程が大切と思うからである。じっくりと先に述べていったような経過をきいていると、話をすることによって自分をある程度客観化したり、そのときの感情を再体験したりして、その人は自分なりの答を自ら見出していくことが多い。その間に、子どもは盗みまでして「ほんとうは、何が欲しかったのでしょうね」などと問いかけてみたりする。

子どもの欲しかったのは、母親のやさしさである。それではしつけの方はどうなるのかとすぐに言う人に対して、やさしさと厳しさは両立しないものでしょうかね、などと問いかけたりする。子どもに対するしつけは大切である。これは間違いない。しかし、どのような正しいことでもスローガンになると硬直する。硬直した思考は単純に二者択一的になる。厳しくするか、やさしくするか。前者をとることは後者を否定することだと考える。これは機械のすることで、人間のすることではない。

人間が機械ではなく、生きているというのは、対立するかのように見える厳しさとやさしさを、いかにして自分という存在のなかで両立させていくかという努力を続けることである。そして、その両立の仕方のなかにその人の個性が顕われてくる。子どもは有難いものだ。自分にとって(つまり母親にとって)必要なものを、盗んででも得ようとする。それに気づいた母が自分の生き方を反省し、変えていく。ちなみに、このときは、母親は子どもと一緒に文房具屋にあやまりに行くことにした。しかし、何をしたかということではなく、それに至るまでに母親の心のなかに生じた過程の方が大切であり、それを共にすることに、われわれ心理療法家の仕事の意義があると思う。

高貴な盗み

子どもは自分に欠けているもの、必要なものを盗んででも得ようとする。それは時に大人たちの考え及ばないようなものである場合もある。子どものたましいの欲するものが、大人の常識をはるかに超えてしまう。

このようなことをはっきりとわからせてくれた映画に「汚れなき悪戯」というのがあった。孤児のマルセリーノは、ある修道院に引きとられて養われる。修道僧たちにかわいがられるが、マルセリーノは子どもらしいいたずらを何かとやらかして騒動を起こす。僧たちはやさしいが、マルセリーノはやはりお母さんが恋しくてたまらない。

彼はあるとき物置のキリスト像を見て、あまりにやせているので同情して、自分の食物を持っていく。奇蹟が生じて、キリスト像が動き、マルセリーノの食物を食べる。それ以後、マルセリーノは飢えたキリストを養うために、食物を盗まざるをえなくなる。炊事係の僧は特にマルセリーノをかわいがっていたが、食物が何ものかによって盗まれるのを不思議に思い見張っていて、犯人がマルセリーノであることを発見する。

盗んだ食物を食べずにマルセリーノが物置に入っていくのを、僧はつけていって覗き見をすると、キリストがマルセリーノの運んできた食物を食べ、お礼をしたいと言っている。マルセリーノは「お母さんのところに行きたい」と言い、キリストは願いをかなえてやろうと彼を抱く。マルセリーノは願いどおりに母のいる国、つまり天国に召されていく。

この映画を見て、すぐ思ったのは、この修道院において「キリストが飢えている」ということであった。もちろん、僧たちは真面目に熱心に修行していたに違いない。しかし、そのような「人間の努力」と「神の意志」の間には時にズレが生じる。キリストは修道僧たちの努力にかかわらず、不足を感じていたのではないだろうか。神が飢えていることに気づいたのは大人ではなく、少年マルセリーノだけであった。彼は神の飢えを癒すためには盗みをはたらくしか仕方がなかった。大人たちはそのことについてあまりにも無知だからであった。キリストはそこで、この少年を誰よりも早く天国に召されることになった。

ところで、ここに述べた話を、まったくの常識の世界で見るとどうなるであろう。ある修道院に一人の孤児が引きとられた。その子はとんでもないいたずらっ子で、その上たびたび食物を盗んだ。あんな少年がほんとうに一人で食べているのだろうかと思うほど、その子は食物を盗むのだった。たまりかねた僧たちは、とうとうその子を物置に閉じこめ、食物を与えなかった。一夜あけてみると、子どもは飢えと寒さで凍死していた。僧たちもかわいそうに思って葬ってやった。

この場合は幸いにも、マルセリーノと親しい僧が覗き見をして「真実」を見たからよかったが、そうでない場合は、聖人の物語は、一挙に新聞の三面記事を飾る「事件」になってしまうのではなかろうか。私はときに、新聞に報道される事件を見て、その背後にどのような物語が隠されているのだろうと考える。常識というものは、この世に生きていく上で必要ではあるが、恐ろしいものである。

昔はともかく、現代ではめったにキリスト像が動いたり、食事をしたりすることはない、という人もあるだろう。しかし、現代でも、親に隠して拾ってきた小犬を育てるために、自分の食事を残してやったり、盗みに近いことをする子どもはいる。そのとき、その小犬を神の顕現として受けとめることも可能ではないだろうか。これに対してもすぐ反論があり、小犬は小犬であってそれ以外の何ものでもないとか、その上に狂犬病の恐ろしさなどを説明してくれる人もあるだろう。確かにそのとおりだし、神の顕現としての犬などというのがいるのかどうか、怪しいものだと思う。しかし、時には小犬にもたましいがあるなどと思う方が、人生が豊かになるように私は思っている。

もう少し開き直って言うと、大人の考える悪ということを子どもがしたとき、その悪は大人の常識を超える高貴さを潜在させていることがあるのを忘れてはならないと思う。

子どもからの通信

すでに他にも書いたと思うが、次に示す例はあまりにも教えられることが多かった話なので、繰りかえし取りあげさせていただく。

小学五年生の男の子。成績もよくて「よい子」で育ってきた。その子の母親が外出後、帰宅してきたとき、いつもの癖で郵便箱を開けると、ピストルが入っていたので仰天してしまう。幸いにもそれはモデルガンであることがわかってほっとしたものの、いったい誰がそれを入れたのか不思議に思い、念のために子どもに確かめてみた。この母親は「平和」ということが非常に大切と考えていたので、子どもには、刀やピストルなどの玩具は一切買い与えず、戦争ごっこやチャンバラなどをするのも禁止していた。したがって、子どもがピストルの玩具など持っているはずがないと思っていたのに、「あれは僕のだ」と言う。そして、大切なものなのであそこに隠して置いたと言うので、母親はますますわけがわからなくなった。

ピストルなど買ってやったはずはないので問いただしていくと、友人のものなのだけど、ちょっと借りてきている、黙って借りてきてしまった、という話になって、「それじゃ、盗んだことになるじゃないの」と言うと、「うん」と答える。これで母親はパニックになって、どうしたらいいのだろうと相談に来られた。

この話は聞いている方としては、わかりすぎるほどわかる話である。そこで、私は「郵便箱というのは手紙を入れるところですが、子どもさんはそのピストルという手紙で、お母さんに何を伝えたかったのでしょう」と申しあげた。お母さんはしばらく考えて、「自分もピストルの玩具が欲しいと言うことでしょうか」と言われた。ここから話がだんだんと発展してくる。「ピストルと言うより、そういう攻撃的なもの、荒っぽいものが足りなくて、私の家は妙に上品すぎるということでしょうか」とも言われた。

このことは、最近子どもの数が少なくなったため、男のきょうだいがなくて育ってきた女性——この母親がそうだったが——は、男の子というのがどれほど「乱暴な」ことをするかを知らない、ということにも関連してくる。母親は子どもを「よい子」にしようとし過ぎて、あまりにも野性味のない子にしてしまう傾向が強い。

平和愛好者になるためには、子どものときに殺したり殺されたりの遊びをしたり、虫を殺したりするようなことが必要である。このようなことを通じてこそ平和とはどういうことか、殺すとはどういうことか、などを実感することができる。それを通じて経験的に学ぶことが必要なのである。それを、この母親のように攻撃的なことを一切抜きにして育てようとすると、かえって逆効果を生むことさえある。

子どもから母親への「手紙」は、「お母さんこの家には攻撃性ということが不足しているのではありませんか。それを少し取り入れてはどうでしょう」と訴えている。母親がそれに応える努力をすることによって、この家庭の在り方が変っていくのである。それにしても、大切なものを隠す場所として、子どもが郵便箱を選んだというのは、その無意識の知恵に感心させられる。

すぐにバレるような盗みをしたときには、それは子どもから親や教師などに対する何らかのメッセージである、と考えてみると思い当ることがある。その盗んだ品物、誰から盗んだかという相手、などいろいろな状況によって判断すると、子どもの訴えたいことがわかるときもある。子どもに対して注意するにしろ、盗みは悪いということと同時に、子どもからのメッセージを何とかしてキャッチしたいという気持をもっていることが大切である。こちらが心を開いていると、子どもは何かを伝えてくれるはずである。

Ⅳ　暴力と攻撃性

現在の日本人が一番好きな言葉は、「平和」ということではないだろうか。一神教の文化圏においては、善悪の判断が明確で、何が善いということは言いやすい。戦後の日本では、ことの善悪が簡単には言えないようなことが多くて、教育の目標をあげるのにも苦労するほどだったが、「平和」ということに関しては、相当なコンセンサスを得たのではなかろうか。したがって、平和を乱す者は「悪」ということになる。

この考えから派生して、「暴力」は絶対に悪であるということも、相当強く行きわたったのではなかろうか。敗戦まで、日本は相当に暴力に対する寛容度が高かった。「上」の者は何かにつけて「下」の者に腕力をふるった。それは「指導」とか「教育」とかの名目で行われることも多かった。日本の軍隊では、何かにつけて上の者は下の者を殴っていた。このようなことがあったので、敗戦後は反動的に腕力を用いることに対する拒否感は強くなった(と言っても、後にも述べるように伝統的な傾向はそれほど簡単には消え去るものではない)。

暴力や腕力を否定し「平和」を愛好する、ということは、少し徹底すると、すべて攻撃的なものは悪いということになる。このために前章にあげた例のように、子どもに一切攻撃的な遊びを禁止するなどというような極端なことが生じてくる。このような点についてもう少しつっこんで考えてみたい。

1　攻撃性

英語にアグレッションという言葉があり、日本語では攻撃性と訳される。そこから派生したアグレッシブ(攻撃的と訳される)という言葉がある。アメリカ人と話し合っていて、人物評のときに、何某氏はアグレッシブな人である、というのが肯定的な意味で用いられるのを知って驚いたことがある。そもそも「アグレッシブ」を攻撃的と訳すところに問題があるのかも知れないが、それはやはり日本でいう「元気な」と言うのとは異なる。日本では「元気で仲良く」というのが「よい子」のイメージとして定着している。しかし、アグレッシブな子どもは、自分ということを前面に出し、それを妨害するものに対しては向かってゆく姿勢をもっている。これはアメリカでは評価されるが、日本ではやはり「攻撃的」であり、そして少なくとも「よい子」とは言われないのではなかろうか。

悪の文化差

このあたりは、「悪」の文化差ということが言えそうである。つまり、「悪い子」のイメージがアメリカと日本では異なってくる。そして、日本では「攻撃的」ということに対する許容度が極端に低いことを自覚すべきである。日本では「素直」という英語には訳すことのできない「よい子」を示す言葉があるが、このような子はアメリカでは下手をすると「アグレッション」のなさすぎる悪い子の方に分類されるだろう。

日本における攻撃性の低い評価は、「平和日本」になって、ますます強くなった。つまり何事によらず「素直でおとなしい」子どもがよいと考える。そして、競争心、闘争心というのは低く評価される。教育者で、「競争」ということを目の仇のように言う人がいるが、欧米では競争の存在は当然で、それをフェアにするかどうかという点には心を使うが、競争をなくしようなどとは思わない。どのようなルールのもとにおいて競争するのがいいかと考える。

日本では、子どもには競争は悪であるかのごとく教えながら、受験競争にだけは勝って欲しいと言うのだから、子どもたちが歪んでいくのも無理はない。ただ、この「競争」が極めて日本的なのは、個々の子どもたちが自分の個性に基づいて「アグレッション」を出していく、というのではなく、すべての子どもを一様に序列づけるシステムのなかの、できる限り上へ行くようにという競争をさせる。つまり、競争とは言うものの、子どもの個性の競争ではなく、与えられた一様な世界のなかのことだから、これは本来的な人間のアグレッションとは異なる。日本の受験システムで「よい子」になろうとする子どもは、すさまじい競争のなかにいるのだが、むしろ、自分の本来的なアグレッションを押さえなければならない。そのような態度を身につけた子どもが、たとえ「よい大学」に入学しても、以後あまり創造的にならないのは当然と言ってもいいだろう。

攻撃性を排除する日本人の考えは、親子関係にも影響を与えている。戦後の民主主義によって、親は子どもを「理解」したり「尊重」したりしなくてはならないと思う。と言っても、それは非常に難しいことなので、そのようなふりだけをすることになって、要は子どもを放任してしまう結果に陥った。親も子も甘くなってしまったのである。

そろそろ日本人もアグレッションを悪と考える考え方を変えていかないと、国際社会のなかに生きていくことができない。このような反省が大分生じてきて、子育てについても考え直そうとする気運が生じてきている。しかし、それは下手をすると昔の日本への逆もどりになってしまう危険性をはらんでいる。

暴力教師

子どもの教育において、体罰を加えるのは「悪」である。平和を大切にし、子どもの暴力を抑制しておきながら、大人が腕力をふるうのは話にならない。日本中の教育委員会は教師の体罰を禁止している。しかし、このことのために、ほんとうに子どもを教育できなくなったと嘆く人もある。子どもにしつけをするためには体罰もやむをえない、と考える。とは言っても、「平和憲法」をもつ日本では、どうしても公的には主張できない。

そんなわけで、もやもやした気持でいる人たちが快哉を叫んだような映画があった。本間洋平『家族ゲーム』(集英社文庫、一九八四年)が映画化されたのだが、そのなかで暴力教師(と言っても家庭教師だが)が大活躍をする。中学三年生の劣等生の家庭教師が、親の前でも子どもをびしびしと引っぱたく。それを見て、息子をやたらにかわいがっている母親は、金縛りになったように立ちすくむ。ところが、そのおかげでだんだん成績があがってくる。

本間洋平は、日本の「甘い」親たちを嘲笑うかのように、これまで徹底的に過保護に育てられてきた中学三年生の息子を、小気味よく引っぱたく家庭教師の姿をうまく描いている。この映画を観たり、小説を読んだりして、溜飲を下げた大人は多いのではなかろうか。この作品そのものについては、他に詳しく論じたので(拙著『中年クライシス』朝日文芸文庫、一九九三年〔本著作集第九巻所収〕)、それは割愛して、ここに示された、体罰のことについて論じてみたい。

この作品を読んで、すぐに体罰肯定に走るのは速断に過ぎる。子ども同士のけんかに腕力を用いるのと体罰は異なっている。大人と子ども、教師と生徒とでは上下関係がはっきりとしており、腕力は一方的にふるわれる。これは不当なことである。

こんなことはわかっていながら、暴力家庭教師に共感を感じる人が多いのはどうしてだろう。それは体罰そのものがよいというのではなく、子どもに対して向かっていくその姿勢に文字どおり「体を張って」という感じがする、そのことではないだろうか。子どもを「理解する」ということは、本気でする限りなまやさしいことではない。多くの親や教師は、したがって、理解のふりをするだけになる。この『家族ゲーム』には、親子関係がいかに表面的に流されているかがよく描かれている。子どもの一番知りたいのは、自分の父や母が本気で自分のことを愛してくれているのか、ということである。その点、この家庭教師はやり方はともかく、本気で向かってくる。それだけで、この子の成績は上ってくるのだ。

この作品の解説を書いたときに、「ワイルドネス」という言葉を使った。人間が生来的に持っている心性である。この家族の父母がもっと自分の心を自然に出していれば、ここまでひどい家庭教師を必要としなかったであろう。ワイルドネス、つまり「野生」は必ずしも粗雑であるとか荒々しいとは限らない。野に咲くすみれの花もワイルドである。ほんとうのすみれの花とプラスチックの花とを比較してみるとわかる。子どもに対する怒りや、悲しみなどを自然に出すのをやめて、表面的には平和な家庭をつくり、そこで子どもを「よい子」にしようとするのは、子どもをプラスチックの製品にするようなものだ。

それに対処するとなると、もうワイルドネスは暴力の形をとるより仕方のないところにまで追いつめられる。このような悲劇を生じさせないために、われわれはワイルドネスと大いにかかわってくる自分の身体ということについて考える必要がある。

2 身体と悪

人間にとって、「身体」というのは非常に不思議なものである。それは自分のものであるが、自分のままにならない部分がたくさんある。そして、それは人間の喜怒哀楽に密接に関連している。何よりも大切なことは、それに「死」が訪れることを人間は知っており、それに対しては絶対に抗し難い。

避けられない死に対して、人間はその長い歴史のなかで、たましいの永続性、美や真理の永続性、あるいは「家」の永続性などをかかげて対抗してきたが、やはり死が恐ろしいことには変りはなく、それと直接的に結びついている「身体」というのが、時におぞましく思われたり、否定したくなったりして、どこかで「悪」と結びついてくる傾向がある。

ここで、精神と身体という区分を明確にし、精神を善と考えると、身体は悪ということになる。特に、身体は食欲、性欲など精神によってコントロールするのが難しいことに関係するので、余計に悪者扱いされる。それに子どもの体験としては、大小便、唾、鼻汁、など自分の体から出てきたものが「汚い」として忌避されるのは、印象的なことであるに違いない。それを少し推しすすめると、それらを排出してくる体そのものも「汚い」、あるいは「悪」に結びつくことになる。それで何とか自分の身体を守るために、大小便のコントロールとか、身体を清潔に保つことなどが、子どもにとって大切な仕事とされるようになる。もちろん、子どもは成長に従って、自分の育つ文化的パターンを身につけていくのだが、心の底の方では、自分の身体に関する不可解でアンビバレントな感情を持ち続けていくと思われる。

身体性

先進工業国においては、人間の自我がその周囲のものをコントロールする、ということがきわめて重要なことになる。人間は種々の機械をコントロールして、自分の好きなときに好きなところにできるだけ早く行ったり、巨大なものを好きなように動かしたり、人類が自然のなかに暮らしていたときから考えると、想像を絶するようなことができるようになった。したがって、これまでは自分の身体を使っていろいろなことをしていたが、身体の代りに機械を操作することによって、それ以上のことが出来るようになった。簡単な例をあげると、今から百年以前に、日本人が歩行していた距離と、現在のそれを比較しても、比較にならぬほどわれわれは自分の足で歩くことが少なくなっている。

このようなことが多く積み重なって、現代人は自分の身体から相当に切り離された存在になってしまっている。自分の生きている身体という感覚が弱くなり、自分が生きているということは、自我が何を認知し何を考えているか、ということのみに集中してくる。つまり、頭でっかちの人間になる。そして、大人たちは、子どもがそのように早くなるように努力するほど「よい子」だと思いこむ。

裸で走りまわる子、取っ組み合いをする子、泥んこ遊びをする子、これらは下手をすると「悪い子」に分類されてしまう。しかし、そのためにわれわれは身体性ということを置き忘れてしまった子どもをつくっていないだろうか。最近は鼻汁をたらしている子を見ることは、ほとんどなくなった。しかし、そのために子どものアレルギー疾患が増えているのではないかという医学の説は、そのまま心のことに応用されるのではないか。後に論じることになるが、日本のいじめが極端に陰湿化することの要因のひとつが、このようなところにあると思われる。

身体性との関連で問題となる「性」のことも、それをコントロールすることの方に重点がおかれすぎる性教育がなされているのではないだろうか。科学的事実を教え、その知識を生かすことによって、エイズの危険を防ぐことが性教育の中核と考えるのは困ったことである。もちろんこのことも大切であるが、それによって「性」に関する教育ができたと思うのは安易すぎる。

ワルの消失

現代人が忘れ勝ちな身体性を何とか教育現場に持ちこもうとする、これは大切なことだ。しかし、それを単純に考えて、すでに述べたような「暴力教師」のようになるのは考えものだ。子どもの身体を生かしつつなされる教育として、スポーツ教育がある。スポーツのいいところは、自分の持つ攻撃性をルールによって守られながら出せることである。しかも、それをフルに出そうとすると、相当な練習が必要になってきて、単なる暴発では効果がないことがわかってくる。そこで、自分の攻撃性をコントロールすることも自然に学ぶことができる。

脇浜義明『ボクシングに賭ける』(岩波書店、一九九六年)は、この「今ここに生きる子ども」シリーズの一冊であるが、子どもの身体、悪、などについて考える上で、多くの示唆を与えてくれる書物である。著者は高校教師で、定時制高校に入学してくる「ワル」たちにボクシングを指導し、見事に立ち直らせていく実践記録で、子どもの「身体性」に関する知見に満ちている。これについては書物を読んでいただくとして、これを読んでいて心に残ったことをひとつだけ書いておく。

先に「ワル」という表現をしたが、これについて脇浜は「ワル、ワルと私は書いているが、他に適当な言葉がないのと、少し親しみを込めて言っているだけである」と言っている。この感じは非常によくわかる。子どもたちの「悪い」ことを不問にするのではなく、それを認識している。かと言って、「悪人」として排除するのではない。むしろ「親しみ」さえ感じている。知的にではなく、体を張って――つまり身体性を伴って――この子どもたちに接している教師の態度が、そこによく示されている。

ところが、脇浜はこの書物のなかで、そのような「ワル」が減っていくことを嘆いている。今の定時制高校生を見ていると、「まるで昔、私たちが馬鹿にした金持ちの息子のように非人情で、甘ったれで、臆病で、自分より弱い者に対して威張り散らす根性に、腹が立つ。何よりも「牙」をなくしたことに、腹が立つ。」「教員がサラリーマン化したのと同じように、生徒も「生徒」という「職業」にサラリーマン化」してしまったのだと。

これは重要な指摘である。このなかで注目すべきは、定時制の高校生が「金持ちの息子のように」なったという点である。他の国々と比較するとよくわかるが、日本中が「金持ち」になり、金持ちの欠点をさらけ出しているのではなかろうか。「金持ち」は自分の身体を使わないようにする。つまり、身体性と切れていくのだ。

だからと言って、日本人がもう一度貧乏になるようにしようとか、ワルの復活運動をはじめることは難しい。むしろ、われわれは経済的な豊かさのもたらす欠点を、よく認識することからはじめるべきであろう。「金持ち」になったために、われわれ日本人は身体性に通じる「ワル」というひとつの有力な通路を塞いでしまったのである。

しかし、すべての金持ちが身体性から切れているわけではない。相当な財産を持っていても、身体性を伴う生き方をしている人もある。そのような人は、それにふさわしい「努力」や「工夫」をしているはずである。そのようなことを参考にしながら、物の豊かな時代の子どもの教育の在り方を見出すことが必要と思われる。

3　遊びと悪

遊びは仕事との対比において、後者を善と固くきめつけすぎている人からは、悪と思われやすい。「遊んでばかりいないで」と叱られるのはそのためで、勉強や仕事を妨害するものと考えられる。また本章における内容との関連で言えば、子どもを勝手に遊ばせておくと、そこに攻撃や暴力が表出されることが多いので、大人の監督が必要と考える人もある。

遊びが人間にとっていかに大切かは、有名なホイジンハの「ホモ・ルーデンス」の考え以来よく論じられている。実際、子どもにとって自由に遊ぶことは非常に大切で、その遊びのなかで、子どもの心の傷が癒されることも多い。そんなわけで、われわれ心理療法家は、問題をもった子どもが来訪すると、ともかく自由に遊ぶことを限定された時間内(四〇分〜一時間)に行う。それを繰り返し何度も行なっているなかで、子どもの治療が進んでいく。それを遊戯療法と呼んでいる。

うんこの遊び

実際の遊戯療法のなかでどんな遊びが行われるのか、報告されているひとつの例を取りあげてみよう(岡田康伸「ミルク・うんこ・血――テンカン症児の遊戯治療」河合隼雄編著『心理療法の実際』誠信書房、一九七七年所収)。これは六歳の女の子で、「幼稚園では、年長組になってもしゃべれず、手まねで用をたしている」ので、母親に連れられて治療者のところに来た。この子は家庭内ではよく話をしているが、外に出るとしゃべらなくなるのである。

テンカン発作があり、医師の投薬を受けているとのこと。

遊戯療法をはじめると、一回目からこの子は鉄砲を見つけて喜んで撃ったり、攻撃的な遊びを喜んでする。そして二回目には治療者にも鉄砲を渡し、撃ち合いをし、「ママを撃った、死なはった」と言う。その後、箱庭に使う玩具の小さい洋式便器を見つけ、「便所やなあ、これはママのうんこや」とうれしそうに言う。「ママは幼稚園から帰ってくるとうんこしはる」とも言う。

三回目は、うんこに対する関心が強くなって、絵具を出してかきまぜて「うんこ」をつくるが、そのうちに、それが「ミルクや」、「うんこや」と混ってくる。それが四回目になると、「血を作るわ」と言って、赤い絵具に唾をはきかけ、治療者の唾もまぜるように命令し、「血」を作る。これからは、後の回も、もっぱら、うんこ、ミルク、血を作ることに熱中する。

こんなのを見ると、「なんと汚ないことを」と怒ったり嘆いたりする人があるかも知れない。しかし、遊びのなかで自由に鉄砲をぶっ放したり、うんこを出したりするような人間関係であるからこそ、この子は一回目から治療場面で発言できたのではなかろうか。人前で「言葉を出す」ことは、鉄砲を撃つほどのアグレッションを必要としたし、うんこを出すほど、この子にとっては嫌なものを出すことだったのかも知れない。

それにもまして興味深いのは、うんこ、ミルク、血などがまじり合っていることである。この子の身体のなかにあるものは、何がよいもので悪いものなのかわからないのかも知れない。あるいは、うんこが黄金に変る昔話があるように、嫌なものと思っているうんこが価値のあるミルクや血に変ることを期待している。つまり、既に述べてきたように、アグレッションというのは忌避すべきだと思っていたが、そのアグレッションは人前で発言するための原動力である、という心の変化がこの女の子のなかに生じつつあるのかも知れない。

これ以後の経過は省略するが、このような自由な遊びを通じて、この女の子は元気になり、人前で発表ができるようになる。母親を撃って殺すようなところがあり驚く人もあろうが、これはこの子と母親との関係が急速に変化することを示す、とわれわれは受けとめた。殺すとか、うんことか、うっかりすると「いけません」とすぐに止められそうな遊びを通じて、子どもが癒されていく点に注目して欲しい。

ルール破り

遊戯療法で子どもと遊んでいると、子どもがゲームをしたいと言うときがある。あるいは、卓球をしたり、ボーリングのようなことをしたい、と言う。そこではじめるが、そこには勝負がある。そのときに、勝負にこだわらなかったり、負けてもあまり気にしない子どもがいる。これらの子どもは本来的に勝負にこだわっていない、というのはきわめて稀で、多くの場合、その子どもの持っている強さを十分に発揮していないのである。

それでもかまわず、自由に遊んでいると、だんだんと子どもが「勝ちたい」意欲を出してくる。そして普通では勝てないと思うと、ルール破りをしはじめる。

「ルールを破ってはいけない」というふうに、われわれはすぐに言うことはない。まず、その子がルールを破ってでも勝とうとする意欲を出してきたのをよしとする。と言っても、ルール破りをそのまま肯定するわけではない。まず大切なことは、そのルールの破り方がどのようなのかを見て、それについて意味を考えることが必要である。治療者に見つからぬようにこそこそとやっているのか。あるいは、「ボクは特別やで」などと勝手にルール変更しているのか、治療者に挑戦するように、わざわざよくわかるようにルール破りをするのか。そのときに、その子の置かれている状況、ルールの破り方などから判断して、こちらの対応を見出していかねばならない。

しかも、一瞬のうちに判断しなくてはならないのだから、大変である。

一番わかりやすいのは、こそこそのルール破りをしているが、注意するにはまだ弱すぎるから待とうと思っていると、だんだんと子どもが元気になってきて勝負も強くなって、ルールを守れるようになる場合である。こんなときはすぐに「ルール破りは悪い」と言わずに待ってよかったと思う。しかし、いつもいつもこのとおりだと思っていると失敗する。こちらが安易な気持でいると、子どもがルール破りは許容されていると思いはじめたり、あまりにも何をやってもいいので限界がわからなくなって、無茶苦茶な行動を取りはじめるときがある。自由と言っても、「これ以上は駄目」というしっかりした線がなくてはならない。しかし、その線は理論や規則で一義的に決められるものではなく、治療者の人間としてのあり方、治療者と子どもとの関係などによって、決められるべきものである。すなわち、治療者はその遊びのなかに自分の存在を賭けていないと駄目である。そうするときに、ルール破りに対して、どうするかという判断が的確に下せるのである。単に遊んでいるだけでは「療法」にならない。

このような体験をしていると、ルールがあるというのはいいことだと思う。ルールがあるために、人間と人間がぶつかる契機が生まれてくる。自由遊びと言っても、まったくの「自由」となると、下手をするとぬるま湯につかっているようで、何事も起こらないかも知れない。ただここで注意すべきは、ルールがあると、それを守らせればよいのだ、それによって善悪がはっきりと判断できる、などという簡単なことではなく、ルールをめぐって人間と人間がぶつかり合うチャンスが訪れてくる、ということである。ルールを盾にして人間が隠れるのではなく、ルールを手がかりとして、人間がそこにあらわにされるところが意義深い。

ここに述べたことは、学校の校則について考えるときでも、ある程度通用することではなかろうか。校則をつくってただ守らせることのみに熱心になっていても意味はないように思われる。

4　感情の爆発

人間には感情というものがある。これも身体と同様に自分のものでありながら、どうしようもないときがある。いくら笑うまいとしても笑いがこらえ切れないときがある。ついつい泣いてしまうこともある。怒りは特に爆発するものだ。荒れ狂う感情を無理して抑えようとすると、体がふるえてきたりするから、感情は身体性と密接に結びついていることがわかる。

すでに、現代人は頭でっかちになっていることを指摘したが、知性を重視する考えに立つと、感情の強い表現は悪ということになる。常に自分を抑制していることが善である。それに感情を表に出してしまうのは見苦しいという考えもある。

また、「元気で明るいよい子」好きの大人は、子どもが怒ったり悲しんだりするのを忌避する傾向が強い。「泣いてはいけません」、「そんなに怒るものではありません」と注意して、子どもはいつも明るくしていなくてはならない。このような人は一年中「よい天気」が続いて一度も雨が降らなかったら、どんなことになるのか考えてみたことがあるのだろうか。子どもの成長のためには、泣くことも怒ることも大切だ。人間のもついろいろな感情を体験してこそ、豊かな人間になっていけるのだ。

拒否される笑い

子どもがニコニコ笑っているのは歓迎される。しかし、子どもも小学生以上となると、笑いがいつも歓迎されるとは限らない。笑って叱られることもよくある。

私は子ども時代を思い出すと、先生に叱られたので一番多いのは、笑ったか、周囲の者を笑わせたかである。その原因のひとつは、私の子ども時代は厳粛な式が実に多かった。それは軍閥の方針でもあった。出征兵士を送ったり、遺骨を迎えたり、ともかく式が多かった。そして、そんなときに笑うのは、「悪」の最たるものであった。しかし、困ったことにそんなときに限って、何か笑うべきことが起こる。あるいは、ついいたずら気を起こして周囲の者が吹き出すような駄洒落などをささやきたくなる。というわけで、私はよく怒られた。中学生の頃は、「笑う門には、フグ来る」などと言っていた。笑うと必ず大人のふくれっ面を見ることになるからである。

教師として教壇に立っていて不愉快に感じるのは、生徒が何かわからないことでクスクス笑っていることではなかろうか。ほとんどの教師が「笑うな」とか「なぜ笑っている」とか注意する。それは、ひょっとして自分のことを笑っているのではないかという不安にも通じるからであるが、ともかく、「笑う」ということは、教師の権威をないがしろにしていると感じられるからではないだろうか。

「笑い」というのは、人を「笑いものにする」という場合は一種の攻撃性を秘めている。直接に攻撃することが難しいときでも、笑いによって攻撃することは可能だ。そこで、生徒たちは何とかして教師を「笑いもの」にしようとする。そして、教師が怒れば怒るほど面白いわけである。中学生ともなると、クラスのなかに、このようなことを仕掛けるトリックスターが必ずいる。

トリックスターは教師から見ると「悪」であるし、生徒から見ると「英雄」に見えたりする。このような両面性を持ちつつ、何とか「笑い」のなかに逃げこむことで身の保全をはかるのが、トリックスターの特徴である。ところで、生徒のトリックによって教師が笑い者になり、カンカンに怒るときは、かえって教師の権威は落ちてしまうが、教師が生徒のトリックを楽しんで一緒に笑ったりすると、そこに生徒と教師の間に一体感が生まれ、かえって教師に対する親しみが感じられたりする。笑いというのが新しい地平を拓く効果をもち、そこに次元の異なる教師と生徒との関係を生み出すのである。

怒りの効果

子どもが泣いたり怒ったりするのは、大人から嫌われることが多い。すでに述べたように、子どもはいつも「上天気」であることが期待されている。しかし、怒りは前節に述べた笑いのように、思いがけない新しい地平を拓く力をもっている。あるいは、子どもが自分の世界を急激に広げようとするとき、怒りの感情が生まれる、と言っていいかも知れない。

中学生や高校生のカウンセリングをしていて、父親も母親も「フツー」だと言っていた子どもが、父親や母親の欠点を烈しく攻撃し、怒りを露わにすることがある。それは時に見当違いであったり、それほど怒ることでもないと思われたりするが、それでもわれわれカウンセラーは、そのことを非常に大切に受けとめる。そこからすぐに父親や母親が悪いなどと結論するのではなく、怒りによって、その子どもの心のなかに新しいものが生まれてくるのを感じとるからである。

子どもの怒りがどれほどの深い意味をもつのかを感じさせるものとして、児童文学の名作、ロビンソンの『思い出のマーニー』(上・下、松野正子訳、岩波少年文庫、一九八〇年)のなかの、ひとつのエピソードを取りあげてみたい。この作品の主人公の少女アンナは、いつもいつも「ふつうの顔」をするように努めている。彼女は両親の離婚や交通事故で孤児となり、その後、養護施設や里親にあずけられたりしているうちに、いつも「ふつうの顔」をする生き方を身につけてしまった。つまり、自分の感情を抑えつけて生きるようになったのである。彼女の悲しみや苦しみを共に分かちもってくれる人がなく、もしそれを表出したとしても、むしろ嫌な目で見られるだけであることを、アンナは少女の知恵としてもつようになった。彼女が喘息という病いをもつのも当然と考えられる。

そのような彼女がいかにして癒されていったのかは、原作を読んで知っていただくとして、ここに取りあげたいのは、その経過のなかで怒りを爆発させるところである。彼女が喘息の転地療養のためにあずけられたペグ夫妻は、彼女の癒しのために役立つ理想的な人たちであった。つまり、彼らはアンナを好きになり、アンナの自由をできる限り尊重してくれたのだ。

ペグ夫人は友人のスタッブス夫人がアンナの悪口を言うのを聞き、「あの子はいい子だ」と断言して激しく言い争う。それをアンナはふと聞いていた。その夜、ペグ夫人はスタッブス夫人を訪ねていく予定だったのに、口論したので訪問を取りやめ、夫のサムの見ているテレビのボクシングを見たくもないのに、つき合って見ている。それを知ってアンナの怒りは爆発する。

「アンナは、自分と、それから、ほかのだれもかれもが、にくたらしくてたまりませんでした。ペグおばさんが今夜でかけないのは、アンナのせいでした。」アンナはペグ夫人がいい子と言ってくれたのがうれしくて仕方がない。しかし、自分のせいでおばさんが友人の訪問を中止したことがたまらないのだ。そこで彼女の怒りは八つ当りになってくる。「ペグおばさんはばかです。あんぽんたんです。サムも、ばかであんぽんたんです――、あんなばかばかしいボクシングなんか見て、そして、ミセス・スタッブスときたら！」

このような描写は実にうまいと思う。アンナは何もペグ夫妻にまで怒ることないじゃないか、などという人はアンナの怒りの深さ、その意味を理解できない人の言うことだ。アンナは、運命に対して、ほとんどの人々に対して、世界に対して怒りをぶっつけたいほどなのに、辛抱して辛抱して「ふつうの顔」をして暮らしてきたのだ。しかし、彼女はどうやら自分の怒りを受けとめてくれそうな人たち、ペグ夫妻を見出した。そこで、彼女の怒りが出てくるのだが、それがまずペグ夫妻に向けられるのが、特徴である。まず感謝すべき人に向けて怒りがほとばしるのは、アンナのこれまで抑えてきた感情が、どれほど度をこえたものであったか、彼女をどれほど理不尽なものがおさえつけてきたかを示している。

「そんなに八つ当りをしてはいけない」、「こんな子どもは、やっぱり感情のコントロールができない」などと言って、ここで「悪」の烙印を押してしまうと、アンナはもう「ふつうの顔」さえできない子どもになってしまったかも知れない。しかし、実際は、この怒りを契機として、アンナの感情が動きはじめる。もちろん、それ以後の癒しに至るまでに何度も危険なことがあるが、この怒りの爆発は彼女の感情の回復の出発点として大いに評価するべきことと思われる。

V　うそ・秘密・性

子どもの悪を考える上で、ここに掲げた「うそ・秘密・性」はいずれも重要な項目である。一般に大人が子どもに対して「悪」と指定するもののなかに、これらは属している。確かに、うそ・秘密・性とならべると、それは暗いじめじめとした領域に存在しているものと感じられる。「明るく、健康な」子どもを「善」とするならば、その裏側の「悪」の側に、うそも秘密も性も位置づけられる。

そうは言っても、子ども時代にこの三つのことと無縁に生きた人はいないのではなかろうか。人間として生きていく上で、それらは避けることはできない。子どものときから大人になっていく間に、うそもつかず秘密も持たず、性に悩まず、などという人がいたら、そんなに人間性を感じさせない人はいないのではなかろうか。それは、不健康な感じさえ抱かせるかも知れない。

人間性を養うことを目標として、「うそ・秘密・性」をむしろ「善」の項目にあげるべきだろうか。そこまではできないとしても、子どもに対して、ある程度のうそや秘密をもつべきだと教えるのがいいのだろうか。性のこともはじめから開放的に教えるのがいいのだろうか。これはなかなか難しい問題である。簡単にきまりきった答は出てきそうにない。そこで、これらの項目についてすぐに結論を述べるのではなく、いろいろな場合を示しながら考えをすすめていきたい。

1　うその評価

子どものときに、うそをついて親や先生にこっぴどく叱られたのを忘れられない、という人はたくさんいることだろう。あるいは、思わずついた「うそ」を守り抜くために、つぎつぎとうそを重ね、その重圧に苦しみながらも、「あれはうそだ」とも言いかねる、という体験をした人もあるだろう。実は民俗学者の柳田国男もそのような体験者である。彼がその体験を語りながら、うそについてどんなことを述べているかみることにしよう。

柳田国男の「ウソと子供」

柳田国男は「ウソ」に関心が強かったようだ。これは民俗学者としてトリックスターの重要性に気づく（彼は当時のことなのでトリックスターという語は用いていないが）、ということも大きいだろう。彼は『不幸なる芸術』のなかで、「ウソと子供」、「ウソと文学との関係」について論じている（『柳田國男全集 第9巻』ちくま文庫、一九九〇年所収）。これは、鶴見俊輔の少年時代を論じた新藤謙（『ぼくは悪人――少年鶴見俊輔』東方出版、一九九四年）も取りあげている。新藤の考えは後に述べる。

柳田国男は「ウソ」に対して、なかなか肯定的である。まずはじめに、小学生が「三千円拾った」（当時なら大金である）というウソをついた例があげられていて、実は自分も九歳のときに「ほとんど二年越しに苦しいウソをついていた経験がある」と述べている。同級生に、ついつい自慢話がしたくなって、「女の親子づれの、しかも美しい人」が泊りに来るウソ話をしてしまい、それが心ならずもどんどんふくれあがるのである。そんなわけで、柳田はウソをつく子どもに対してきわめて共感的である。

ここから民俗学者らしい考察になって、柳田はもともと「ウソ」は「ヲソ」などと呼ばれていて虚偽という意味よりも、面白いお話という意味の方が強かったことを明らかにする。そして、「以前は村々には評判のウソツキという老人などが、たいていは一人ずつ住んでいて」人々を楽しませていた。そのようななかから「人望のあるウソは必ず話になっている。むつかしい語で申せばもう文芸化している」というわけである。「とにかくこの人生を明るく面白くするためには、ウソを欠くべからざるものとさえ考えている者が、昔は多かった」と柳田は述べている。

そんなわけで昔の人は、「ウソ」と「虚偽」とを区別していた。ところが、近代になってそれらを区別せず一括して「ウソ」と断定し、しかも「「ウソつき泥棒の始まり」などと一括して、これを悪事と認定するような風潮が起った結果、彼等はおいおいにウソを隠すようになって来て、新たに不必要に罪の数を増したのである。こういう点にかけては、近代人はかえって自由でない。」つまり、近代人は人生の面白さを見失って、カタクなってきた。

それでは子どもの「ウソ」にどう対処したらいいのか。柳田は次のような例をあげている。彼が子どもだったころ、三歳の弟が豆腐屋へ油揚げを買いに行き、帰ってきたのを見ると、油揚げの先が三分ばかり欠けていた。そうして、弟は「いま上坂の方から鼠が走って来て、味噌こしに飛び込んでこれだけ食べて行った」と説明した。柳田流に言えば、「一町ほどの間に一つの小説を編んだのであった。」これに対する家族の反応はどうだっただろう。

「幸いにしてこのウソの聴衆は、同情に富んだ人ばかりであったからよかった。」母親はふだんは口やかましい人だったが、「この時ばかりはおかしそうに笑った。そうして快くこの幼児にだまされて、彼のいたいけな最初の智慧の冒険を、成功させてやったのである。」

このような例をあげて、柳田は近代化された「おかあ様」がやたらに子どものウソに怒らないようにと忠告する。「子供がうっかりウソをついた場合、すぐ叱ることは有害である。そうかと言って信じた顔をするのもよくない。また興ざめた心持を示すのもどうかと思う。やはり自分の自然の感情のままに、存分に笑うのがよいかと考えられる。そうすると彼等は次第に人を楽しませる愉快を感じて、末々明るい元気のよい、また想像力の豊かな文章家になるかも知れぬからである。」

以上が体験に基づく柳田の「ウソ」論である。今日でもそのまま通用すると思われる。

ウソを許さぬ母

先に紹介した新藤謙は、柳田の言う「近代化されたおかあ様」の典型像を、鶴見俊輔の母、愛子に見ている。柳田の語る、先ほどあげた柳田の母親の子どものウソに対する態度を紹介した後に、これは「鶴見少年の母とはまったくちがうタイプです。愛子ですと、鶴見少年がこういうウソをついたら、数時間はしぼり上げられたにちがいありません。愛子でなくとも、ふつうの母ならやはり、「ウソつきは泥棒のはじまり」と言って叱ることは眼に見えています。」しかし、このような厳しい態度が、どれほど有為の少年の前途を暗くしてしまったかわからない、と新藤は言う。「鶴見少年はそれをはね返す力を持っていたし、またアメリカに留学できる恵まれた家庭環境にあったので、そのことで崩れてしまうことはなかった」のであるが。

このことは非常に大切なことであるが、これはもちろん、子どものウソはすべて許容しろ、ということでもなく、子どものウソを厳しくとがめる母がすべて「悪い」母であることも意味しない。次に子どものウソに対して、頑として許さぬ態度をとった母親だが、まったく異なる感情をもって聞くことのできる話を紹介しよう。

作家の田辺聖子さんの思い出である（拙著『あなたが子どもだったころ――こころの原風景』講談社＋α文庫、一九九五年）。田辺さんが小学校四年生のとき、一年に一度の大がかりなテストがあり、その成績を綴じて各家庭に回覧するということがあった。そのとき、いつもはできるのに、60点をとってしまった。「それからもう毎日が地獄の苦しみ」がはじまる。母親は「今度の成績どうだった。もう回っているの」ときくが、「知らん、まだ聞いてない」とウソをついてしまう。成績はアイウエオ順に回ってくるので、しばらく日がある。その間中ウソをつくので苦しくてたまらない。「私ね、人生において嘘の何たるかをしみじみわかったわけ」ということになる。

結局はテストが回ってくる。そこで、「二階で母に膝詰めで叱られる。」「母はね、成績の悪いのもやけれど、黙ってたということで叱るのね。」「叱り方だけど、うちの親は怖いの。ほんとに一対一で刺し殺して死ぬかっていうような顔で」叱られる。このときも、まったく大変だったが、「一年じゅう居間から出たことのない曾祖母がエッチラオッチラ息を切らして二階に上がってきて、「まだちっちゃいんやから」といったのを覚えています」というわけで、やっと収まりがつく。田辺さんは他にも嘘をついた体験を語られるが、それをお聞きしていると、柳田国男のウソをつく子は「想像力の豊かな文章家になるかも知れぬ」という理論が実証されているように感じたりする。

それにしても、田辺さんの親のすごい叱り方の話を聞いていて、なんだかさわやかな気分になってくるし、「いいお母さんですね」という言葉が自然に出てくる。これは鶴見さんの場合と明らかに異なっている。これはどうしてなのだろうか。

ウソをめぐる人間関係

柳田の言うように、ウソにも二種類ある。人生を面白くするためのウソと、自分の利益を守るための虚偽と。そして、後者に対しては厳しく罰しなくてはならないが、前者に対しては、笑ってすます寛容度が必要である。これは、ひとつのメルクマールである。しかし、現実はそれほど明確に割り切れないのでなかろうか。柳田の弟の場合にしても、盗みをした上でそれをごまかそうとしている、という見方をすれば、絶対に罰しなくてはならぬことになる。

そこで、以上のメルクマールも一応大切としながら、もうひとつ考慮すべき要件として人間関係ということを考えてみよう。

田辺さんの場合、確かに自分の不利をカバーしようとしての嘘なので、母親の怒りはもっともである。しかし、その底に、人間は誰しも弱い者だ、考えてみるとみんな一緒なのにまして子どもではないか、というような長い歴史のなかに育ってきた庶民感覚のようなものが生きており、それを曾祖母が体現している。そのなかでの厳しい叱責なのである。したがって、聞いていても、さわやかに感じたり、なんだか心暖まるように感じたりする。

現代的母親のなかには、悪の相対化とか、子どもの理解、などを盾にとって、子どものウソを見逃してしまう人がいるが、これは困ったことである。ケジメのついていない人間は骨抜きになって、自分の力で立っていけない。しかし、嘘は絶対許さない、というのと、嘘なしに生きていけない人間としての共感を両立させることは難しい。その点、田辺さんの語るような大家族では言わず語らずのうちに役割分担ができていてやりやすかった。現代は大家族のマイナス面を意識して核家族の形態が多くなったが、それをやり抜くには、親は昔の親よりも困難な仕事をしなくてはならぬという自覚が必要である。田辺さんの母親と曾祖母のした仕事を一人で受け持たねばならない。核家族になった分だけ親の課題が増えるのは当然である。世の中、いいことばかりというのはないのである。

鶴見親子の場合はどうなるのか。このことを考える上で、柳田国男の言っていることがまた参考になる。柳田は昔の日本では、ウソの面白さがうまく生活のなかに取り入れられていたと述べた後に、しかし武家ではそうではなかったとつけ加えている。そして、明治以後、日本人がこぞって武家の生き方を真似しようとしたので、ウソの価値が急に認められなくなったことを指摘している。鶴見少年の母は相当に厳しい武家道徳に従っている。

しかし、問題はそれだけではない。西洋文化の影響もある。である。柳田もこの点をよく認識していて、日本では平気で「ウソばっかり」とか「ウソおっしゃいよ」とか言うが、それをそのまま英語に直訳したら大変なことになると指摘している。そして、「近頃この趨勢を何となく感じた者が、「ウソおつきなさいよ」の代りに「ごじょうだんでしょう」を用いるようになった。これに冗談という文字などを当てて、むだ口のことと解する人もあるが、そんな日本語があろうはずはない」と述べている。

これは実に大切なことだ。欧米で「うそつき」などと言うと、なぐられても仕方がないほどである。その代り、彼らはジョークが好きである。そして、ジョークとウソとは明確に異なることになっている。その点、日本人は区別をあいまいにして、「ウソ」と言う。柳田が言った「ごじょうだんでしょう」というのは、確かに一昔前、東京ではよく言われたことである。誰か知恵のある人が英米人の言う〝You are kidding.〟からヒントを得て発明したのかも知れない。しかし、それは今ではすたれ、「ウッソー」の方は大いに使われているので、日本人のウソ好き傾向は、まだ保持されているのかも知れない。

話が横道にそれたが、強調したいことは、日本が西洋文化を取り入れたとき、それに熱心な家(鶴見家などはその代表だろう)は、日本の伝統から離れて「ウソは絶対に悪である」という思想は輸入したが、ジョークの技術をまったく輸入しなかった。それに加えるに武家道徳である。私の友人のスイス人が、「日本のインテリは大変だ。孔子様とキリスト様に睨まれているから」と言ったが、これは名言である。鶴見家の母親はまさに、キリスト様と孔子様を背後に教育をしたのだから、鶴見少年としては、それに対抗するためにウソをつくより仕方がなかったと思う。キリスト様や孔子様が強くなってくると、人間関係が切れてくる。そのなかでの厳しさは、子どもに対して好ましくない効果をもたらす。

2 秘密

秘密ということも、子どもの成長を考える上で非常に重要なことである。私はかつて、児童文学に語られる、子どもの秘密について論じ(拙著『子どもの宇宙』岩波新書、一九八七年〔第I期著作集第六巻所収〕)、子どもにとって「秘密」ということが、いかに大切であるかを示した。そのときに取りあげた、バーネットの『秘密の花園』(上・下、吉田勝江訳、岩波少年文庫、一九五八年)や、カニグズバーグの『クローディアの秘密』(松永ふみ子訳、岩波少年文庫、一九七五年)などは、ぜひ読んでいただきたい書物である。

秘密は大切と述べたが、子どもが秘密をもつことを極端に嫌う人があるのも事実である。「暗い秘密」という表現はあるが、「明るい秘密」などという表現はない。心に秘密を持つ子は、「暗い」子だと決めつける人もある。このような考えをもとにして、「何でもかんでも話す子」は「よい子」であると確信している教師や親も多い。

しかし、よく考えてみると、ものごとはそれほど簡単ではないようだ。

秘密と対人関係

日本の教師で、生徒のいろいろな個人的なことをやたらにききたがる人がいる。家族はどんな人かにはじまって、昨日は何をしていた、今は何を考えているなどなど。「ききたがりの病」に罹っているとでも言いたいほどである。小学校、中学校はもちろんだが、大学の教師でもこのような人がいる。他人のプライバシーにやたらに鼻を突込んでくる。こんなことは欧米では絶対に許容されない。これは、もともと日本における理想的人間関係というのが、一心同体という表現で示されるように、お互いの間に何らの秘密もない、という考えによっているからである。プライバシーなどという概念は存在しない。このような傾向は、まだまだ日本のあちこちに残っている。もっとも「進歩的」なはずの日本の大学や学会のなかでさえ、このような傾向はある。「先生」に対して秘密を持つことが許されない。

秘密は、それを持つことによって他人との間に「距離」を保つことができる。一心同体ではない。これは言いかえると、秘密を持つと、他人との間に「へだたり」が出来て、孤独に陥る、ということにもなる。秘密はまったく両刃の剣である。したがって、秘密を持つ人が、それをどのように抱きかかえているかが重要な鍵となってくる。

先に紹介した『デミアン』のなかで、ジンクレエル少年は、クロオマアに脅かされて、びくびくしながら帰ってくる。そのとき、父親に叱られながら、父親に対して秘密を持ったことについて不思議な感情を体験する。「それはいやな、うとましい気持だった。しかし強いうえに、深い魅力をもっていた。」どうしてそれは魅力をもっていたのか。「それは父親の尊厳に、はじめてはいったひびわれであり、ぼくの幼年生活をのせていた支柱に、はじめてできたきりこみであった。」

幼年時代は親との一心同体的な関係が、子どもの支えとなっている。しかし、子どもがそこから自立していくためには、その支えを壊す必要があり、そこに秘密の意義が生じてくる。とは言っても、これは相当な危険を伴うものである。ジンクレエル少年は、下手をすると、ここから「不良少年」へと転落していったかもわからない。実際、このようなときに転落の道を歩みそうになったり、歩んだりしている少年がいるのであるが、われわれ大人が秘密の意義をよく知ることによって、少年たちがそこから自立の道へと転ずるのを援助することができる。

ここに述べたような秘密とは異なり、子ども自身が自分の劣等な部分や忌避すべき部分と考えて、何らかの秘密を隠しもっていると、その子どもと他の子どもたちとの間に説明不能な心理的距離が生じてくる。不幸な生い立ちの子が、それを誰にも知られていないのに、いじめの対象となって不幸の二重苦を味わったりするのも、このためである。そのような秘密は、むしろ誰かが分かちもってくれることによって心が軽くなることが多い。しかし、そのためには両者の間に深い共感的な人間関係が成立していなくてはならない。

秘密の宝物

秘密は子どもの自立、あるいはそのアイデンティティとかかわるものなので、子どもは子どもなりの秘密を持とうとする。そのようなもののなかで、多くの子どもが体験するのは、自分なりの「秘密の宝」を持つことである。と言っても、それは素晴らしいものなので、ただ一人だけで持っているのは残念だから、どうしても「秘密の宝」を他人に見せたくなるのも事実である。「これは秘密だけど」という前置きつきで他人に見せることになるが、そのときには、やはり、自分が最も大切と思う人を選んでいるはずである。はじめは母親、それに父親、きょうだいなどだったのが、家族には見せず友人にだけ見せる、というふうに変化していく。あるいは、ある時期に「秘密の宝」だったものが、しばらくするとまったく価値を感じなくなったりする。成長の段階に応じてその役割を終えていくためである。

子どもの秘密の宝にも、なかなか手の込んだのもある。分析心理学者のC・G・ユングは「個性」ということを非常に大切にした人だが、彼の『自伝』のなかで次のような思い出を語っている(A・ヤッフェ編、河合隼雄・藤縄昭他訳『ユング自伝 1』みすず書房、一九七二年)。

ユングは十歳くらいの頃、定規の端にフロックコートを着て背の高い帽子をかぶりぴかぴかの黒い長靴をはいた長さ五センチほどの小さい人形を刻み、インクで黒く塗り、のこぎりで切り離し、筆箱に入れていた。彼はその筆箱を家のてっぺんにある屋根裏部屋に隠しておいた。誰にも知られないところに隠されたこの人形は、ユング少年の支えになった。辛いときや困ったときは、その人形のことを心に思い浮かべて慰めとしたし、時には、自分が思いついた大切なことを紙に書き、秘かに屋根裏部屋へ行って、人形のところに置いてきたりした。

「私は新しく得た安全感に満足し、誰も知らない、誰も達することのできない何かを手に入れたことに満足していた。これは決して明らかにされてはならない犯し難い秘密だったのである。というのは、私の生活の安全がその上にかかっていたから」とユングは語っている。

これほどの重みをもった「秘密の宝物」でないにしても、多くの子どもたちは、それなりの宝物をもっている。ところが、子どもらしい不用意さで、それらが時に大人の目に触れることがある。そのときに大人の判断で、それらを馬鹿くさいと笑いものにしたり、時には棄ててしまったりするようなことがないように注意したい。それは、その子どもにとって、自分の存在と同等と言ってよいほどの重みをもつからである。

秘密の許容度

親にとって、子どもが何でも話をしてくれて秘密を持たないというのは嬉しいことだ。安心でもある。しかし、それがずっと続くということはありえない。また、親がそれを強要し過ぎると、好ましくないことが生じる。だからと言って、親や教師が子どもに秘密を持つことを奨励するのも馬鹿げている。それは、子どもの成長に伴って自然発生的に生まれてくる。

子どもは親から自立していくのだから、と早くから離してしまうのも問題である。特に、わが国では経済の急激な発展のために、子どもが個室を与えられることが増えてきたが、これを何時どのように与えるか。そして、個室に入るとしても、その鍵を子どもが何歳のときに渡すかなどについて、相当な配慮を必要とする。これらの点は、欧米では長い歴史のなかから生まれてきただけに、なかなかよく考えられている。たとえば、個室があるにしても、子どもたちはできるだけ居間にいるようにする。十五歳になるまでは、子どもは自分の部屋に鍵をかけてはいけない。子どもの友人が遊びに来ても、個室に入るまでに必ず親に紹介する。などといろいろなルールがある。家によって少しずつ異なるが、端的に言ってしまうと、子どもはある年齢に達するまでは、親に対して無用な秘密を持たないように考えられている。

この点、日本はこれまで個室の文化を持たなかったところに、急に経済的にそれが可能になったために、欧米人から見れば、まったく驚くべきことをしているときがある。いつだったか、ある中学生の個室のなかで、中学生たちが集って争っているうちに殺人事件になったことがあった。私はそのときヨーロッパにいたので、友人たちが、なぜそのような変なことが起こるのか、親の知らぬ間に、中学生の個室に親の知らない友人が入り込んでくるなど考えられない、というのであった。ティーンエージャーにそんな秘密を許容していいのか、というのである。このことは、日本人として今後ともよく考えるべきことであると思う。

これとは逆に、子どもが成長してきても、一切秘密を持つことを許容できない親も問題である。このような親は子どもの部屋に秘かに入って、その持物を調べたり、日記を読んだりする。子どもの内的世界を尊重することができない。これは子どもに対する不信感というよりは、自分自身に対する不安がその要因になっている。自分に自信がないので、子どもが自立して離れていくのが怖いのである。これは親と子の関係のみではなく、指導する者と指導される者との関係においても言えることである。大人は自分のアイデンティティをしっかりと持っていないと、子どもが秘密を持つことに耐えられない。子どもを自分の世界に留めておくことによって、安心を図ろうとするからである。

3　子どもと性

性の物語

性そのものは悪ではない。性ということがなかったら人類は滅亡する。にもかかわらず、性は常に悪の連想を引き起こす。これまで話題にしてきた、うそや秘密ということは、性との関連で生じてくることが多い。子どもが大人に対して、また、大人が子どもに対して、うそをついたり、秘密にしたり、ということが性に関してよく生じる。子どものうそや秘密を悪として厳しくとがめる人でも、性に関して、大人が子どもにうそをついたり、秘密にしたりすることは、むしろよいことだと思っている。いったいこれはどうしてだろう。

性に対する態度は、文化によって相当に異なる。子どもたちに対してもまったくオープンなところもある。しかし、「文明」が発達してくると共に、性は陰の方に追いやられてくる。これは、人間が自分自身をコントロールすることによって文明を発展させてきたが、人間のもっともコントロールし難い欲望として、性というものがあるからと思われる。「理性」を第一義としたい人にとって、性欲は実に恐ろしい敵である。キリスト教文化圏では、特にこの傾向が強かったし、日本もその影響を相当に受けている。したがって、性ということを、心のなかにうまく受けいれることが難しくなってくる。

子どもにとっても、性は大変に厄介なことである。心のなかにどう位置づけていいのかわからない。しかし、それは自分のなかで不可解なうごめきを生ぜしめる。現在は急激な変化が生じているが、かつてのキリスト教文化圏では性のタブーが非常に強く、出産に関してまで子どもに秘密を守り、「こうのとり」の話を、子どもたちに信じさせようとした。赤ちゃんは、こうのとりが持ってきてくれるのである。

まったく馬鹿げているようだが、これにも一理ある。子どもにとっては、性や出産に関する「事実」よりも、こうのとりの話の方がはるかに受けいれやすい。つまり、子どもにとって「真実」となりやすいと思われるからである。人間は何かのことがらを、自分に納得のいく形で受けいれるためには「物語」を必要とする。こうのとりの物語は、幼児にとっては適切な物語というわけである。

子どもが成長してくると、こうのとりの物語は通用しなくなる。子どもたちは大人が何か「秘密」をもっているらしいと感じる。こうして、その秘密をめぐる大人と子どもの攻防がはじまる。その過程のなかに「大人になる」ための子どもの苦しみや、努力、その間にはたらくイマジネーション、「悪」に対する体験的な学習、などが含まれる。文明国において「大人になる」ことの難しさが、その間に体験され、子どもは鍛えられる。(非近代社会においては、性に対する体験は、これとまったく異なるし、「大人になる」過程も異なるがここでは触れない。)

「理性」を大切にする現在の大人は――エイズという恐ろしいことがあるためもあって――前述のような秘密をめぐる大人と子どものかけひきをナンセンスと考え、子どもたちに早くから「事実」を教える性教育が必要と考える。これは、私にとってはせっかちすぎると思われる。自分にとっての真実を探し出そうとして、性の物語を自分なりに追究していくプロセスは、大人になるためのよい訓練であるし、せっかくのそのような訓練の機会を、大人が奪ってしまうのは残念な気もするが、どうであろうか。

アッケラカンとした性

ひょっとしたら、理性的教育の結果なのかも知れないが、アッケラカンとした性が、日本のティーンエージャーのなかに生まれつつある。「援助交際」と呼ばれているが、実状は少女売春と考えられることに、思春期の女性たちがかかわっている。このことが最近の社会問題として論じられている。私もこの点についてはすでに他に論じた(「「援助交際」というムーブメント」『世界』岩波書店、一九九七年三月号)ので、ここには簡単に述べる。

ここで一番焦点を当てたいことは、思春期の少女が「援助交際」をしていることに対して、あまりにアッケラカンとしていて、そこに罪悪感とか、暗い感じとかがしない、という事実である。これまでは「悪」とされてきたことを、彼女たちはあっさりと否定している。それも肩ひじを張って、「反抗」するというのではなく、ごく

「普通」のような顔をしてやっている。「援助交際」の実態を調べたルポライターなどは、誰もこのあまりにもアッケラカンとした悪の否定に、やり切れぬ思いを抱いたようである。毛を染めたりとか、ピアスをしたりとか、何か「反抗的」な中高校生が現われるのを予想していたのに、「普通」の少女が「普通」の顔をして現われるので、参ってしまうのである。

このようなことが生じてくる要因のひとつとして、近代的思考法によって、心と体とを明確に分離して考えるようになったことがあげられる。心と体とは別物である。それに、性の「真実」が単に生物的な事実によって語られるならば、性は「体」のことであって、そこに悪などという倫理的判断が入りこむ余地がなくなってくる。アッケラカンとしてくるのも当然である。極端に言えば、マッサージをしてお金を貰うのと、どこが違うのかということになる。実際に、「援助交際」によってお金を受け取るときの、少女たちの感覚は、それに近いように思われる。

西洋の近代に生まれてきた、このようにものごとを明確に区別する考えの背後には、そもそも、すべての生物とは明確に区別される神という存在があった。そして、その神の判断によって、善と悪も明確にきめられていた。したがって、心と体が明確に分けて考えられたとしても、「売春は悪」とする神の裁断がそこに存在する限り、アッケラカンとして売春をすることなどできるはずはない。

ところが、唯一の神をいただかない日本人が、西洋の考えの一部を受けいれ、心と体とを分けて考え、すべてを「合理的」に考えるとなると、少女たちが、自分の体を使ってお金をもうけるのは、どこが悪いのか、と開き直って言ったときに、答に窮してしまう。それはどうして悪なのだろうか。

つなぐものとしての性

性そのものは悪ではない。とすると、そのことによって「援助」する側もされる側も納得し、満足するのがどうして悪なのか。これを「唯一の神」を持ち出すことなく、われわれは説得的なことが言えるのだろうか。もし、人間を心と体に分けて考えるにしても、性は体のことであると言い切れるだろうか。それにはどうしても心のことが関係してくるのではなかろうか。性は心にも体にも深くかかわっている。それは「つなぐ」力をもっている。そのように言えば、性は男と女とをつなぐものでもある。そして、それは光と闇とをつなぐものでもあると言えないだろうか。性によって天国の体験をする人も、地獄の体験をする人もあるのではなかろうか。性は、これほどまでに不思議なものである。しかも、そのような「結合」から、新しい生命が誕生してくるのだから、それはやはり神秘と呼ぶほどのものなのである。

人間のいのちの不思議、男と女という異性が存在することの不思議、それらと性は深くかかわっている。人間存在というはかり知れぬものを、心と体に分けて考えることは、ひとつの有効な手段ではあるが、それによってすべてをつくすことはできない。心と体とに分けてしまうことによって、人間存在のもっとも大切なことが抜けおちてしまう。

このようなことがほんとうに実感されてくると、心と体とに分けて人間を考え、その体のこととして性を考えて行動するのは、人間として実に無理をしている、ということがわかってくる。そして、多くの場合、その「無理」は何らかの方法によって「祟る」ことが多い。それは、心か体かいずれかの何らかの障害として現われてくる。その「祟り」はいろいろな形を取って現われる。強い抑うつ感になったり、異性に対する強い嫌悪感になったり、対人関係の困難さになったり、そして、それらのことを解決しようとして、自分の心の在り方を調べていくうちに、かつての行為が心の奥深くに罪として刻印されていることに気づく。

もっとも、これは誰もがそうなるとは言えない。少女売春をしたこともアッケラカンと忘れ去ってしまう人もあるだろう。「祟り」は必ずあるなどとは言えない。人間というのは不思議なものである。

したがって、このことに関しても一般論は言えないのだが、敢て一般化して言うなら、売春は「たましいに悪い」ということにでもなるだろう。たましいなどあるのかないのかわからないのだから、こんなこと言ってもはじまらないとも言える。確かにそのとおりである。しかし、このことが自分のなかに相当に収まっていると、「自分たちは何も悪いことをしていない」と主張する少女たちに会っても、ともかく、あまりたじろがずにいることができる。もっとも、こちらの考えを相手にほんとうに伝えるとなると、なかなか難しいのだが。

このような考えをしてくると、少女売春という行為が、少女たちのたましいの叫びを、彼女たち自身も何がなんだか了解できないまま、ともかく大人どもの注意を喚起せざるをえない行為として噴出させているようにも思われるのである。このような現象を生み出してきた社会の在り方についても、大いに反省してみる必要がある。

Ⅵ　いじめ

子どもの「悪」と言えば、現在なら、いじめのことを思い浮かべる人が多いのではなかろうか。今、学校現場で一番問題となっているのが、不登校といじめであろう。そして、いじめの場合は、殺人や自殺にまで発展して人命にかかわることもあるので、きわめて深刻である。痛ましい自殺事件が続いたりしたので、日本中の人がいじめに関心を持ち、「いじめ根絶」というスローガンが日本のあちこちに見られるほどになった。

これに対して、いじめなどは昔からよくあったとか、大人社会も含めてどこにでもあることだとか言って、大げさに騒ぎたてるのを苦々しく感じている人もある。確かにそれも一理ある。いじめは大昔から今に至るまで、人間社会にはつきものと言っていいし、そんなものを「根絶」などできるものか、というわけである。自分の子ども時代を思い出しても、いじめたり、いじめられたりして成長してきたのであって、大人がそれに何のかのと介入すべきではない、と主張する。

指揮者の岩城宏之さんの『いじめの風景』(朝日新聞社、一九九六年)という書物がある。これを読むと、昔の子どもたちの体験したいじめの様子が非常によくわかる。自分の子ども時代のことを思い出して、そうだったなと思ったりした。そのなかで、小学校四年のときに、いじめられているうちに、「突如、ぼくは爆発した」というわけで、四、五人を相手にしてめちゃくちゃに暴れまわり、それ以後、いじめはぴたりと止んだ、という話は大変印象的である。似たような体験をされた人は割にあるのではなかろうか。自分の体験に基づく「いじめの風景」の提示――それは興味深くもあるし参考にもなる――の後で、岩城さんは「あとがき」に次のように述べている。

「ただ一つだけ言えることは、日本に限らず世界じゅういじめは大昔からあったということだし、現在もあるということだ。だが大昔や中昔、普通の昔にもあったこのいじめで、現在の日本ほどの数の子どもの自殺者が出たような記録はあるのだろうか。多分ないと思う。

いじめそのものをなくすことは人類には不可能だろう。問題はその程度であり、犠牲者の痛ましい数なのではないか。このことを世間の親たち、学校の先生たち、およびマスコミはもっと深く考えてほしいと思う。」

岩城さんのこの言葉に私も同感である。そして、岩城さんの問いかけに対して、私なりに考えたことを書いてみよう。

1　いじめの底にあるもの

いじめは岩城さんの言うように、人間性と深く結びつくものがある。したがって、どこでも何時でもある、ということになる。この点について考えるために、ひとつの児童文学作品を取りあげる。これによって外国にもいじめがあることがわかるし、いじめの底にどんなことが流れているのかが、示されていると思うからである。取りあげる作品は、『不思議な黒い石』(ジル・ペイトン・ウォルシュ作、遠藤育枝訳、ささめやゆき絵、原生林、一九九〇年)である。これは、この作品の主題である「不思議な黒い石」に焦点を当てて、すでに他に論じた(『物語とふしぎ』岩波書店、一九九六年〔本著作集第四巻所収〕)が、今回はそのなかの、いじめを中心に論じてみたい。

よそ者

この作品の主人公、ジェームズ少年は転校生である。都会から田舎の方に引越してきた。田舎と言っても新興団地が沢山立っている。ジェームズ一家は団地に入るほど金持でなかったので、ビール工場だったところを住宅に改築したアパートに住むことになる。このジェームズが同級生たちのいじめの対象になる。転校生がいじめの対象になることが多いのは、洋の東西を問わず同様らしい。岩城宏之さんも転校によって、いじめを受けたことを書いていた。

人間はどうも異質なものを排除したい傾向をもっている。何か異質性を感じると、それを排除しようとするところにいじめが発生する。もっとも、これは急に反転して、その異質なものが「英雄」視されることもある。これは転校生に対しても同様である。転校生が異質な才能をもっていて、他の全員がそれを尊敬するような場合である。

ジェームズは転校してすぐ同級生と遊ぼうとするが、彼は「村」にも「団地」にも属さない者として、両方から排除される。ジェームズのビール工場改築の家は、昔からの村にも、新興団地にも属さない。したがって、どちらからも「よそ者」扱いを受ける。このようなところは、日本に似ているなと思う。

ジェームズがいじめの対象になる、もうひとつの理由は、ジェームズが都会から来たので、他の子より算数がよく出来ることにある。皆より先に計算問題をやり終えてしまう。他よりよく出来ることがあると、尊敬の対象にもなるがいじめの対象にもなる。ジェームズの場合は後者になる。ここで少し面白いことが書いてある。都会の学校では計算が早く終ると、理科をやっても、絵を描いていてもよかった。しかし、この学校では先生は何もしないで待つようにと言う。退屈したジェームズが次の章の計算問題をしていると、先生は「明日の分をしてしまったら、明日はどうするつもりなの?」とジェームズを叱る。ここに、はっきりと都会と田舎との「教育観」、あるいは「人間観」の差が出ている。

この事実を知った、ジェームズの母は先生に抗議に行く。これに対して先生は次のように言う。「なまみの子どもたちにとって、いつもいつも自分たちよりよくできる子が新しく入ってきて、自分たちを負かしてクラスの上位になってしまうのはつらいことですし……」と。これに対して、ジェームズの母はかんかんに怒り、「ジェームズだってなまみの子です!」と大きい声できっぱりと言う。

こんなのを読むと、イギリスも日本も同じだなと思わされる。ものの考え方には、対立する二つの考えがあって、どちらが正しいか簡単に言えぬときがある。この場合であれば、少しぐらい他の子どもよりよく出来たとしても、少しは待って歩調を合わせる方がよい、という考え方と、できる子どもはその子のペースでどんどん先へ行けばよいという考えとがある。実のところ、どちらが絶対に「正しい」などと言えない、と私は思っているが、往々にして、ある社会や文化は、片方を善とする。そうなると、それと異なる者は、悪と考えられたり、いじめの対象になったりする。これと類似の体験で、自分は「正しい」のにいじめの対象となった人、あるいは親子、は日本にも相当いるのではないか、と思う。特にそれが転校生だったり、何らかの意味で、「よそ者」だったりすると余計にそうなる。

対決

少年ジェームズは、転校生として「村」に入れてもらえない。「村」の少年の大将はテリーと呼ばれる、がっしりとした大柄の強い少年である。テリーは、初対面のとき、たばこを吸っていて、ジェームズを見たとき、「せんせー、おねがーい、もっと計算させてぇ」と冷やかしたりする。家来を引き連れて、ジェームズが村を自転車で走るのを妨害しようとする。

話はいろいろなことが重なって展開していくのだが、いじめに関する重要なことだけに絞って言えば、話はテリーとジェームズの一対一の対決となるように進んでくる。テリーはジェームズに、「ライマースを渡ってもらおう」と挑戦する。ライマースとは、ダムの上に鉄製の柱が並んでおり、その柱の間に重い鉄の鎖がゆるく渡してあるところだ。水量が増えると、水がダムを越えて、斜面を流れ落ち広い池に注いでいる。「ライマースを渡る」とは、この鉄の鎖を頼りにダムの上を向う岸まで渡ることだが、何しろ水量が多いので、水流の力に耐えられず手を放すと、下の池に落ち込んで、まず助からない、というわけである。

テリーがジェームズにこのような難題を投げかけるのは、どうせジェームズは怖くて尻ごみして、渡れないというだろう。そうすると、ジェームズに「臆病者」という刻印を押して、ずっと仲間はずれにする、という計算によってのことである。ところが、ジェームズは、ふと思いついて、「きみのあとでなら、ぼくもやる」と言った。それは、子どもたちの掟だ。挑戦する者はまず自分がやらなくてはならない。

ここで、他の少年たちは何とかして場を取りなし、円満に収めようとする。しかし、テリーの誇りがそれを許さない。テリーはライマースを渡ることに挑戦し、失敗して池におちる。それでも皆の助けで九死に一生を得るが、即刻入院しなくてはならない。そのとき驚いてかけつけた両親に連れられてジェームズは帰宅する。彼は自分の一言で危くテリーの命を奪うところだったと後悔する。

しかし、彼の決心は徐々に固まり、その夜に家を脱け出し、村の子たちの見ているところで、心死になってライマースを渡る。その後に、ジェームズはテリーを病院に見舞う。それには二つの目的があった。ここには紹介できなかったが、ジェームズが必死になって探し出した、「不思議な黒い石」をお守りとしてテリーにあげることと、及び自分がライマースを渡ったこと、を告げるためである。

ジェームズがライマースを渡ったと言うと、テリーはにやっと笑い、「とんでもねえやつだな!」「村人になる資格はじゅうぶんだよな」と言う。ジェームズはテリーに大切な「お守り」を渡し、両者は心から和解する。

子どもの世界

この作品は他にもっと大切なことを述べている。しかし、ここでは「いじめ」のことだけに絞って紹介したので、その素晴らしさのごく一部しか伝えられていないことをまずお断りしたい。それにしても、なぜそんな話をするのか、「いじめもよいことがあると言いたいのか」と憤慨する人があるかも知れない。「そんな古典的な話は、今は通じない。今のいじめは陰湿でそんなのとわけが違う」と言う人もあろう。確かに、これは話のはじまりは多数の子どものジェームズに対するいじめだが、最後のところは、ジェームズ対テリーの対決になっている。

ここにこのような作品を紹介したのは、別にこのことによって、「いじめにもいいところがある」と主張したいのではなく、「いじめを許さない」という態度を大人が厳しく持つのはいいとして、それによって自分が子どもたちの心を掌握している、だから問題はない、などという単純な考え方に陥って欲しくないからである。子どもの世界は、それなりの広がりをもっており、大人が簡単に理解したり、支配したりできるものではない。この作品に描かれている、ジェームズ少年の成長のドラマは——確かに危険に満ちてはいるが——大人のあずかり知らぬところで生じている。そして、「村の子の集団による転校生のいじめ」などと名づけるものとはまったく異なる成長のドラマになっている。

私のほんとうに言いたいことは何か、うまく表現できぬもどかしさを感じる。いじめを黙認したり、奨励したりせよなどと主張しているのではない。しかし、「いじめ絶対反対」という態度が、子どもの行動を規制したり、支配したりする方に偏って硬直していくと、子どもたちの固有の世界を壊すことになる危険性を十分に自覚する必要がある、と言いたいのである。子どもは子どもなりに、互いにぶつかり合いながら、相互に切磋琢磨している。その世界を尊重する気持をしっかりと持ちつつ、限度をこえぬ守りとしての役割を大人が果すように考えるべきではなかろうか。

2　現代のいじめ

先に示した例のように、いじめが意味をもつことがある。と言っても結局それは、一人と一人の対決へと変化していったからそうなったと言える。したがって、いじめが子どもの成長に必要だなどと言う気はまったくないし、特に、集団の力や権力などを支えにして、少数の人間をいじめる卑怯さは許せないと思う。しかも、現代におけるいじめは、先に引用した岩城さんの言葉にあったように、その程度が、極端にひどくなっている点に問題がある。この点について考えてみよう。

いじめが陰湿化し、過酷になっていく要因のひとつとして、子どもの心のなかに鬱積している感情が非常に強く大きい、ということがある。この点については、大人は大いに考え直す必要がある。子どもたちに対して無用の圧力を加えていないだろうか。これは、欧米先進国に比して、日本においては特に大きい問題である(韓国も似たような状況になりつつあるようだが)。

子どもへの圧力

子どもへの圧力の増大の原因として、競争社会ということをあげる人があるが、これは単純すぎる。競争社会と言えば、欧米の方が日本よりはるかに厳しいと言えるだろう。小学校でも落第や飛び級のあるところも多い。欧米では子どもの個性、自主性を早くから重んじているので、子どものペースで勉強するように考えており、小学校のときの成績に、日本人ほどのこだわりをもっていない。

これに対して、われわれ日本人は個性ということがわかりにくいので、自分の子どもが「何番」であるかという序列にやたらにこだわる。しかし、それは数学がよく出来るとか、発想が面白いとかではなく、序列にこだわるので、たとい、試験で98点をとっても、100点が何人かいるので、たとえば八番などということがわかると、内容的に100点も98点もほとんど変らないことを忘れ、自分の子どもの上に、七人の子どもがいると考えてしまう。小学校のときの成績で、98点か100点かは人生全体のなかでほとんど差のないことである。しかし、序列にこだわる親にすると大問題である。教師の方も、序列をつけるためのテストをつくるとすると、うっかりしたり、少し慎重に考えすぎたりすると、すぐに成績がわるくなるようなテストをつくることになる。親はそれにつられて、子どもに「よい成績」をとることを要請するとなると、子どもの負担は増大するばかりである。

親が自分の子ども自身の成長の過程に対する信頼をもっていない。常に他との比較によって自分の子どもを見ている。何もこのような傾向は今にはじまったことではなく、昔からのことである。しかし、昔は、身分とかあきらめとか、日本に古来からあるものでそのバランスをとってきた。それが、現代では日本も、身分とかあきらめとかに関しては、近代化してきて抵抗を感じはじめた。それはよいとしても、そこで個性ということがわからず昔ながらの序列にこだわる態度を保持しているので、子どもに対する圧力が異常に高まってくる。

先に『不思議な黒い石』について論じたときに、人間はどうしても異質なものを排除する傾向があることを指摘したが、日本では特にそれが強いことも認識しておかねばならない。端的に言えば、個性的な子どもがいじめられやすいことになる。あるいは、いじめとの関連で、不登校ということもある。ここで特に注意すべきことは、教師も日本人であるので、知らず知らずのうちに異質なものを憎む態度が子どもたちにも伝わり、子どもたちのいじめを背後から無意識のうちに支持していることが生じる場合がある事実である。教師が自覚のないままで、ある特定の子どもに圧力をかけていることになる。逆に、教師が子どものそれぞれの個性を評価する態度をもつと、いじめの防止につながってくる。

思春期

いじめが激化し、子どもの命がかかわるようになるのは、思春期であることが多い。思春期というのは特別な時期である。このことについては、今まであちこちに論じてきたので、ここではごく簡単に述べる。

思春期は人間を底からつくりかえるような大変なときである。このときに何らかの「悪」を経験しない人はないと言ってもよい。その「悪」の経験によって、子どもはさまざまな形で鍛えられて大人になっていく。「悪」

と言っても、それは大人の標準によって言っているだけで、思春期の子どもにとって、何だかわからぬうちにやってしまった、というのが実感であろう。

中学校のスクールカウンセラーなどの報告によると、相当ないじめをした子が、後になってから、「何であんなことしたのかわけがわからない」、「何かやらずにおれなかった」と語るそうである。後から考えると、ひどいことをしたと思うのだが、そのときはただ面白いと思ってやってしまった、という中学生もいる。

思春期の問題は従来からあったのに、今どうしていじめが激化するのか、そのひとつの要因としてすでにあげた子どもへの圧力の強さがある。他の要因として、非常に端的な表現をすると、思春期に至るまでに、「悪に関する体験学習が少なすぎる」ということがある。これは少し思い切った表現だが、たとえば、いじめにしても小さいときから、きょうだいの間や、子ども同士で少しずつ経験すると、それが悪いことを身をもって知るし、その限度というものがわかってくる。ところが、現在は子どもの数も少ないし、大人の監視の目がとどきすぎて、いわゆる「よい子」として育てられてくる子が多い。これらの「よい子」は、日本においては自分の生きたいように生きているのではなく、規格にはめこまれていることが多い。

そのような型にはめられた子が、思春期になって、内から突きあげてくる不可解な力に直面し、親や教師のコントロールに対して、急激に反撥するとき、その限度がまったくわからなくなってしまう。したがって、いじめをしている中学生自身が、どうしてこんなことをするのだろうと思いながら止められないとか、残酷さがどんどんとエスカレートしていくようなことが生じる。

思春期の子どもたちに接するのは、ほんとうに難しいことであるが、そのときにどうするかというよりも、思春期以前の親子関係が相当に大切だ、という認識も必要であろう。思春期の子どもが、それなりの「悪」や「危険」を経験して成長していく上で、もちろん運、不運ということもあるので一般には言えないが、やはり、両親との深い関係(「よい子」に仕立てる熱心さとは異なる)があると、この困難な時期を乗りこえていきやすいと言うことはできる。

大人の役割

現代において、親の役割はかつてに比して難しくなっていると考えられる。核家族になったので、親はかつての親よりも役割が重くなった。それに加えて、経済的な発展によって、後に説明するように家族間の関係が稀薄化することになった。このことが、思春期の子どもたちの荒れを激化させていると思われる。この点について少し考えてみたい。

経済的に豊かになって、日本人はかつてない物質的な便利さや快適さを手に入れた。これは非常に有難いことだが、それを維持するためには相当に働かねばならない。このために、どうしてもお金を稼ぐことに気をとられて家族間の接触が少なくなる。たとえば、食事を家族が共にする時間がほとんどない。その次に大きい問題は、家族間の関係の円滑さのために、お金が使われて心が使われない、という状況が生み出されてきた。たとえば、子どもと話し合ったり、共に居たりする時間がないので、それをうめ合わせる気持がはたらいて、食べものや玩具などを不必要に多く与えたり、高価なものを与えたりする。このような育て方は、外から見ていると「過保護」に見えるが、ほんとうのところは、子どもは何も「保護」されてなどいない。甘やかしすぎなどと言われたりもするが、ほんとうの「甘え」も「保護」もなく、ただものに埋まっているだけである。

このような稀薄な人間関係に育ってきた子どもが、いじめる側になってもいじめられる側になっても、そこから脱け出す緒となるべき「心のつながり」を持っていない。いじめる側になっても、心のつながりのある限り、どこかで止める気持がはたらくはずである。いじめられる側になっても、耐えられなくなったときに助けを求めていく心のつながりがどこかにあるはずである。もちろん、個々の例においては、どんな場合もあるので一般化できないが、全般的なこととして、家族間の人間関係の稀薄化については、考え直す必要があると思われる。心を使うべきときにお金ですますことをし過ぎていないか、と考えるとよくわかる。

いじめを許さない、という場合、スローガンとして言うのではなく、しっかりとした自分個人の姿勢として、それを身につけているかを教師も親も反省してみる必要がある。日本では「厳しい」指導とか教育という場合、子どもの行動をこと細かく規制したりすることばかり熱心になって、自分自身が厳しさをしっかり身につけているかをおろそかにする傾向がある。大人がしっかりと、ここからは許さないとして子どもの前に壁として立つとき、それは子どもに対する守りともなっている。思春期の子どもたちは、すでに述べたように、荒れはじめると自分で自分を制止できない状況になる。思春期の子どもたちが、自分の「悪」が大人によって止められたとき、「ほっとした」と語ることもある。このことは何度も他に述べてきたことだが繰り返して言えば、大人が強い壁として立つことは、何があたってきても退かない強さであって、それが動いて他を圧迫することではない。このことを誤解しないで欲しい。

これまでに述べてきたように、子どもの「悪」についてよく理解することは必要であるが、それは決して甘くなることを意味していない。理解することと厳しくすることとは両立し難いようだが、理解を深めれば深めるほど、厳しさの必要が認識されてくるので、厳しさも筋金入りになってくるのではなかろうか。理解に裏づけられていない厳しさは、もろいものである。

3　いじめと対策

ここにわざわざ「いじめと対策」と書いて、「いじめの対策」と書かなかったのは、いじめと関連して、そもそも「対策」とはどういうことかについて少し考えてみようと思ったからである。「いじめの対策」などというのがあって、それを実行すれば、いじめが根絶できる、などという安易な考えを持っているわけではない。

「高齢者対策」、「非行少年対策」、「いじめ対策」などと、世の中を健全にしようと張切っている人は、対策が好きである。確かに、社会的にいろいろと問題が生じてきたとき、われわれは何らかの対策を講じなくてはならない。それは事実であるが、私の好みで言えば、「対策」という言葉はあまり好きではない。私も大分年齢を重ねてきたが、社会の皆さんが私のために「高齢者対策」を立てて下さっていると考え、感謝したい気持にあまりならない。本心を言えば、「ほっといてくれ」と言いたい気がする。と言っても、周囲の人は、何とか「対策は立てないと……」と思っているかも知れない。というわけで、対策を立てる側は、世のため人のために善を行なっているのだろうが、立てられる側はあまり愉快なものではない。このことをまず知っておくべきだろう。と言いながら、私も「対策」を立てる側になっていることもあるのだから、ここで少し「対策」について考えてみることにしよう。

対策とは何か

対策を立てられる側が、「対策」という言葉を聞いて、何となく嫌な感じがするのは、端的に言うと自分が

「もの扱い」されているからであろう。一人の個性ある人間として見られるのではなく、十把ひとからげに、「老人というもの」として見られている。老人というものは、このように扱うとよろしいという手引ができる。そして、その手引にさえ従っておけばうまくいくはずだと考える。つまり、対策を立てる側と立てられる側との間に、はっきりとした断絶がある。これでは、対策を立てられる方はたまらない。

もう少し言えば、「対策」というものを盾にして、人間としての責任を逃れようとするのなら、対策など立てない方がよほどよいのである。と言って、対策などまったくなしで、人間として裸でぶつかればよい、という説にもあまり賛成しかねる。というのは、それはそのとおりかも知れないが、このような立派なことを言う人は、現場と関係のないところにいる「評論家」とか「学者」とかが多いからである。人間は一般に実際的かかわりをもたずにいると、立派なことが言えるようである。それも無意味とまでは言わないが、少し注意するだけで猛烈に暴れまわる中学生や、教師の目の前で煙草を吸って見せる生徒、「援助交際」は悪ではないとまっすぐに主張する高校生、などに一対一で直接に会うことと、「対策は絶対に反対」とか「対策よりは人間性」などと評論を書くこととは別のことだという認識は必要である。

対策は必要であるが、それの立て方、そのやり方が大切になってくる。たとえば、前節で、大人は思春期の子どもに対して「壁」にならなくてはならぬと述べた。これも言いようによれば、思春期の子どもに対する「対策」と言える。しかし、それを行うためには、大人が人間として子どもに正面から接しなくてはならない。つまり、対策によって自分の責任を逃れるのではなく、対策のなかに自分の在り様や責任がしっかりとかかわってくる。そのような対策でないと意味がない。しかし、そのようなことを意識しつつ、いろいろと対策を考えないことには、いったい自分がどう動いていいかわからなくなってしまうのである。

対策という場合、それが短絡的にならないことが大切である。「いじめの根絶」ということにせっかちになると、子どもは何とかして親や教師に見つからないようにいじめをするのに熱心になるだけである。あるいは、各学校は教育委員会に対して、校内のいじめを隠すように努力するかも知れない。スローガンが声高になればなるほど、いじめは陰湿化し、大変な事件が露呈して驚かされることになるだろう。

したがって対策を考えるにしても、すでに述べてきたような、いじめの在り方についてよく考え、それの根本的なところに関係していくような対策を考えることが必要である。

教師の工夫

幸いにも、私は現場の先生方と話合う機会が割にある。感心なのは、そのような先生が「いじめ対策」として考え出しているのは、いじめをいかにして無くするかではなく、個々の子どもがそれなりに、いかに学校で楽しさを見出しているか、という点に重点をおいていることである。つまり、短絡的な防止策ではなく、子どもの個々がのびのびと生かされているところでは、いじめが起こりにくいという発想なのである。

最近次のような研究発表を聞いた。京都市の教育委員会の企画で、ときどき先生方の実践的研究を聞かせていただいているが、京都市立日野小学校の、松岡直子先生、西寺みどり先生の発表である。それは、いじめが発生してから、先生の協力と導きでそれが解決されていくのだが、その点に関する詳細は略して、ただひとつだけ印象に残ったことを報告する。

それは、小学校六年生のクラスでのいじめを無くする努力をする一方で、六年生の子どもたちのありあまる力を形あるものにするために、休み時間、放課後にバレーの練習をはじめたことである。幸いにも松岡先生はバレーが得意である。そして、ここが大切なところだが、まず「アタックからはじめた」のである。バレーの練習を基礎からはじめるとなると、もっといろいろとするべきことがある。しかし、そんなことにお構いなく、まずアタックからはじめると、子どもたちが喜んで乗ってくる。攻撃性ということについてはすでに述べたが、人間は誰しもある程度の攻撃性を出すことが必要なのだ。それを無理におさえようとするから、変ないじめが起こってくる。そこで、ともかく「アタック」とやるところがいいのである。教師が生徒の状況、自分の能力などを考えて、それにふさわしい方法を考え出すところに解決策が見つかるのである。これらも、対策と言えば対策であるが、画一的ではなく、教師の個性と責任のかかわりのなかから生み出されているところに、意味があると思われる。

子どものそれぞれの個性を伸ばしていくと、いじめは結果的になくなっていく。このことについて、教師はそれぞれが工夫しなくてはならない。教師が子どもの個性を伸ばすための努力をすることは、結果的にいじめをなくすことにつながっている。そのような教師の実践例については、他に多く紹介した（拙著『臨床教育学入門』岩波書店、一九九五年〔本巻所収〕）ので、ここでは省略する。

スクールカウンセラーと学校の協力

いじめに対する対策ということもあって、一九九五年から、文部省の「スクールカウンセラー活用調査研究委託事業」といういかめしい名のもとに、スクールカウンセラーを学校に導入する試験的な企画が実行された。これも「対策」とは言っても、スクールカウンセラーは現場に入り込んで仕事をするので、すでに述べたように、その人間のあり様や責任がしっかりと関係してくるものである。それのみならず、スクールカウンセラーが勝手に「対策」に当るなどというのではなく、校長、教師、それと特に養護教諭との協力が必ず必要となってきて、結局は多くの人が、いじめの問題に正面から取組んでいくための結節点のような役割をすることになる。

村山正治の行なった「学校臨床心理士といじめに関するアンケート」(『こころの科学』七〇号、日本評論社、一九九六年)には、短いながらもいろいろな場合が述べられていて興味深い。このアンケートに回答した一〇一名の学校臨床心理士で、一年間にいじめに関する何らかの相談を受けたのが、七三%だから、相当にいじめの件数が多いことがわかる。そのなかで印象に残ることは、スクールカウンセラーがかかわることによって、「対策」の短絡化を防止している点である。いじめは「悪」という考えに単純にとらわれすぎると、いじめがあるらしいとわかると、誰がいついじめたのか、誰がいじめられたかなどを「調査」して「犯人」を見つけ出すことに教師が熱心になってしまう。ところが、カウンセラーは誰が犯人かを見つけることよりも、個々の子どもの話にまず耳を傾けようとする。そうすると、その子なりにいろいろと考え、解決策を自ら考え実行していく。そうなると、誰が「悪」かなどという必要がなくなる。

スクールカウンセラーは教師でないので話がしやすい。したがって他には言わない「いじめ」についても話をしにくる子どもが多い。そのような子が言ったという「聞いてくれるだけでいいのに、(教師に言うと)すぐ「対策」をたてようとするから相談できない」という言葉は、これまでに論じてきた「対策」論に、よい示唆を与えてくれるものである。

いじめは「悪」と大人は言う。しかし、それを「チクル」ことは子ども社会においては「悪」である。いじめられている子どもは、このふたつの「悪」のはざまで苦しむが、カウンセラーが何となく「部外者」と感じられるのと、「守秘義務」のことを知っていて、カウンセラーには打ち明ける。そこで、カウンセラーがその内容を右から左へと、教師にそのまま伝えたのでは話にならない。かと言って、カウンセラーは「聴く」のが大切ではあるが、現実にいじめが校内に発生しているのを知っていながら、そのまま放置していいのか、ということもある。実際に、何とか長期的な解決を願って話を聴いていてもなかなか解決に結びつかず、そのうちにいじめが発覚し、結局はスクールカウンセラーなど役に立たない、ということになって、カウンセラー自身が「悪」の烙印を押されることにもなりかねない。多くのカウンセラーがこのようなジレンマを体験している。

このジレンマの解決には一般的答がない。個々の場合にそれにふさわしい方法を見出していけてこそ「専門家」としてのカウンセラーということができる。「アンケート」の回答には短いながらも、個々のカウンセラーのそれぞれの場合における工夫と努力が述べられている。なかには、子どもと話し合って、そのことを担任教師に子どもが話すのを援助した例もある。そして、その後では、もちろん、カウンセラーと担任教師との協力が必要になってくる。ともかく、「悪」の問題にかかわる者は、まかりまちがうと自分が「悪人」にされる危険性があることを自覚しておくべきである。

Ⅶ　子どもをとりまく悪

子どもの犯す悪、あるいは悪と見なされることについて述べてきたが、「子どもと悪」と題するからには、子どもに対する悪についても述べるべきであろう。今日、子どもを取り巻いている悪は実に強大である、と言わねばならない。これについて書くとなると、また何冊かの書物を書かねばならないが、今のところ、それだけの準備もないし、意図もない。しかし、これまで「子どもの悪」について述べてきたこととの関連で、少しこの点に触れ、本論を終ることにしたい。

子どもに対する悪というと、アメリカなら、すぐに虐待と誘拐があげられるだろう。日本なら新聞記事で大きく取りあげられるような事件でも、新聞に報告されることはない。それほど件数が多いのである。毎年、誘拐される子どもの数は驚くべき数にあがっている。子どもの虐待の程度も数も、日本とは比較にならない。日本においても、子どもの虐待は増加しつつあるがアメリカの比ではない。日本は何でもアメリカのことを真似るが、子どもの誘拐と虐待だけは避けたいものである。

このような問題について論じるのは、他に譲るとして、ここで取りあげたいのは、大人の「善意」がもたらす悪である。親、あるいは教師として、子どものためにと思ってすることが、結果的に「悪」、つまり子どもの成長を歪ませたり、阻害したりすることになる。この点について特に論じてみたい。教育熱心な親や教師の無自覚な行為が、子どもたちの悪を誘発したり、子どもを傷つけたりする。こんなときも、表面的に見る限りは、大人は善で、子どもは悪、という構図がすぐできあがるので、大人は自ら反省するよりも、子どもを攻撃ばかりするので、悪循環が生じてしまう。もともとは、親も教師も子どもの幸福を願ってしているのだから、残念に思われるのである。

1　ひとつの事例から

先に述べたことを具体的に知るために、ここにひとつの実際例を取りあげる。と言っても守秘義務があって、自分のかかわった事例を詳しく報告することはできない。そこで、最近出版された、レーガン大統領の娘さんの手記を用いることにした。これはレーガン大統領の娘である、パティ・デイビスが四十歳をこえてから、自分の子ども時代、および両親との関係を振り返り、赤裸々に事実(と言っても、彼女の体験した事実)を述べたものである(パティ・デイビス著、玉置悟訳『わが娘を愛せなかった大統領へ――虐待されたトラウマを癒すまで』KKベストセラーズ、一九九六年)。この書物によって、彼女がレーガン家の秘密を公開し、親の悪口を出版したと非難する人もいる。レーガン大統領を尊敬する人々(実に多い)にとってはたまらなかったであろう。しかし、彼女はこれを書いたのは「両親を傷つけ苦しめるためではなく、これほどの困難を乗り越えて答えを見つけた人間には、同じような問題で苦しんでいる人たちのためにその答えを分かち合う義務があると考えたからだ」と弁明している。確かに、彼女と同様の苦しみを体験している子どもは実に多い。

この書物によって、レーガン大統領夫妻について個人的に批判したり非難したりはできないだろう。これはあくまで、娘からの一方的な報告であり、両親から言えば言いたいことはいっぱいあるだろうし、事実誤認もあるだろう。したがって、これによって誰が「悪い」などと判断するのではなく、あくまで一人の女性の「体験記」を基にして、その人の体験した真実を基に、親子関係や、子どもの「悪」などの一般的なことについて考察するように心がけたい。実際、これを読むと、本書にこれまで論じてきたほとんどすべてのことがかかわる具体例であるとさえ感じられる。

大統領の娘

パティ・デイビス(彼女は「レーガン」を名乗ることを拒否し、母方の姓を名乗っている)は、彼女の父、レーガンについて、「父が子供時代に身につけたのは、厳しくつらい現実から目をそらし、楽しい現実が存在するかのように自分に信じこませてしまうという驚くべき能力だった。いつも親し気に微笑んで、「あんまり深刻に考えすぎるんじゃないよ。問題は何もないんだから」と言っているようにウィンクする陰には、こうした秘密が隠されていた」と述べている。レーガン大統領の母は道徳的に厳しいピューリタンであったが、父はアルコール中毒であった。そのために、彼女(パティの祖母)は、「認めたくないことが起きると否定してしまう癖」によってそれに対処してきた。その傾向を彼女の息子のレーガンもそのまま受けついでいる、というわけである。

これをそのまま受けとめて、レーガン大統領を非難するのは当らないだろう。パティが娘として記述している父親の性格を少し別の角度から見ると、「どんなに厳しくつらいことがあっても、何らかの希望を見出し、それを信じて多くの人を率いていく能力」と言いかえることもできる。そして、大統領として彼はそのとおりのことをやり遂げて多くのアメリカ国民の尊敬を得たのだとも言える。しかし、それが「父親」となるとうまくいきにくい。ここが人間の難しいところである。

後にも述べるように、娘のパティは母とことごとく対立する。父親はハラハラして、何とか娘を慰めようとするがうまくいかない。母親のナンシーは何度も娘をなぐりつけるが、それはいつも父親のいないときである。娘はそのことを父に訴えるが、父親は、お母さんは優しい人だといい、最後には娘に「うそばかり言うんじゃない」と言う。うそについてはその文化差についてすでに述べたが、アメリカで「うそつき」というのは、きわめてきつい言葉で、お前の人格を認めない、というのに等しい。

その後、パティが青年期になると、その反抗はますます激しくなり、家出をしたり、男性関係でごたごたを起こす。たまりかねて飛行機でかけつけてきた父親にパティは母親の虐待を訴えるが、それに対して「なぜそんな作り話ばかりするんだ。お母さんは、この世で一番愛情深くて優しい人じゃないか」と言う。父親は娘の言葉を信じない。彼はいつまでたっても真実に気がつかない。パティが、父親はいつもつらい現実から目をそらすというのも、無理はない。

父親は娘のうそを非難する。彼はそうすると、うそをつかない人間なのだろうか。彼はパティが大学に入学したとき「性の乱れ」がいかにいけないかを話し、「君のお母さんと私は結婚するまで待ったんだよ。いくらつらくてもね」と話す。しかし、それを聞いている娘は、両親が結婚するとき、母はすでに妊娠二か月だったことを知っていた。パティは父親の話を聞いたとき、「私はあえて黙っていた。父親の表情があまりに真剣で誠実そのものだったからだ。きっと父は、その話が真実なのだと自分でも思い込んでいたのだろう」と述べている。

常に希望を見出し楽しく生きること、子どもに厳しくしつけをすること、これらは非常に大切なことだ。しかし、いくら楽しくしようとしても嫌なことや暗いことは存在する。厳しいしつけも、子どもにするだけではなく、親も守ろうとすると実に大変だ。それらの矛盾を、矛盾しながらも泣いたり笑ったりして、「共に生きる」のが家族ではなかろうか。大国には通用する政治学も、家庭では通用しないことがある。

母と娘

親子関係の問題の核心をわからせてくれるのは、母・娘の関係である。もちろん、父母、息子・娘の関係でいろいろなバラエティが生じてくる。しかし、もっとも根源にあるのは、母・娘である。それは、人間以外の動物を見るとよくわかる。そこには、母子関係があるとしても、そもそも父親なんてものは存在しない。したがって、母が大切となるが、その母の跡をそのまま継ぐのが娘である。つまり、娘は次に母となっていくのだから、「母」という偉大な存在のなかで、母・娘は一体と言ってよい。その偉大な存在の周囲に男がいる。

人類は他の動物と異なり、だんだんと男性が力をもつようになる。人類の特徴としての「意識」、「自意識」ということに男性が強くかかわってくる。そして、自立ということに魅力を感じはじめる。自立も結構だが、単純に考えると、自立と依存とを完全な対立概念として捉え、依存を拒否すればするほど自立的である、というスローガンができあがる。これはスローガンとしては論理的で強力だが、およそ実態と合わない。何にも依存せずにいる人間などいない。空気や土や太陽に依存せずに生きることができるだろうか。この基本的依存の形に、人間関係として、もっとも近いのが母・娘関係である。

人間が自立するということは、自分が何にどの程度依存しているかをはっきりと認識し、それを踏まえて自分のできる限りにおいて自立的に生きることである。しかし、「自立」ということが先にスローガン的に意識されると、依存はすべて拒否したくなる。そして、女性の場合であれば、何がなんでも拒否したいのが母・娘の依存関係（というよりは一体感）である。（いわゆる自立心の強い女性は、母親との関係がよくなく、その代りに父親との間に不可解な一体感を感じている人がよくある。）

レーガン夫人ナンシーと娘パティの関係は、ここに述べたことの典型である。そして、これはある意味では、近代の個人主義を生きようとしている家庭のひとつの代表とも言える。母と娘は何がなんでも対立しなくてはならない。しかし、その戦いは両者共に自覚していない母娘一体感を前提に行われている。母から言わせると娘はともかく強情に反撥する、ということになるし、娘から言わせると、母はわけのわからない怒り方をし、時にぐったりする、ということになる。ところが、パティはほんとうに困り果てたときは、母に相談し、誰にも打ち明けられない秘密を母親には打ち明ける。彼女は秘密の恋人のことを母親に語ったが、そのことについて、「そういう話をする相手として母を選んだのはおかしいかもしれないが、そこが母と私の関係の複雑なところなのだ」、「私にとって、二人だけの闘いを長い間続けてきた母以上に、私のことを知りつくしている人はいなかったのだ」とパティは述べている。彼女は大切な「秘密」を一人で持ち続ける自立性をもたなかった。それは彼女の自立度が弱いというのではない。彼女が認識しなくてはならぬ依存関係があまりにも深く、それの意識化が極めて困難なためである。

パティはまた、「父の娘ではなく母の旧姓を使うことにした」理由として、「私はそのことを何年もの間、他人にはもちろん自分でも認めなかったのだが、それは母に自分を認めてもらいたいという意識が働いていたからなのだ」と述べている。彼女も四十歳をこえて、事の本質がだんだんと見えてきたのだ。

ここに母・娘の一体感として示したことは、男性でも女性でも同様に大切なことだ。それは男性の心理の奥深くにも存在している。しかし、これをアメリカの男性が認識するのは極めて難しいことである。そんなことをうっかりすると、自分の存在が危くなるか、ともかく人生観の破綻を体験することになる。父親としてのレーガンが、ナンシーとパティのドラマのまわりで、なすすべなく、うろうろしているのも無理ないことである。

人間関係の悪

V章に論じた、うそ・秘密・性は、すべて人間関係に密接に関係している。人間と人間の間の距離を示す指標として、それらは用いられる。たとえば、レーガンが大統領候補者になったとき、新聞記者などがレーガンの子どもたちに、父親を誇りに思うかときく。パティ以外の異母きょうだいたちは、心の中ではそう思っていないのに、「はい」とうそをつく。ところが、パティはできない。そして、「私がレーガン家のよき一員でいられない」のは、このようにうそをつけないからだと思う。しかし、彼女は他のことでは、いっぱいうそをついている。

彼女は両親や教師や医者などに、うそをつきまくっている。自分のことを「医者を騙すベテランだ」とさえ言っている。その彼女がどうして、父親を尊敬しているか、という問いにうそがつけないのだろう。彼女はうそをつくのが嫌なのではない。「レーガン家の一員」として認められること、つまり母との一体感に埋没してしまうのを拒否しているのである。両親やきょうだいたちと共に「うその共有」関係になりたくないのである。

人間関係という場合、非言語的な一体感によるときと、一度分離した個体と個体が言語による契約によって結ぶ関係とが、両極端として存在する。一体感の関係をよしとすると、その関係のなかに、うそも秘密もあってはならない。外に対しては秘密を持ってもいいが、内では秘密はない。独立した者との関係においては、個々人は秘密を持ち、それを尊重するが、その持ち方が両者の関係に影響してくるので、各人は、その判断によって秘密の持ち方を決めねばならない。そして、この場合は、内と外ということがあまり問題にならず、誰に対しても、うそをつくことは悪となる。

実際の人間関係を見ると、前述した両極端の間で、矛盾するものを何とか両立させたり、バランスさせたりして生きているのだが、アメリカにおいては、すでに述べたように、個々人の「自立」ということが強調されすぎたのではなかろうか。もちろん、人間がいくら「自立」しても、それがすべて神には従うというのならばいいのだが、神を忘れた自立になったので、問題が生じてきたように思われる。

意識的に自立の努力(しばしば依存の拒否の努力)を払うほど、深い無意識界における一体感の希求が強くなり、ナンシー夫人のように、どうしても娘に重荷を背負わせることになる。あるいは、今回はあまり論じなかったが、アメリカにおける麻薬の害が大きいのも、これと関係しているように思われる。普通の人間関係においては味わえない一体感を、麻薬に頼ると体験できる。レーガンの娘パティは、「母と私との共通点は、薬物依存症」であることを強調している。他人に依存することをできる限り拒否した結果、それぞれが薬物に依存せざるをえない。そして、それによって間接的に一体感を感じるのは、何とも悲劇ではなかろうか。

ここに述べたような傾向は、日本でも見られつつある。日本は一体感の強調による個人の破壊から脱却しなくてはならない。しかし、アメリカと同じ轍は踏みたくない。とすれば、どうしたらよいのか。非常に慎重に考え、行動しなくてはならない。レーガン一家のことを他人事として批判ばかりしておられないのである。

2　善意という名の悪

アメリカに比べると、日本は子どもの誘拐、虐待も、麻薬の害もまだまだ少ない。日本で、子どもを取り巻く悪として考えねばならぬことは、大人の「善意」による悪ではなかろうか。「子どもの幸福を願って」大人がすることが、子どもの不幸につながっていることが多いように思う。これまで述べてきたことにも、それに関連するのが多かったが、本書のまとめとしても、この点について少し述べておきたい。

善意の押しつけ

一流企業の課長さんから相談を受けた。聞いてみると、新入社員がまったくの無能力で、部下からも馬鹿にされ、会社をやめたいと言っているとのこと。そして、その社員は超一流大学の出身とのこと。早速会ってみると、知的レベルは高いが、あまりにも母親の介入が長く続き、自分の意志で判断したり行動したりすることができないことがわかった。つまり、社会的な面で言えば極めて未成熟なのである。このような人で「卵を自分で割ったことがない」という男性があって驚いてしまった。「勉強」以外のことは、すべて母親がしているのだ。このような例をあげるとなると、いくらでもあげられるし、まったくうそのような話さえある。小学生のときに、家庭教師が五人いた、などというのもある。

次のような例はどうであろう。学生相談に来談した女子大生の話である。彼女の母親は、彼女が勉強のできるのが自慢であった。よい成績をとると喜んでくれて、いろいろなものを買ってくれたりした。彼女が「よい」大学に入学したときも大喜びで、あちこち自慢して歩いているようだった。彼女は大学でもよく勉強し、大学院に進もうとした。すると、母親が猛烈に反対した。大学を出るのはよいとして、女の子が大学院に行くなどもっての他である。早くお嫁にいく用意をしなければと言う。学生相談室で彼女は言った。「母にとって、大学入学までは、勉強する子は「よい子」でした。しかし、大学に入学すると、勉強する子は「悪い子」なのです」と。善悪の判断が一挙に反転してしまって彼女は困り果てている。しかし、これも母親とすれば、「娘の幸福を願って」ということになるだろう。

このような例に多く接して感じることは、子どもの幸福を考える路線が何と単調だろうということである。一流企業に就職する。そのためには一流大学に入学する、と考える。あるいは、女性であれば、よいところにお嫁にいくことが考えられ、女があまり勉強すると敬遠される、などと考える。このようなステレオタイプな路線を子どもに押しつけるのだから、子どもはたまらない。

親ばかりではなく、日本の教師も似たようなものである。高校生が受験の模擬テストでよい点をとると、「医学部受験」をすすめる。その生徒が他の学部（入学容易な）に行きたいと言うと、「そんなもったいないこと」と教師が言う。生徒の個性などまったく無視してしまっている。このような進学指導によって医学部へ入学してきた学生が、あまり医学に対して関心がないので困る、などということが実際に生じている。あるいは、自分たちのことを途方もない特権階級に属すると考える医者ができてきたりする。

芸術、芸能、スポーツなどの世界においても、日本人は指導しすぎて、子どもの個性を壊してしまうことがある。欠点をいちいち指摘するので、子どもが萎縮してしまい、のびのびと自分の可能性を伸ばすことができない。確かに、指摘している事実は正しいのだが、そんなことを言っていじけさせるより、子どもが楽しく、自分のいいところを伸ばしていけばいい場合が多い。

あげていけば切りがないが、ともかく、日本の親や教師は、教えたり、指導したりすることにせっかちで、子どものなかから自ら育ってくるものを待つことができない。これまで述べてきたこととの関連で、思い切った表現をすると、子どもの心のなかから悪と見える形をとって芽生えてきたものが、どのように変容するのか、その経過を見る前にすぐにその芽をむしりとってしまう大人の「善意」が強すぎるのである。

どうしてこうまで大人は子どもに善意の押しつけをするのだろう。基本的には、子ども自身の成長の可能性に信頼を置いて待っておればいいのに、それができない。なぜ、子どもを信頼できないのか。それは自分自身を信頼できないからである。などというとすぐ反論されそうである。いや自分はちゃんとやっている。それに比べて、「近頃の子どもは……」ということになるのだが、ほんとうに、自分はちゃんとやれているのだろうか。確かに、表面的にはそうかも知れない。しかし、何か「じっとしてはおられない」感じが底流している。何とかしなければと思うものの、自分は「安定」しているので、つい子どもに対して、もっと頑張れとか、あれをしろこれをしろと言いたくなってくる。その結果は思わしくないことが生じるわけだから、どこかで現実認識が狂っていると考えるべきである。それは、自分が「安定」しているというところにポイントがありそうだ。

不　安

現代人は相当な不安をかかえて生きている。それは非常に深い。しかし、考えてみると人間はいつの時代でもそうだったと言えるのではなかろうか。不安は人間の生きていることの証拠かも知れない。人間の不安を解消してくれる存在として、神、仏などの超越存在がある。往時の人はそれによって相当な安定を得ていただろう。しかし、現代人は科学とテクノロジーの発達によって、日常生活は昔と比べものにならぬほど快適になったが、根源的不安に対しては、かえって無防備になっている。それに直面するのはきわめて恐ろしい、となると、何とか表面の安定にしがみつき、ともかくじっとしておられない気持の方は、子どもの方に投げかけてしまう。このようなことが日本でもアメリカでも起こっているのではなかろうか。

子どもに不必要なおせっかいをしないことと、無関心とはまったく異なる。後者よりはまだ前者の方がましだろう。レーガン大統領の娘パティは、なぜ母方の姓を名乗るかについて、「幼いころから敵対し、闘い続けてきた母は、それでも私にとって実体のある親として存在していたからだ。実質的に存在しなかったに等しい父は、その名前さえ私にアイデンティティーを感じさせてくれるものではなかった」と言っている。不安を解消する方向が子どもに向かわず他に向いてしまうと、無関心になる。不安による方向づけが余裕を失わせ、あちらにもこちらにも心を配ることを不可能にする。アメリカという国のことが大切になると、子どものことなど考えておられない。

親が世間的な意味において大成功する、つまり、どんどんと上昇していくとき、子どもはそれを支えるために、根源的な不安の世界に下降していかざるをえない。パティの経験した多くの苦しみを、こんなふうに理解できないだろうか。親子で分業するのも悪くないかも知れないが、できれば、全員がそれぞれ、両方の仕事をする方が面白いように思うのだがどうであろう。下降の仕事は「仕事」として自覚すれば、別に麻薬に頼ったり、「性の乱れ」を体験したりする必要はない。というよりは、それらは多くの場合、ほんとうの体験ができないためのあがきとして生じるものである。ナンシー夫人はどこかでこのようなことを意識しかけていたのだろう。したがって娘のすさまじい葛藤にまきこまれてしまったと思われる。

各人がもう少しまともに不安と向き合うことによって、子どもに余計な重荷を背負わせることが少なくなるのではなかろうか。

3　大人・悪・子ども

最後にしめくくりとして述べたいのは、大人がもう少し悪と辛抱強くつき合うことによって、子どもともっと生き生きとして豊かな人生を共に味わうことができるのではなかろうか、ということである。

大人が善ということだけを仲介として子どもに接すると、大人→善→子ども、という一方向の動きに終ってしまう。その例としては、レーガン大統領が娘に対して、「性の乱れ」について与えた訓戒があげられる。レーガン大統領の言葉は立派であると思う人が多いだろう。しかし、このとき、彼の言葉は一方的に娘に流れていくだけで、心の関係はむしろ切断されてしまう。「性の乱れ」は確かによくない。しかし、自分自身の行なってきた性生活に照らして、自分として「悪」と思い至ることがあるとすれば、それを踏まえつつ、娘に「性の乱れ」について話すことによってこそ、父と娘の関係は深まるのではなかろうか。父も娘も心の動きが互いに通い合うのを感じるだろう。

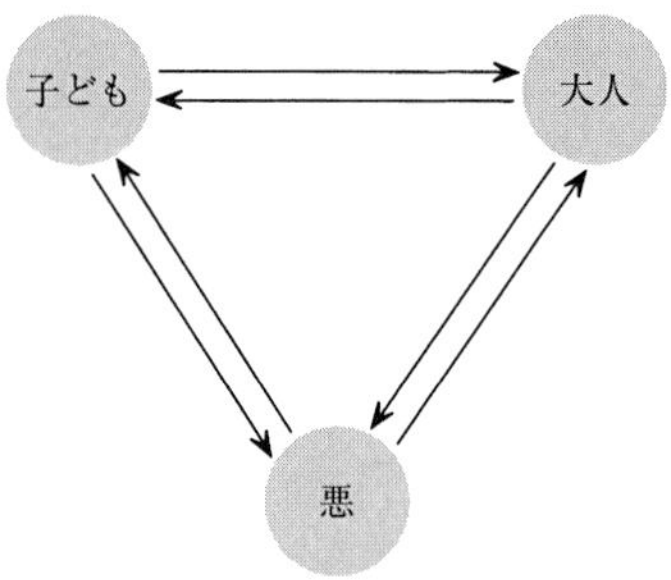

図　大人・悪・子どもの関係

これは何も親子共同で悪を行えとか、露悪家になれと言っているのではない。露悪家は自らあばきたてることによって、悪に対する責任を放棄することになりがちである。大人と子どもと悪の関係を図示すると、図のようになるだろう。悪を拒否しようと思いつつ、それをせざるをえない存在として、大人も子どももその自覚の上に立つことによって、相互の心の交流を感じるだろう。そうして、そのような過程のなかで、悪が善に変容することをさえ体験することになろう。

Ⅱ

臨床教育学入門

I　臨床教育学とは何か

「臨床教育学」という用語は、読者にとって、あまり耳慣れたものではないのではないかと思われる。このような名前を冠した講座が、わが国ではじめて京都大学教育学部に設置されたのは、一九八七年のことである。その後数年の間に、類似の考えによって新しい講座が、各大学に設置されてきつつあるのはうれしいことである。筆者は前記の講座の最初の教授となったが、一九九三年に定年によって職を退いた。しかし、臨床教育学については常に関心をもち、後述するように現場の教員の人たちとの接触も続けてきた。

わが国においては、新しく拓かれた学問領域であるので、学者によってその考えも異なるであろうし、その発展のためにはむしろ多様な意見があることが望ましいと思うが、ともかく初代の講座の担当者として、自分の考えを一応まとまった形で示す義務がある、と思っている。そこで本書にそれを示すのであるが、まずはじめに、なぜこのような新しい学問が必要と考えられるようになったかについて述べてみたい。

1　臨床教育学の必要性

このような新しい学問の必要性は、きわめて実際的なことから生じてきた。後述するように、現代のわが国においては教育に関する問題が山積している。これを解決してゆくことは、日本の今後のためにきわめて大切なことである。実のところ、教育の問題は日本だけではなく、世界の多くの国々がそれぞれの国の特徴と結びつきながら、何らかの解決を迫られることとして抱えこんでいる。そんなわけで、臨床教育学は世界的に見ても重要なことと思うが、この学問がきわめて実際的なことと関連するという特徴のために、以後の論は、もっぱら日本の状況との関連で展開することになる。

(1) 現代教育の問題

最近は学校における「いじめ」が大きい社会問題となっている。少年がひたすら苦悩したあげく、自らの命を断つような事件に接すると、誰しも考えこまざるをえない。「いじめ」など昔からあったことだ、と言う人があるが、現在のいじめはその程度があまりにも常軌を逸している点に特徴がある。昔にあった「いじめ」とはスケールが異なる残忍さや冷酷さがある。

このような「事件」が発生すると、日本人全体が評論家になる。そして、いろいろな「対策」が示されたり、その「原因」が追求され、制度や組織、ある個人が攻撃の的となることもある。確かに「事件」のあらましを知って、何かを攻撃することは簡単である。しかし、そのことについての詳細がわかってくると、単純に何かを「原因」として取り出すことがいかに難しいかもわかるし、たとえその考えが正しいとしても、そのような方法によって、日本の今後の教育を考える上において展望が開かれるわけでもないことがわかるであろう。あまりにひどい事件に対する一時的憤慨や概嘆が示されるだけで終ってしまう。

「不登校」の現象も同様である。子どもがさしたる原因もないのに学校に行かなくなるので、親も教師も困り果ててしまう。まずはじめは、子どもが怠けているとか勝手をしているなどのように考えられたが、次に親の過保護が「原因」と言われ、続いて、日本の学校制度や教師などが批判されたりした。つぎつぎと「原因」を追求して、最後のところで「どんな子でもなりうる」などと言いはじめたことは周知のとおりである。つまり、簡単に原因—結果という考えで説明し切ることができない。したがって「この方法がよい」などという対策は出てこない。

ここにあげたのは、社会的問題にまでなったので、誰でも知っていることである。実際の教育の現場においては、もっともっと多くの問題が山積している。そのひとつひとつについて教師は何らかの対応をしなくてはならない。教室で騒ぐ子、それとは逆に一言も話さない子。給食を食べるのに長い長い時間を要する子。盗みをする子。うそをよくつく子。こんなふうにして列挙してゆくときりがない。しかも、それが毎日毎時間のことなのである。

保護者との関係も難しい。一度も学校に来ない親。何かあると学校に来て、いろいろと意見を言いたてる親。また、このごろは親の教育程度が高くなったので、何かにつけて学校や教師を批判する。それを子どもの前でいつもしている親もある。教師はいろいろな親と関係をもってゆかねばならない。

このようなことをどう考え、どう対応してゆくといいのか。それに対して役に立つ学問はあるのだろうか。

(2)「学問」の反省

教育学という学問は長い歴史をもっている。それに心理学もあるし社会学もある。いろいろと立派な学問があるが、これまであげてきたような問題の解決に対して、直接的には役立ち難いところがある。と言っても、それらの学問が無意味というのではなく、それはそれとしての意味をもち、役立つ場合もある。ただ、実際的なことに直接、具体的に役立つ、ということを考えはじめると、効力がないことになってくる。

これは、「学問」というもの一般に通じる問題点をはらんでいると思われる。近代科学が目ざましい発展を遂げ、有効性を発揮したので、あらゆる学問がその影響を受けた。最近は少し変化しつつあるが、人々の科学に対する信頼は絶対と言ってもいいほどで、何かのことが「科学的」かどうかが第一の関心事とされた。そして、「科学的」であれば真、さもなければ偽、というような態度が一般に形成されるほどになった。

近代科学がその特徴とする「客観性」、「普遍性」、「論理性」は、確かに他人を説得する際に非常に強い力をもっている。現象を客観的に観察するのだから、そこには観察する人個人の影響がない。したがって万人共通の普遍的なことが結果としてえられてくる。それらを論理的に矛盾のない体系としてつくってゆくと、その体系、つまり理論によって多くの現象を理解し、それに操作を加えることができる。この考えに乗ってテクノロジーも発展し、現在われわれが享受しているような、きわめて便利で効率のよい生活ができあがってきた。

こんないい方法があるのに、これを教育に使わないことはないと考えるのも当然である。一例をあげてみよう。小学校に入学してきた子どもが、一言も言葉を発しない。名前を呼んでもぼうっとしているだけ。担任教師はこの子どもを「科学的」に扱おうとして、客観的観察をはじめる。記録も書くかも知れない「呼びかけても応答なし、行動はきわめて遅く、外界に対して無関心」。こんなふうに教師が子どもに接すると、子どもはますますいじけてくる。そこで教師はもっと客観的に測定しようとして知能検査を施行。もちろん言語の応答がないので動作検査をすると知能指数が低いことがわかった。と言ってもこんな状況で、この子が自分の能力をまったく発揮できないことはおわかりのことと思う。教師は、この子が話をしない「原因」は「低知能」であると判断する。

このようなことが重なってゆくと、この子がたとえ潜在力をもっていたとしても、それを示す機会を教師によっておさえられていることになる。つまり、客観的に子どもに接しようとした教師の態度が、その現象に影響をあたえているのである。ここで教師の態度が最初から異なっていると、子どもの行動もすべて異なるものになっていたことだろう。現象の客観的観察者ではなく、現象のなかに自分がはいりこんでいることを前提として、「学問」を構築することを考えねばならない。

人間は「もの」ではないので、人と人とが接する限り単純な自然科学モデルで考え難いことが生じてくる。そこで「人間の尊厳性などは科学によってわかるはずがない」というので、子どもに客観的に接することなどやめて、絶対的な愛情をもって接することにしてはどうかという考えが出てくる。しかし、そのためには「愛」について考えることが必要であるし、人と人との愛や、人と神との愛について考えることなどが必要となるだろう。

このようなことも必要ではあるが、ややもすると、そこに述べられている「愛」ということが素晴らしいことはわかるとしても、目の前にいる一言も話さない子どもにどう接してゆくのか、という点で何の示唆もえられない、ということになってくる。具体的行動に結びつかないのである。学問の体系としては立派であることは間違いないが、教育の実際問題との間の距離が遠すぎる。

「学問」というものがその形態を整えて立派になってゆくのはよいが、そちらの方に力をいれすぎると、生命体としての人間から離れてゆく傾向が生じてくる。この点を何とかしたい、という考えが学者のなかからも生まれてきた。

(3) 新しい領域の開拓

すでに述べたように、教育の現場においては問題がつぎつぎと生じてくる。それに対して、教育学のみならずその周辺の学問にしても、「学」としての粧いにとらわれていると、どうしても実際問題との間にギャップを生じる。このことを解決するためには、学者と称される者が、もっと現場と密接な関係をもたねばならない。その点で、臨床心理学は生きた人間の悩みや苦しみに直接的に関係するものだから、臨床心理学を専門にする者は――私もその一人だが――相当早くから、幼・小・中・高の教師との接触が多く、きわめて具体的な問題を取りあげて、その解決を共に考える、ということを行なってきた。

昭和三十年代には、若かったせいもあって熱気がこもっていて、現場の先生とわれわれ臨床心理の学者が一週間の合宿をし、徹夜も辞さないほどの話合いをした。その後、しばらく私はスイスに留学したが、帰国後もこのことは続けられた。私はおかげでどれほど多くを学べたかわからない。このような経験をしつつ、私はこの成果を何らかの「学」としてつくりあげることを常に念頭においていた。

実際的な問題とかかわり、しかもそのときに近代科学の要請する「客観性」をむしろ積極的に放棄してゆくとすると、下手をすると、とんでもない失敗をしたり、独善的になってしまったりする危険性がある。事実、このようなことをはじめた頃、「カウンセリング好き」と称せられる人たちの独善的な傾向によって現場の人たちが悩まされることがあったと思う。このような危険を防止してゆくためには、自分自身が積極的に主観的にかかわっていった現象を、どこかの地点で客観化したり、そこから得られた知見を体系化して、他に示して批判を仰ぐことなどをしなくてはならない。このような意図をもって、臨床教育学という発想が浮かびあがってきた。

しかし、これはなかなか大変なことである。すでに述べたように、これは既成の学問とはその研究の方法論が異なっている。かと言って、既成の学問と無関係などと言えるものではない。その方法論の中核をなす点については次節にまとめて述べるが、これまでの教育学、心理学、哲学などの研究の方法も場合によっては用いなければならないし、それらとの関連のあり方も意識していなければならない。この方法が新しいからと言って、これまでの学問を否定しているのではない。そんな点で、臨床教育学は、これまでの学問の分類の境界を破り、すぐれて学際的な方法をとることになってくる。いろいろな分野の研究者が協力し合うが、その中心に教育の具体的問題を据え、それを離れた空理空論にならないことを心がける。

臨床教育学はまったく新しい学問である。それは単に名前が新しいなどというのではなく、新しい方法論に立って学問体系を打ち立てようとしている。しかし、考えてみると、これまでにある臨床心理学、看護学、保育学、なども非常に似た性格をもっていると思われる。ただ、既存の学問体系の強さに影響されすぎて、医学、心理学、教育学などの学問をつぎはぎして形を整えてきたところがあると思われる。あるいは、今まで述べてきたことを拡大して考えてゆくと、臨床社会学、臨床経営学などということも将来は考えられるのではないかとさえ思われる。ともかく、生命をもった人間ということが研究対象として考えられる限り、それは「もの」を対象として発展した近代科学とは異なる研究方法を必要とすることになる。そんな点を考慮して、次節に方法論について考察する。

2　臨床教育学の方法論

(1)　現象のなかに生きる

臨床教育学においてもっとも大切なことは、研究者が研究しようとする現象に自らかかわっており、「客観的観察者」の立場をとらないことから出発することである(必要に応じて、後に客観的観察をすることも生じる)。ここで言う、「現象に自らかかわる」ことには、実にいろいろな程度があることを知らねばならない。実際に自分が授業をしたり、いわゆる問題児と呼ばれる子どもに会ったりしていても、自分の主体がどれほどそれにかかわっているのかに対して、きめ細かく認識している必要がある。自分の身体は教育の現場にいるとしても、心は傍観者的な位置に立っていることも可能なのである。

あるいは、現場の教師の報告を聞いたり、相談を受けたりするときでも、聞く態度によってずいぶんと異なってくる。その体験を共有し共感してゆこうとする態度と、「事実」を客観的に知ろうとする態度とでは、語られる内容や、語っている間にその教師が思いつく内容も異なってくるであろう。

自分が「現象のなかに生きる」ことをして得た知見によって理論を考える、つまり何らかの理論を現象に当てはめようとしたり、自分という存在と関係のない理論を考えたりしないことが大切である。「愛」が大切である、と言うのなら、それについて自分がどう考えるか、自分がそれをどの程度に実行できるのかを抜きにしていたのでは何もならない。

たとえば、「いじめ」や「不登校」をなくすためには、学校を楽しくする必要があると考える。とすると、教師として学校を楽しくする具体的方法を考えねばならない(そのような例については後述する)。そうすると、子どもたちは学校に来るのが楽しみになるし、お互いの間の関係もよくなるので「いじめ」もなくなる。しかし、これだけでは満足しないで、人間にとって「楽しい」とはどういうことなのか、果して人生が「楽しい」ばかりというのはいいことなのだろうか、とつっこんで考える必要がある。そうすると、はじめに考えた、学校で楽しくする方法を改変しなくてはならないかも知れない。このようにして、理論と実際がからみ合って発展してゆくところが、臨床教育学の特徴と言っていいだろう。

教育というと、どうしても何かを「教える」ことに力点がいく。そこで上手な教授法をいろいろと考える。これは確かに多数の子どもに何かを能率よく教えるには有効な方法である。しかし、このような方法はともすると教師が機械を上手に操作するように、子どもを動かそうとすることになり、その操作に乗れない子どもは、教師と子どもとの関係からずり落ちてしまう。

学校の教師の非常に難しいところは、学級の子どもを全体として捉え、効果的に教えることを行いつつ、そこから落ちてゆく子どもに対しても注意を払わねばならないことである。後者の場合の方に力点をおいて考えるのが臨床教育学である。自分の方法に乗れない子どもを「駄目」とか「落ちこぼれ」とか断定せず、その子との関係のなかに自分を入れこんで考え直してみるのである。

(2) 個より普遍へ

先に「落ちこぼれ」と言いたくなる子どもとの関係のなかに自分を入れこんでゆく、と述べたが、あくまでこのように「個」を大切にする方法をとるのが臨床教育学の特徴である。つまり、多くの人に能率的にすることとか、全体の傾向を調査して結論を出してゆこうとするのではなく、何と言ってもまず個人を徹底的に大切にする。

たとえば、学校に来ない中学生がいる。訪ねてゆくと、教師の顔を見るなり二階の自分の部屋にとんではいり、どうしても出てこない。ここで、「せっかく来てやったのに、悪い奴だ」と言って放っておかない。次の週にも行ってみる。そうすると、今度は案に相違して会ってくれた。「この前は、大変な勢いだったね」と言うと、「何でか知らんけど、あのときお父さんが出張から帰ってきたと思いこんだのや」と答える。こんなところから、この子どもと父親との関係について、いろいろなことがわかってくる。このように話が展開してゆくのも、教師がすぐに子どものことを断定せず、あくまでその子を大事にしようとして続けて会いに行ったためである。関係を切らないで、個人を大切にしてゆく。

次のような例はどうであろう。ある高校の女性教師が、不登校の男子高校生を訪問した。誰にも会わないと言い張っていたのに、彼は教師と会い、いろいろと話をした。そのなかで彼が映画が好きなことがわかってきた。家に閉じこもって外出しないでいたのに、この高校生は教師のすすめで一緒に映画を見にゆくようになった。だんだんと元気になって家族もよろこんでいるうちに、とうとう登校もはじめた。これで問題も解決したとよろこんでいると、この教師にこの高校生が強い恋愛感情を抱き、たびたび職員室を訪れ、他の教師たちも気がついて、冷やかしたりするようになった。そこで、教師は「あなたの登校するのに役立ちたいと思っていたけれど、恋愛感情などもっていない」と明言し、この高校生は再び登校しなくなり、学校の呼びかけにも応じなくなった。

「個」を大切にする、ということにはこのような危険が伴う。不用意に生徒に接近しすぎると、自分はまったく何も感じていないのに、生徒の方は強い恋愛感情をもち、しかも教師も生徒に対して同じ気持をもっていると信じていたので、突然に(と彼には思える)つき合いを断るのは「裏切り」だと思ってしまい、再び家にすっこんでしまった。

ここにあげた二つの例を見ると、「個人」を大切にすると、教師としては考えもおよばなかったこと、つまり、教師を父親と思ってみたり、恋人と思ってみたりすることがわかる。それではどうしてそんなことが生じるのか、それを防ぐにはどうするのか、などについて考えることが必要になる。つまり、個を大切にする態度から生じてきた現象について、一般化して考えることになる。そのようにすると、これまで、人間のことについてあまりわかっていなかったようなことが明らかになってくる。

ここで大切なことは、個を大切にするためには、自分の主観をかかわらせてゆくのであるが、そうしながらも常にそれを——自分をも含めた現象を——できるだけ客観化しようとする態度を失わないことである。それがないと前述の例のように、自分は善意でしたことであるが、結果的には一人の高校生の心を傷つけてしまうことにもなる。

ここに述べたことは、臨床教育学の方法論としてきわめて大切であり、かつ困難なことである。ある個人(子ども)に対して接近してゆくと、いろいろ思いがけないことが起こるが、いわゆるベタベタの関係になってしまうと危険が生じる。と言って距離を取って離れていると何事も起こらない。したがって、臨床教育学の研究をする者は、自分が子どもと適切な関係をもてるように常に自分を訓練していなくてはならない。このような自己訓練なしには臨床教育学の研究はできない。臨床教育学では、実践と研究がわかち難く結びついている。

(3) 学ぶ側の視点

これまでの教育学は、教える側からの視点を重視しすぎてきた。教師は、いかに上手に教えるか、いかにうまく導くかに性急なあまり、学ぶ側からものごとを見る余裕を失っている。ここでまず言えることは、生徒の「失敗」を大切にすることである。教師が教えることに熱心になりすぎていると、生徒の失敗を早く正しい方向に向けようと焦りすぎる。それで「失敗」を否定して、正しい答を押しつける。

日本語には、「腑に落ちない」という面白い表現がある。「それは正しいかも知れないが、腑に落ちない」などと言ったりする。これは、ものごとが「わかる」というときに、知的な理解を超えて、自分の存在全体のなかにそのことが収まる、というようなわかり方があることを示している。子どもが何かについて「腑に落ちない」と感じているかどうかは、表情を見ているとよくわかる。先生に「正しい」ことを教えてもらって、「ハイ」と答えていても、表情は「腑に落ちない」ことを示している。そんなときに、「何だかわからないの」とか「今何を考えているの」とか言いながら落ち着いて待っていると、自分の考え方を言ってくれる。ここで「落ち着いて待つ」ことが非常に大切である。教師のそのような態度に支えられてこそ、子どもは自分の考えを言えるのだ。

筆者は、中学・高校併設の学校で数学の教師をしていたので、数学の論理的説明がいかに正しくとも、「腑に落ちない」ところが出てきて数学ぎらいになってゆく生徒がいることに気づき、その生徒たちに話を聞いて、大いに参考になった。そして、そのような生徒が真に納得するようにするためには、どのような説明が可能かと考えてみた。

子どもの学科における失敗のみではなく、子どもが間違った行為や、よくない行為をしたときにも、子どもの視点から考えてみることが役立つときがある。ある小学四年生の子どもがすぐに先生にバレてしまうような盗みをした。まるで先生につかまるのを欲しているとさえ言いたいくらいである。「馬鹿な子」、「まぬけたことをする」というのは大人の目から見た判断である。この担任の先生は、「子どもの目」からそれを見てみたら、「あんがい、その子は一人だけで私と会いたい、と言っているのではないだろうか」という気持がしたので、誰にも知られないように、そっと宿直室へその子を呼び、「先生に何か言いたいことがあるの」と優しく問いかけた。すると、その子は誰も知らないその子の家の秘密でどんなに苦しい思いをしているか、を話してくれた。

ある小学校の新入生で、緊張感の強い子がいた。交通が危険なので迎えに来る母親を見ていると、母親が緊張していて表情も堅い。それに何かにつけて子どもに注意したり、手助けをしたりする。こんな母親に育てられると大変だと担任は思った。そう思うと教師の方も、この母親に会うと顔がこわばってくる。そのために何となくギクシャクした感じが双方に感じられ、母親はますます緊張する。ところが、教師はふとしたことから、この家では長男の子どもが幼いときに交通事故で死亡していることを知った。思いがけない不幸で子どもを失い、残された子どもを大切に思うと、その子に対してどうしても世話をやきたくなるだろうし、送り迎えのときに緊張するのも当然のことである。

担任教師はこの母親に対して、すぐに「子どもさんを亡くされたそうで」と話しかけるのは直接的すぎると考えた。そこでそれとなく日常的なことを話しかけたりして、だんだんと気持がほどけるのを待つようにした。すると母親も話をするようになってきて、一学期の終り頃に、長男を失った悲しみや、どうしても残された子どもをかまいすぎになることなどを話してくれた。これで母親は気持もほぐれ、少し自分を客観的に見られるようになってきたのか、緊張感も減少してゆき、子どもの緊張も少しずつなくなってきた。教師が「どうも困った親だ」と断定するのではなく、母親の置かれている状況を知り、それを基にして考え、態度を変えていったところに意味がある。

この場合は、教師が母親の立場でものごとを考えて、いとぐちを見つけることのできた例である。これらの二例から言えることは、教師が教える人としての視点のみではなく、視点を自由に移動してみることによって、ある現象の多様な意味を探り、そこから解決の道を考え出す、ということができる。われわれは、ひとつの現象にひとつの価値や意味をはりつけすぎる。「よい」、「わるい」というレッテルをはる前に、意味の多様性を見出すための視点の移動を行う。このことも臨床教育学の方法論における重要な要素である。

3　臨床教育学の特徴

(1)　発見的

先に述べたような方法論を用いるとき、臨床教育学の特徴としてまずあげられることは、その発見的(heuristic)な性格である。つまり、明確な予測をたて、その予測どおりに事を運んで効果をあげる、という方法ではないことである。と言って、まったくの行き当りばったりではない。これは未踏峰の登山の例を用いるとわかりやすいだろう。山へ登るためには装備もいるし、気候や山についての知識もいる。そしてもちろんある程度の見とおしがなければ話にならない。しかし、実際にとりかかると思いがけないことが起こる。気候が変化したり、実際に行ってみてはじめてわかる山の状態があったり、またその代り、思いがけないよい方法が見つかったり、好運にめぐりあったりする。そこには常に「発見」がある。

もちろんそこには、悪天候のときは動かずにいるとか、雪庇の上を歩いてはならないとか、多くの「法則」がある。しかし、法則を全部知りそれにしたがっているだけでは、事は運ばない。何らかの新しい決意と実行、発見がなければ成功しないのである。さらに、そこで「発見」されたことは、次に他の山に登るのに大いに役立つであろう。

このことを説明するよい例として、すでに他に述べたことだが[1]、それを取りあげてみる。ある小学校の新入生K君は、学校で一言も話さない。家庭内ではよく話すが外に出るとまったく言葉を出さない。担任の教師はこのようなK君に対して、焦らずに暖かく見守ることにした。あるとき級友の一人がカメをつかまえてきて、水槽に入れて教室で飼うことになった。K君はカメが大変気にいったようで、大切に世話をする。教師はいつも緊張しているK君が、カメとつき合っているときはなごやかな表情をしているのに気づき、クラスの子どもたちと一緒にできるだけカメを大切にした。

ところがある朝、カメがいなくなった。先生もクラスの子どもも一緒になって学校中を探しまわったが、カメを見つけられなかった。突然K君が泣き出し、大声で「Kちゃんのカメがいなくなった」と叫んだ。驚いた級友たちは「わあー、Kちゃんがしゃべった」と拍手した。それ以来、K君は学校で普通に話すようになった。

ここで、教師のとった態度は発見的である。教師もカメを飼うときに、その後の展開を予想しているわけではない。しかし、「子どもの「好きなもの」を大切にするのは、発見の手がかりとなる」という「法則」に基づいて行動している。「動物はしばしば人間の思いおよばない導きをしてくれる」という「法則」も生かされている。そして、何よりもまず子どもを「焦らずに暖かく見守る」という「法則」を根本にしている。そのような教師と子どもの「関係」を土台として、いろいろと興味深いことが起こり、そこに発見が生じてくる。

ところで、この発見を基にして、「緘黙児《かんもくじ》の解決には動物を飼うとよい」という「法則」をたてるとどういうことになるだろう。時には、教師で「子どもの情操を豊かにするために、動物を飼わせているのですよ」などという人もある。このような場合、教師は「法則」を操作的に用いようとして、そのために一番大切な教師と子どもとの「関係」が薄くなってしまっている。このような失敗をする人は多い。

一応「法則」という言い方をしたが、発見的という場合、教師という個人が、ある一人の子どもという個人との関係のなかで、それをどのように生かしてゆくかを考えるべきである。あくまで個を大切にし、個々の場合で異なることを自覚しつつ、ただ、そこで新しいことを発見してゆくためのヒントとして、「法則」のようなものがある、と理解すべきである。法則によって操作しようとするとき、それは発見的ではなくなっている。

この例の場合、カメがいなくなったのは、まったく偶発的に起こったことである。しかし、これがK君の発言する契機をあたえてくれた。予測可能な法則をしっかり守って、予測どおりの結果を得て満足する、というような態度をあまりにもきつく身につけている人は、偶発性を生かして飛躍することができない。たとえば、先の例にしても、堅い先生だったら「あー、カメがいなくなったの。それでは授業が終った後の休み時間に探しに行きなさい」と言うことによって、むしろ、K君の傷を深くし、K君の発言の機会を逃がしてしまうことだろう。しかし、カメ探しなどより「授業」の方を大切にした先生は「正しい」ことをしたのだと主張することもできる。

偶発性に対して心を開いていてこそ発見がある。しかし、それに対して瞬間に決定し行動することができなくてはならない。カメがいなくなったとわかったとき、「よし、先生も一緒に皆で探そう」と決定することが大事である。教師はこのようなことができるように心の準備をしていることが必要である。

(2) 研究者の訓練

臨床教育学を研究するためには、研究者は相当に訓練されている必要がある。先に述べた方法論のなかで、研究者が現象のなかに身を入れこんでいなければならないと述べたが、このことひとつをとっても、簡単にはできないことがわかるであろう。現象のなかにいると言っても、自分がどのような位置関係にいるのかをはっきりと認識していなくてはならないし、また望ましい関係があるとしても、それができなくては話にならない。

不登校の子どもがいる。「学校へ行かないと駄目じゃないか」と説教する。熱心にすれば、教師は生徒との間に「関係」が生じるように感じるかも知れない。しかし、この子どもの内的な世界に起こっている心の現象を大切にする観点からすれば、教師はその外に立って勝手に説教しているだけである。説教はやめて、「なぜ学校へ来られないのか言ってごらん」とやさしく言っても、何か原因を見つけてそれを解決してやろうと思っているのなら、それも外側から操作を加えることになって、ほんとうに現象のなかにかかわっているとは言い難い。ではどうすればいいのか。

一人の人の内的な世界にかかわるような態度を身につけるには訓練が必要である。それは芸術やスポーツや、あらゆる技能が、一朝一夕でできるようにならないのと同様である。筆者はこれは相当な訓練によって身につくものと考え、自分もひたすらに訓練を続けてきた。それは知的なものを含むが、知的なものが自分自身の体験と結びつき、自分の身についたものとなっていなくてはならない。そのような結果として現象のなかに生きているので、前節に述べたように、偶発的現象に対してすぐに決断し行動することが可能になる。このような点はスポーツと類似性が高いので、筆者は有名なスポーツマンがいかに自分を鍛えたか、というような話から学ぶことも多い。偶然的に生じたことにすぐ対応できて、それに身体がついてゆかなかったらスポーツマンではない。臨床教育学の場合も、ほとんどそれと同じではなかろうか。

たとえば、先に示した緘黙児のK君の例のような場合、K君が思わず言葉を発し、一同が大よろこびし、先生も大変よろこんでいると、K君が次の日に登校しないなどということがある(この場合はそんなことはなかったが)。そうなると教師は考えねばならない。何か大切なことがぬけ落ちていたに違いない。このときも、何か大切なことを自分は見落していたという自覚をもって家庭を訪問するのと、せっかく皆でがんばってものを言わせたのに、結局はKはやっぱり駄目な子だと思って行くのとでは家族の応答が異なるだろう。後者の場合は、詰問に行く教師の姿になって、Kの心の世界の外に立つ人間になってしまう。ところが、どうも自分に手ぬかりがあったらしいと思ってゆくときは、Kとの心の関係は切れずにつながっている。そんな姿勢で家庭訪問すると、親が「あの子、カメさんいなくなった、と言って一日中泣いていました」などと言ってくれる。そこで、K君が話をしたことによろこびすぎて、カメのいなくなった悲しみの方はさっぱり無視してしまっていたことに教師は気づく。全人的にかかわるというのは非常に難しい。よろこびすぎると一方的になって子どもの心と切れてしまうことがある。

このことは、たとえば、野球の投手が得意球を投げた途端にうれしくなって守備の態勢にはいるのを忘れるようなものだ。あるいは、音楽の合奏をしていて、メロディーのパートを演奏する人が、それに自ら酔いしれて、他のパートとのアンサンブルのことを忘れてしまうようなものだ。例を探せばいくらでもある。教育のことを真剣に考え出すと、ヒントはあちこちにあることがわかる。不断の訓練とは、このようなことにも関係している。

ここで「訓練」という言葉を用いて、「学習」とか「研修」とかの言葉を用いなかったのは、この行為が常に一挙手一投足と関連する身体性を伴うもので、単なる知的な活動と異なること、および、常に自分を鍛える気持を必要とすること、を強調したいためである。

このように言うと、すぐに日本の軍隊式――あるいはそれを引きずっている古い体育会式――の猛訓練のことと考えられがちだが、それは誤りである。すでに何度も述べているように、一般にすぐに悪とか誤りとか見なされることに対しても、余裕をもって多様な視点を導入し、価値の見直しをしようとするのだから、ガムシャラな訓練はかえって無意味である。厳しいなかに余裕を生み出す訓練が望ましいのである。

(3) たんけん・はっけん・ほっとけん

序論として少し堅いことを書いてきたので、ここで臨床教育学の本質に深くかかわると思われる、ひとつの例をあげる。(2) これは滋賀県の小学校教諭、井阪尚司先生よりお聞きしたことである。この小学校のある地域では、家庭からの排水は琵琶湖に流れこむ。しかし、飲料水も農業用水も琵琶湖の水を逆流させて使っている。そこで環境問題を考える試みのひとつとして、家庭排水のことを全校で取りあげることにした。登校班をチームとするので、一年生から六年生までの子どもたちが一緒になって、自分の住んでいる地域の排水を調べる。ここで一年から六年まで共に行動するところが面白い。一年生は、こんなところにザリガニがいた、と言ってよろこぶが、六年生になると、なぜこんなところにザリガニがいるのか、と考える、というふうに年齢によってそれぞれがアプローチの仕方を変えながらも、けっこう、相互に交流しつつ仕事がすすむ。

「環境問題研究のための排水路調査」と言わず、ここで「みぞっこたんけん」という言葉を先生は導入される(この地域では排水路のことを「みぞっこ」という)。子どもたちは、「たんけん」と言うだけで興奮する。平素の授業のように「正解」がきまっていて、誰がそれに早く到達するか、というのではなく、「たんけん」なのだから何が出てくるかわからない。授業のときには元気のない子どもでも、このときは「大発見」をする。

そうすると大きい副産物が出てきた。子どもたちが「みぞっこ」を調べているのを見て、地域の高齢者たちが合流され、昔は「川処《かわと》」と言って、各家に石段がついていてそこに降りてゆき、洗濯や洗い物をした、などと話をされる。これは子どもたちにとって「大発見」である。昔のみぞっこの水は洗い物をするほどきれいだったのか、と驚いてしまう。「大人も子どもも探検はワクワクします」というのは、井阪先生の弁である。

このような「発見」は、次に子どもたちをこのままでは「ほっとけん」という気持にさせる。汚染を防ぐためのポスターつくりをする。子どもたちが母親に合成洗剤を使わぬように進言する。あるいは、カワニナの居場所がわかり、カワニナとホタルの関係などを考えはじめると、昔はどうしてホタルがたくさんいたのか、もしホタルを増やそうとするならどんな方法があるのかと考えはじめる。またここで素晴らしいのは、琵琶湖研究所の研究者たちがこの企画の背後にいて、子どもたちの疑問に答えたり、ヒントをあたえたりしていることである(実は筆者がこのことを知ったのは、琵琶湖研究所の嘉田由起子博士よりお聞きしたのである)。そして、子どもたちのレポートを編集しなおして、小さい本として印刷するなどということが、研究所の学者たちの援助で行われることになる。

「みぞっこたんけん」の成果が作文に現れることもある。ある子の作文の一部である。

「あるみぞに、カニ王国という小さな国がありました。そのカニ王国にカニ太というカニがいました。カニ太が昼寝をしようとうとうとしていると、テレビの天気予報が聞こえてきました。

「明日は、油が流れて来るでしょう。所によっては、空き缶が降って来るかも知れません。気をつけて下さい。」

カニ太は(そんなはずないよ)と思って、疑っています。カニ王国では、明日、油や空き缶が流れて来るというニュースで大騒ぎです。……」

このような作文を見ると、この「たんけん」によって、子どもの世界がどんどんひろがって行くのがよくわかる。そして、この子は環境汚染を何とかしなくてはと思いつつ、そこにユーモアを入れることを忘れない。おそらく、教師の余裕ある態度がとり入れられていくのだろう。

くわしく述べれば、まだいくらでも興味深いことがあるが、この実践は臨床教育学のこととしてこれまでに述べてきたことを、すべて網羅していると言っていいほどである。これは文字どおり「発見的」である。そして、すべての人が現象のなかに生きている。それどころか周囲にいる人、町の高齢者、近くの研究者などを巻き込んで参加させる力をもっている。小学一年生から六年生まで、それぞれが自分の個性に応じて仕事を見出している。子どもたちは、単に排水路を使用している人間としてではなく、昔の人の目で見たり、カニの目で見たりする視点の移動を試みている。そして、これらはすべて体験を通じて自分のものとなってゆくのだ。

「たんけん、はっけん、ほっとけん」は、こんなふうに考えてくると、臨床教育学の標語にも使えそうに思えてくる。それに、語呂合せがもたらすユーモアも大切と思われる。扱うこととしては、随分と深刻なことも多いのであるが、余裕を失って堅い「教育者」になってはおしまいである。

(1) 河合隼雄『子どもと学校』岩波新書、一九九二年。〔第Ⅰ期著作集第七巻所収〕
(2) 井阪尚司・河合隼雄「たんけん、はっけん、ほっとけん」『飛ぶ教室』四二号、楡出版、一九九二年。

Ⅱ　文化・社会のなかの教育

臨床教育学においては「個人」を大切にすると述べた。全体をどのようにうまく操作し管理してゆくかではなく、一人一人の子どもを大切にすることから出発する。そのような考えに基づくと、第Ⅱ章は「個人」から出発すべきである。はじめはそのような考えで全体の構成を考え、実は本章で取りあげることは終りの方に論じるはずであった。ところがそのようにするとどうしてもうまくいかない。そもそも「個」ということの考え方に文化差が存在し、そのこと抜きにしては論を展開し難いと感じた。

たとえば、「個性の尊重」とか「個性を伸ばそう」という標語は、日本の学校でよく見かけるが、欧米ではまず見られないのではなかろうか。これはあまりに自明のことでスローガンにはならないのである。それにしても、われわれが子どもの頃にはこんなのはなかったから、日本の教育も変ってきたものである。しかし「個性を伸ばす」ために、校長先生の号令一下、全員が一斉にがんばろう、などというふうになるのが、現在の状況ではないだろうか。そんな点を考えると、以後のすべての章において、日本と欧米の文化差のことを考慮せずにはおれない。「個人」、「関係」などと言っても、その質を考えていないと、まったくの誤解を生じることがある。そこで、あえて文化・社会の問題を最初に取りあげることにした。

と言っても、やはり臨床教育学の方法に基づいて、常に何らかの具体例と実践を踏まえて考えていくことにする。

1 文化の病

「文化の病」という考えは筆者が思いついたものである。それがどのようなことであるかについては、後に述べることによって明らかになるであろう。このような考えについては、日本でのみならず欧米においても発表する機会があったが、賛同をえたと感じられた。これは、個人の心の病の治癒の過程から考えて、その個人の属する文化のあり方や、その改変ということまで視野に入れてゆこうとする考え方である。

(1) 不登校の一例

学校へ行かない子どもが多くなったことは周知のとおりである。それらの統計などを示すのではなく、ここにひとつの例をあげてみよう。京都市教育委員会のカウンセリング室において、臨床心理士の酒井律子さんが面接された経過を以下に簡単に示す(1)。

高校一年生のS男が学校に行かなくなる。それだけではなく母親に暴力をふるう。S男は父、母、高校三年の姉との四人家族。子どもの不登校に悩んだ母親がカウンセリングを受けに来るが、S男は嫌だと言って来ない。そこで酒井さんは母親(Mさん)と面接を続けるが、Mさんは早口で話があちこちと飛んで「未整理のまま詰め込まれてきた思いが、連想にまかせて無秩序に引き出されてくるような感じ」だったが、それをそのまま受けいれながらカウンセラーは心のなかで温めてゆく。

Mさんの話によると、S男はMさんを蹴ったりするが、父親のFはそれを止めようとしないばかりか、近所に助けを求めてベランダから叫んだり、玄関で待機していたり、という有様である。Mさんはもうあきらめて「この人のこと、もう変えようと思っていない」と言う。ところがMさんとの話合いを続けていると、S男の方にもFの方にも少しずつ変化が生じてきた。これがカウンセリングの興味深いところである。九回目の面接のときにはじめて、FがS男を怒鳴りつけたことが報告される。そして、S男がプラモデルをつくったり、短時間外出したりするようになり、面白いことにFがプラモデルに興味をもちS男に教えてもらったりする。父と息子の関係が少しでもできてきたのだ。

「関係」ができてくると喧嘩も生じる。S男と口論してFは家を飛び出し、Mさんが探し出して夜一時過ぎに帰宅するなどということもあった。しかしこのようなことがあってこそ人間は変ってゆくのだ。苦しまずに人間が本格的に変化することはないと言ってよいだろう。

こんな経過のなかで、S男と姉は親しく話合うようになり、それにMさんも加わる。姉は「私はずっと片親やと思ってきた」とさえ言う。こんななかでFは風邪をこじらせて病院通いをし、ぐっとふけこんだ感じになる。どうしても父親は家族のなかで孤立してしまう。姉は残念ながら大学受験に失敗するが、S男はそれに対して責任を感じ、涙を流してその思いを担任に語る。そして、「一生行かへんぞ」と言っていたカウンセラーのところにやってくる。

S男は「お母さんと面と向かうと、上手に言葉が出て来ない」ので、カウンセラーと母親との同席面接を希望し、そこに自分の思いを語り続ける。

S男はしばらくして来談しなくなるが、次には姉がしばらくの間カウンセラーに会いに来る。こうして各自が心の整理をつけてゆくなかで、この家族にとっての大問題「家の建て替え」に直面することになる。実は、「家の建て替え話が出はじめたころにS男の欠席がはじまって」いたのだが、のびのびになってここまで来たのである。と言うのは、Fの力の無さもあって、F一家はFの弟一家と同一敷地内に住み何かというとそちらに頼っていた。そこで建て替えの場合も、大きい住宅を建てて、F一家とFの弟一家が階を違えて住むという当初の計画だったが、F一家が別のところに独立して住むという考えに、だんだんと変ってくる。Mさんは、「貧しくとも主人とふたりの食卓を作りたかった」のに、何かにつけて弟一家と共にという暮らしだったのが、Mさんの願いもかなえられそうになる。

もちろん、このようなことが簡単にできるはずはなく、話は略すがそこに相当な問題が生じる。しかし、「何かにつけて最近は四人で話をする」ようになったというMさんの言葉でわかるように、Fも共に一家全体で問題解決をしようとする姿勢ができあがる。

そんなときFが重症の病気で緊急入院する。S男と姉が、「父親の存在の大きさを実感し、泣いて無事を祈った」甲斐があり、父親は快癒する。手術をしたら「主人がものすごく変わった。もう変らないと思っていた。信じられない」と三十八回目の面接でMさんは語っている。後は、どんどんといい事が続く。Fは新築、引越などのときに父親らしくふるまい、S男は定時制高校に進み、無遅刻・無欠席を続け、姉も志望する大学に入学する。

この全体を後でふり返り、カウンセラーの酒井律子さんは、「あらかじめ息子本人がこのような変化を目論んで「不登校という症状」を選択したわけではないのであろうが、結果的には、家族全体が有機的に機能することを迫るかのような出来事が次々と生じ、きわめて短期間に家族の関係性に変化が起こってきている」と述べている。確かに、S男の不登校を起爆力として、この家族の一人一人が変化し、全体の関係も変化している。あまり詳しくは紹介しなかったが、その間にはうっかりすると家族が崩壊しそうな危機を何度も迎えている。しかし、それをすべてプラスの方向に転じてきたのだ。その間、外的には何もしないように見えながら、言わば家族全体の化学変化を成就せしめる強い容器として、カウンセラーが存在し続けた意義も大きい、と思われる(カウンセリングそのものについても、学ぶことの多い例だが、それについては触れない)。

(2) 文化の影

このような例に接して、何と弱い父親だろうとか、母親に暴力をふるう高校生など許せない、などというのは簡単である。しかし、この例はあまりにも誇張された形をとっているが、母子の親しい話合いに父親が取り残されるとか、父親が自分の親類の方の関係に気をとられて、自分の家族が大切ということを言い出せない、などと言うと、自分もそのようなところがある、と思い当る人は多いのではなかろうか。

この例の経過のなかでは省略したが、実はMさんが、自分の亡き父を思い出し、父親にずっと自分の肩のところにいて見ていてほしいと思っていたが、もう自分は自分でやってゆくべきで、「主人とふたりで、親ふたりでやっていかなきゃあ」と決心されるところがある。女性で自分の父親との結びつきが強く、たとえ父親が死亡しても、その結びつきは夫とのそれよりもはるかに強い、などということは、わが国ではずいぶんと多いことではなかろうか。

「不登校」の事例について話合っていると、母親の子どもをかかえ込む力が強すぎて、子どもの自立をはばんでいる、などということが話題になる。しかし、ここからすぐに母親が「悪い」とか母親が「原因」とかの結論に、われわれはとびつかない。そのような母親のあり方には父親のあり方が関連している。そして、それら全体を考えていると、後にも述べるように、日本文化に共通するパターンさえ見えてくる。長い歴史の間につくられてきたものである。そんなことがわかると、「不登校」は個人とか家の問題などではなく、自分自身を含めて、日本の文化、社会の問題として自覚されてくる。

それぞれの文化は、それなりのまとまりを持っている。その文化を維持してゆくためには、そのまとまりに反するもの、相容れないものを排除してゆかねばならない。つまり、どのような文化であれ、その影の部分をもつことになる。その文化がつくられてくる途上にあるときや安定しているときは、その影の部分はあまり問題にならないが、改変の萌しが見えてくると、影がいろいろな形でクローズアップされてくる。また、それぞれの文化は、影の部分を補償したり、緩和したりするようなシステムなどを持っているのだが、それが機能しなくなってくる。このために問題が生じてくる。たとえば、S男の家にしても、昔からの大家族制をそのまま肯定していれば、弱い父のことは、父親代りとなる伯父、叔父の存在によって、うまく補償されるわけである。ここで、核家族の方をとるとなると、急に弱い父の問題がクローズアップされてくる。

教育もこのような文化の影のなかに包まれている。後にも取りあげる「いじめ」の問題も、やはり日本文化の影のこととして考えてみるのがいいと思うが、これを狭い「教育」のことに限定して考えても、議論が不毛になるように思われる。最近は子どもに関して陰惨な話題が多く生じる。そのときに、親、子ども、学校のどれかを非難したくなるが、それではことが片づかない。さりとて一時よく言われたように「社会が悪い」と言っても、具体的な方法が見つからない。

「文化の影」と言ってみても、ただ何もせずに、文化の改変を待つばかりでは仕方がない。したがって、個々の例についてては前述した例のように、それぞれの事情にしたがって解決を探ってゆくが、そのときにそれと文化的・社会的意義についても考えて接していくことが大切になってくる。「解決」と言っても、登校しない子どもを何でも登校させることを「解決」とは考えていないわけである。と言って、本人や親が心の底で「登校する」ことを重要と考えていることを忘れてはならない。このように、常に個人を大切に考えながら、個人と徹底的につき合うことによって、普遍的なことに接近してゆくのが、臨床教育学の特徴である。

(3) 文化の「創造の病」

文化の影という点について述べたが、このような考えを押しすすめてゆくと、ある子どもが個人の病理として「不登校」という症状を出していると考えるよりも、文化の病理としての「不登校」ということを、言うならばその文化に属する者の代表として病んでいる、と考えることになる。しかし、筆者の主張する「文化の病」ということを説明するためには、まず個人のレベルで言われる「創造の病」という概念の説明をしなくてはならない。

「創造の病」(creative illness)は、精神分析家のエレンベルガーによって提出された考えである。(2) 彼はフロイトやユングなどの深層心理学者の伝記を研究しているうちに、このような創造的な人が中年期に心の病にかかり、その克服の体験が彼らの創造的な仕事の基礎となっていることに気づいた。エレンベルガーのいう「創造の病」の特徴を次にあげてみる。

「創造の病とは、ある観念にはげしく没頭し、ある真理を求める時期に続いておこるものである。それは、抑うつ状態、神経症、心身症、果てはまた精神病という形をとりうる一種の多形的な病である。病状が何であれ、それは当人にとっては生死の境をさまようとまではならないにしても非常に苦しいものと感じられ、そして、軽快したかと思うと悪化するという二つの時期が交代するものである。」

このような時期に家庭生活や社会生活は何とかやりこなしている場合もあるが、ともかく、その間は自己自身に対する没頭と、完全な孤立感による苦しみが特徴的である。この間によき導き手、あるいは理解者がいたとしても、同様である。そして、「病気の終結は急速で爽快な一時期が目印となることが少なくない。当人は、人格に永久的な変化をおこし、そして自分は偉大な真理、あるいは新しい一個の精神世界を発見したという確信を携えて、この試練のるつぼの中から浮かび上がってくる。」

ここに記したエレンベルガーの考えは、きわめて創造的な人の体験を基にして述べたものであるが、筆者はこの考えをもっと広げて考えることが、現代人の生き方を考える上において有用であると思っている。まず、「創造の病」を心の病だけではなく、身体の病や事故などにまで広げて考える方が、人間の生き方を考えるときにピッタリとくることが多い。たとえば、夏目漱石の有名な修善寺の大患なども身体の病気であるが、それを転回点として彼の作品がぐっと深くなることなどを考えると、これを「創造の病」と見なすことは妥当と考えられる。

次に、本人が意識的に「ある観念に没頭し」たり「真理を求めて」努力していなくとも、そのような過程は、ある程度無意識的に生じていると考えられる。そして「創造」ということも、何かの作品を残したり、社会的に業績をあげたりはしなくとも、その人の生きることそのものが「創造」の仕事である、と考えるならば、「創造の病」の考えは、特別に創造的な人にのみ生じることではなく、一般のわれわれにも生じることとして理解することができる。

以上少し長くなったが、個人の「創造の病」について説明した。筆者はこのような考えを、「文化」に対しても適用してみてはどうかと考えている。ある文化が改変の時期を迎える。そうなると、その文化が「創造の病」になる。と言っても、その文化に属する人々のなかで「代表」となる人がそれを体験することになる。

どのような文化であれ、それなりのまとまりをもっている。「まとまり」をもつということはそれを支える有形無形の規則なり規準なりをもっていることを意味する。しかし、それがあまりにも一面的になりすぎたり、他文化との接触によって異なる考え方や規準などが存在することを知ったりすると、その文化に変化の萌しが生じる。その文化のもつ否定的な面が急に意識されたり、規則や規準の変革が意図される。しかし、これは単純にできるはずがないし、これまでの文化から見るとそれは排除すべきものなので、そのような傾向はいわゆる「病的」な様相を呈することが多い。しかし、そのような「病的」な傾向をよく見ると、そこには従来の文化を補償したり、改革したりする面をもっていることに気づかされる。つまり、そこには創造の契機が内包されている。

このような考えでみると、「不登校」は多分に日本の「文化の病」としての意味をもっていることがわかる。と言っても、不登校がすべてそうだと言うのではない。何らかの現象が「流行する」と、安易にそれに乗る人もいるので、すべての例が「文化の病」として解釈されるわけではない。しかし、先に示した例の場合は、多分にそのような要素をもっていることがわかる。もちろん、それは「代表」になるのにふさわしい誇張された形ではあるにしろ、父親が弱く、母親はそれを知りつつも改変できないものとあきらめて追随する。家庭内の問題は大家族の支えのなかで解消してゆくが、個々の人間は自分の自主性をできる限りおさえて生きてゆかねばならない、という「日本的パターン」が、一人の息子の「不登校」という現象を起点として、家族の一人一人の努力と、それを支えるカウンセラーの力によって、見事に改変されてゆくのである。考えてみると、この家族が終りの方に到達したように、父親が家長としての役割を果しつつ、父、母、娘、息子が共に話し合って、家庭のことを決定しているような家は、まだ日本では少ないのではなかろうか。

(4) さまざまの文化の病

不登校を例として、文化の病という考えを明らかにした。これは、文化の病ということによって、その文化の弱点がわかるのみならず、そこにそれを克服し、改変しようとする契機が含まれていると考えるところに特徴がある。したがって、教師やカウンセラーなどは、文化の問題を切り棄て、排除しようとしたり、ともかく現象を早くもとにもどそうとするのではなく、その意義を知りながら、子どもの力に従いつつ、その本人と本人を取りまく人々のなかから何らかの改変や向上の方向が生じてくるのを助けることになる。一見マイナスに見えることから、それをゼロに返すのではなく、プラスのものが生み出されると考える。このところに、文化の病の考えの特徴がある。

このように考えると、子どもたちの問題として注目されている、不登校、家庭内暴力、いじめ、などが日本の文化の病としての性格を強くもっていることがわかる。教育の場にいる者としては、そのような認識をもって、これらの問題に対することが必要である。子どもたちの問題が社会的に大きく取りあげられるようになると、すぐに「××対策」ということが言われる。実際に社会からも「対策をたてているのか」という問いかけがなされる。それに対して教育現場の者が短絡的な対策を考え出そうとすると、どうしてもできるだけ早く件数を少なくすることを意図してしまう。非常に極端な場合、長欠の不登校者に対して、高等学校が退学させることをきめると、この高校の不登校者の統計は少なくなる。

これほど極端ではないにしても、何でもいいから登校させるとか、いじめをなくすために取締りを強化することにのみ重点をおく、ということになって、問題の本質がそれてしまう。さりとて、他方の極端な論として、これらの問題によって、文化や社会が変ってゆくのだから、それらにカウンセリングなどしない方がよい、というのも実状をわきまえない議論である。前節に示した例を見てもわかるとおり、カウンセラーは単純に登校することだけを目標とするのではなく、本人およびその周囲の人々の人格の成長の過程にそって、援助できることをしようと努力しているのである。

日本に文化の病があるように、それぞれの文化がそれぞれの文化の病をもっている。たとえばアメリカであれば、子どもに対する性的虐待や、麻薬の使用などが、それにあたるのではないかと思われる。このことについては論じるのを省略するが、決してアメリカ文化が日本のモデルや模範とならないことも明らかである。アメリカはアメリカで苦しんでいる。かと言って、それだけを取りあげて、日本の方がいいというのも馬鹿げている。現代の教育における重大な問題は、教師が単純にモデルや模範などを持ちにくい、ということであろう。

文化の病というとその文化に属する者すべてのことなのに、どうして特定の者がそれを病む「代表」となるのか、という疑問が生じてくる。これはまず、そのような文化の改変の課題がほとんど意識されず、旧来のままを肯定しているところには生じない。たとえば、日本の伝統的な家族のあり方に疑問を感じることなく、それをそのまま継承しているような家庭であれば、文化の病とは無縁である。

そこに意識的、無意識的な変革の胎動が生じるとき、文化の病の可能性が生じてくるが、そのことをできる限り意識化し、苦しみながらも実際に努力して解決策を見出そうとしている人も、文化の病にはならないだろう。しかし、特に感受性の鋭敏な人の場合、人よりはそのような課題を大きく背負いこんだり、伝統的なものに対する疑問が大きすぎたりすると、相当に能力の高い子どもでも、文化の病になることであろう。あるいは、能力のない者、弱い者に圧力がかかりやすいために、病的な面が出やすい、というときもある。いろいろな要因が複合的に作用して、誰が選ばれるかが決定される。実際の例にあたるときは、このような点についての考慮も必要である。

2　日本の社会と教育

教育を行なってゆく上で、前記のようなことも考慮するとなれば、日本の文化や社会の特徴を明確に知っておく必要があるのは当然である。このようなことを考えずに欧米の考えをそのままもってきてもうまくゆかない。と言って、日本人だから日本式にやれ、と単純に言い切れるものでもない。彼我の差についてよく知りつつ、今この際にはどうすべきかをよく考えて決断してゆかねばならないのではなかろうか。それに、これまでは欧米を「先進国」と考え、それに追いつけ追いこせと考えてきたので、欧米と日本との比較に重点をおいてきたが、これからは世界のいろいろな文化のことを考えねばならないであろう。しかし、ここでは、むしろ欧米との比較に焦点をおいて考えていく。

(1)　災害と日本社会

日本社会の特徴を考えていくひとつの手がかりとして、最近に生じた阪神大震災を例として考えてみよう。これは世界的に見ても、相当な大震災であった。この際、外国人が非常に感心したことは、略奪や暴動がまったく起こらなかったことである。神戸のような近代都市においては、まず略奪などが起こらないのは奇跡に等しい。筆者の外国の友人たちは、この点に大変感心していた。

というので、日本はほめられてばかりかと思うとそうではなく、政府の対応の遅さには、まったくあきれてしまった、という人が多い。一九九四年のロサンゼルスの地震の際には、クリントン大統領が翌日に現地に来ている。そして、われわれ臨床心理士との関連で言えば、すぐに「心のケア」について一七〇〇万ドル（当時、約一七億円）の予算を計上することを決定している。日本政府の対応の遅かったことは周知のとおりである。

これらのことを知って、筆者は略奪のなかったことと政府の遅い対応の現象は実は同じ根でつながっているのではないか、と思った。つまり、日本人というのは、個々の人間が他と分離された個人として存在し、それがどのような関係をもつかというのではなく、人と人との関係――というよりはほとんど無意識的な一体感――が先行し、その上に個人というものをつくりあげようとしている。したがって、お互いに知らない人の間でもある種の一体感を潜在させている、と思う。

神戸のような近代都市では、市民も相当に西洋化し、実際に隣に誰が住んでいるのかわからないような状況のところもあったが、いざ急激な危機状態になると、日本的な一体感が作用して、自分だけの利益を優先させて、略奪に走るようなことを防いだと思われる。外国の友人たちもテレビで神戸の状況を見たのだが、彼らが非常に感心していたのは、あのような状況で、「夕食はおにぎり一個です」などと言いながら被災者が叫んだり怒ったりせず、「礼儀正しく」行動している、ということであった。この場合も、被災者の人たちはつらくはあるが「みんな一緒に耐えている」という心のつながりによって、衝動性をコントロールしているのである。

一方、政府の場合を考えてみよう。もちろんここからは筆者の推論になるが、それほどの見当はずれではないだろう。政府の人々も日本的つながりを前提に生きている。したがって大災害だからと言って、クリントン大統領のように、首相がすぐにとび出すことなどはできない、誰かに相談するとか、これまでの人間関係の義理とか、いろいろと考慮すべきことが多く、そのうちに時間がたってしまう、ということが政府内のいろいろなところで集積されたのではないだろうか。

日本的つながりによって生きている場合、一番危険なのは、何か他と異なることをして孤立してしまうことである。たとえ、それが正しいことで成功したとしても、「スタンドプレー」とか、功名を「一人占め」しようとしているなどと言われると、それはほとんど失敗に近い結果になる。それよりは、対応の遅さを外国やジャーナリストに攻撃されるとしても、「皆で耐えている」方がはるかに安全なのである。ともかくいつも皆でやることになるから、速断速決の対応ができないのも当然である。

ここで日本の政府を攻撃したり、アメリカの大統領は素晴らしいとだけ言うのは簡単である。実際に日本の首相にアメリカの大統領と同じだけの権限を与えるとなると、国民こぞって反対するだろうし、「非民主的」などという表現もなされるだろう。日本人の考えている民主主義はアメリカのそれとはずいぶんと異なったものである。問題は今までの議論でもわかるように、どちらがいいとは簡単に言えぬところにある。個人の決断力、リーダーシップを評価するアメリカ型の社会では、災害のなかで人々が静かに耐えることなどは、ほとんど不可能と言っていいのではなかろうか。それではどうせよと言うのか。答を焦る前に、日本の文化、社会の特性をもう少し整理して考えてみる必要があるだろう。

(2) 二つの原理

これから述べることは、すでにあちこちに発表していることである。繰り返しになってまことに申訳ないが、このことを前提としないと後の議論が進まないので、お許し願いたい。ただ、用いる例としては、できる限り教育に関係することをあげるようにしたい。

スイスに留学中に、幼稚園の先生から、スイスでは小学校から幼稚園に落第している子どもがいると聞かされ、筆者は驚いて、日本では絶対にそんなことはない、と言うと、その先生が「そんな不親切な教育をしていいのか」と言われ、再び驚いてしまったことがある。このときに、「親切な教育」にも二種類あることがわかった。つまり、成績は悪くとも一年生は一年たつと二年生にするのが親切と考える日本式の教育と、成績の悪い子どもは幼稚園にもどしてあげるのが親切と考えるスイス式の教育とがある。ヨーロッパでは一般に小学校で留年する制度のあるところが多い。ここで両者を分けている考え方に注目すると、西洋では個人に注目し、個人差の存在を前提に考えるのに対し、日本では子どもたちを全体としてとらえ平等に取り扱おうとしていることがわかる。

もうひとつ例をあげよう。筆者がアメリカの大学院生として留学中、授業料免除の決定が成績だけですぐに決定されるので、「経済的に困っている者のことは考えないのか」と質問すると、「お金がなくて成績の悪い人は、大学に来なくていいでしょう」という答が返ってきて、「なるほど」とは思ったものの「それでも……」という気持が残った。おそらく日本人であれば、後の気持の方に重点をおくのではなかろうか。アメリカでは常識と思われる「お金がなくて成績の悪い人は大学に来なくていい」ということを、日本の文部大臣が発言したら、どんなことが起こるだろう。日本政府の震災時の対応の遅さを攻撃している日本のジャーナリストは、平気でこぞってこの文部大臣を攻撃するに違いない。

日本の教育現場に生じている多くの混乱を整理するために、ものごとを考える原理として、二つの異なる原理があると認めてはどうかというのが筆者の考えである。それらを名づけて母性原理、父性原理と呼んでいる。前者は「包む」、後者は「切る」という機能を強くもっている。この二つの原理の差を表にしたのを示す。これによって大体の感じがつかめると思うが少し説明してみよう。

父性原理では「切る」ことによって分けていくとしても分けることのできない「個人」というのが大切な要素となる。英語で個人を表わす individual は、「分けられない」という意味である。したがって、この個人の成長、確立ということが大切となるのに対し、母性原理の「包む」方は全体を包みこむことが大切なので、全体としての場の平衡状態を保つことの方に重きをおく。平衡状態が破られるとそれは分離の可能性をもつからである。したがって、父性原理では個人差の存在を肯定しているが、母性原理ではその場に属す限り、すべて絶対平等である。この日本人の絶対平等感のために、先に示したようにアメリカでは常識と考えられることでも、うっかり公言すると命とりになることもある。

次にここが非常に大切なのだが、父性原理によると能力によって差がつき序列がつくのは当然だが、母性原理でも絶対平等といいつつ全体の運営などのため、その成員に序列をつけることが必要となる。しかし、このとき能力による差はつけられないので、母性原理の集団では年齢によって序列をつける。「長幼序あり」あるいは、「古参」ほどえらいという考えである。これは能力差によらず運命的につけられたものなので、不変の序列である。そして成員全体に1、2、3と順番に一様な序列がつく。これに対して、能力によるときは、いろいろな機能にしたがって多様な序列がつくことになる。運動においてはとか、数学においてはとか、人間関係のよさについてはとか、によって序列が変化する。

人間関係も父性原理によると、言語による契約関係が重要になるが、母性原理の方は非言語的な感情的一体感が重視される。担任と学級の関係でも、このような母性的一体感を大切に感じる人は、そこに外部からの「関係」がはいりこむのを嫌う。父性原理が優位にはたらくアメリカであれば、担任が自分のクラスの子どもが心理

父性原理と母性原理の比較

	父性原理	母性原理
機能	切る	包む
目標	個人の確立 個人の成長	場への所属(おまかせ) 場の平衡状態の維持
人間観	個人差(能力差)の肯定	絶対的平等感
序列	機能的序列	一様序列性
人間関係	契約関係	一体感(共生感)
コミュニケーション	言語的	非言語的
変化	進歩による変化	再生による変化
責任	個人の責任	場の責任
長	指導者	調整役
時間	直線的	円環的

的に大きい問題をもつなら、そのことに関する限り、その子がカウンセラーと人間関係があっても何も感じないが、母性原理に基づくと、そのようなカウンセラーの存在は担任とクラスの子どもの関係の破壊者とさえ感じられる。

父性原理と母性原理との差は、集団の「長」に対する考え方においても明確に差が見られる。父性原理に基づく場合は、文字どおりのリーダーとして、全体をリードしてゆくだけの識見や統率力がなくてはならない。そして、それに見合うだけの権限をあたえられている。これに対して、母性原理の長にとってもっとも大切なことは、全体のバランスを保つことであり、方向をあたえるリーダーではなく、「世話役」という役割になる。日本の校長で、教育に関する識見とか教え方などについては見るべきものを持たないが、全体的なバランス感覚によって校長の役割を占めている人などは、母性原理による長の型である。

比較しはじめるとキリがないので、このあたりで終りにするが、読者は自分なりに考えを進めていただきたい。この比較を基にすると、欧米に比して日本は母性原理優位の社会であることがわかる。今回はあまり論じる機会はないが、他のアジアの国は日本よりももっと母性原理優位ではないかと思われる。日本は後にも述べるように父性原理をアジアの諸国よりは取り入れているところがある。と言っても、大まかな比較をする限り母性原理による社会と言っていいだろう。

もちろん、これはきわめて大雑把な比較である。そして、ある文化や社会がひとつの原理のみで成立するはずがないので、片方が優位の場合でも他の原理による補償が行われるように、うまく工夫されているのが実状である。ここで認識しておかねばならないのは、この二つの原理を論理的に矛盾しない一つの原理に統合することは不可能なことである。そして、この原理のどちらがよいなどということはできず、まさに一長一短である。

教育の現場でよくなされる議論を思い起こすと、これはよく了解されるだろう。たとえば高校などで、あまりにも無軌道な行動をする高校生に対して、「校則によれば退学は当然」と主張する教師に対して、「そんなにして生徒を切り棄ててよいのか」と反論する教師。それらはそれぞれ父性原理、母性原理にしたがって発言している。その際、どうしても一方は自分が「正しい」と信じ、相手を「誤り」と考えている。しかし、実のところはどちらも正しいのである。自分が絶対的に正しいのではなく、異なる考え方の双方を考慮しつつ実際的にこの際どうするのが適切かを考える、という態度になると無益な争いは減少するのではないだろうか。教育の実際は、何かひとつの原理で割切れるほど単純ではない。ここでも教育する者は「発見的」でなければならない。

次に、都合よく二つの原理を無自覚に使いわけている人がいることも忘れてはならない。校長としてリーダー性の強い人が来ると、あの校長は「非民主的だ」と非難する(これは母性社会にのみ通用する考えである)。ところが、世話人タイプの校長が来ると「あれはリーダーシップがない」と批判する。このような人は、いつも「正しい」批判を他人に投げつけ、自分は無為に過ごしている人が多い。自分は「頭がいい」と思っている教師に、こんな人がいるように思うが、どうであろう。

(3) 母性社会の圧力

日本は母性社会ではあるが、欧米の文化の影響を受けて、父性原理のよさを知りそれを取り入れようとしている。そこにいろいろな混乱も生じているが、欧米と比較すると母性社会の特徴を保持していることで、利点をもっていることも事実である。たとえば常に全体を包みこむ姿勢があるので、わが国の全体的な教育水準の高さは世界に誇れるものである。また、よく言われることだが、日本の都市の安全性の高さ、非行少年の数も少なく凶悪な者が少ないことなどは、その反映である。このような利点が多くあることは決して忘れてはならないが、母性社会特有の圧力が個人に、特にその人が父性原理を好む場合は、強くのしかかっていることも忘れてはならない。

教育現場で、特にわれわれが認識しておかねばならない問題は、先にあげた「一様序列性」である。もともと母性原理にしたがうと、この序列は年齢とか集団の所属期間の長さなどにより決定されるべきものなのだが、教育の場では父性原理を取り入れて、ここに能力による序列ということがはいってくる。したがって、学業成績によって、子どもたちに一様に序列をつける、ということが行われる。それに拍車を加えるものとして、受験の厳しさと受験産業の異常な発達が重なり、「一斉テスト」の結果によって各人が点数によって序列づけられる。これがほとんど絶対的な価値をもつところが恐ろしい。

もし、教師や親が本来的な父性原理を身につけていると、子どもの個性に対する認識が相当にできてくるので、子どもを一様序列によって位置づけることなどしない。確かに能力差によって、すでに述べたように小学校でも落第があっても、それは日本でいう「落ちこぼれ」のイメージとはほど遠い。それぞれ個人によって生きる道の異なることをよく知っているので、そのことがその子どもの「全体的人間評価」に直結しないのである。日本で、どうも一様序列性が問題だと教師が考え、点数の評価では単純に序列がつかないように工夫すると、親が一番知りたがるのは、「ほんとうはうちの子は何番ですか」ということである。何人中の何番ということによってのみ、子どものアイデンティティが定まると考えている。

誰もが序列にこだわるので、能力の判定は大変な難しいことになってくる。そこでいわゆる「客観的」な測定法が研究され、このこと自体はメリットも多くもっているのだが、日本人の子どもが「前もってあたえられている正解」をできるだけ早く見つける作業に全エネルギーを傾注することになる。しかし、実際の人生で「正解」が前もってわかっていることなどあるだろうか。子どもでも自分の人生のことを真剣に考えはじめた者は、この「一様序列ゲーム」に対して強烈な反撥を感じるか、まったく無関心になるか、ということになる。学校に行くことに興味を失うことにもなるだろう。こんな点でも、不登校が日本の「文化の病」であると感じられる。

母性社会は「包む」力が強いと言っても、すべてを完全に包むことなどはできない。したがって、ある限定された範囲内で「一体感」をもち、その範囲に属さない者は「赤の他人」として何をしようと放っておくという態度になる。日本人にとって何らかのところに「所属」しているか否かは実に重要なことになるが、その所属性の維持のために「自分を殺す」ことが必要なときがある。「つき合い上仕方がない」などと思いながら、いやなことをしているときがそうである。

「自分を殺して」うっ屈している感情が溜ると、そのはけ口が必要となり、それが「いじめ」につながるときもある。「生意気」な人間がいじめの対象となることがあるが、この「生意気」とは、日本社会のなかでわずかながら父性原理で生きようとしている人のことだと考えられないだろうか。

母性社会の圧力は不思議な現象を呈する。それに属する者すべてが被害者意識をもつことがある。子どもたちは親の圧力、教師の圧力を意識して被害者と感じている。教師は教頭や校長の圧力による被害者と感じる。……という具合に最後は文部省(当時、以下同)がでてくるが、文部省は族議員やジャーナリズムの被害を感じているのに、議員やジャーナリズムは「有権者の皆様」とか、「読者の意見」などを気にして被害者意識のまわりもちをしている。このようなときに短絡的に自分を被害者とか加害者として規定するのではなく、現在の自分にとって何が可能か、母性原理のなかに父性原理をどのようにからませてゆけるのか、などを考えてみると有効な道が見出せてくる。そのような努力の積み重ねによって、日本の教育改革も進んでゆくであろう。

(4) 学校の組織運営

学校内の組織や運営のあり方なども臨床教育の研究対象となる、と思われる。この場合も、いろいろな具体例を踏まえて議論すべきである。これまで学校というところは「聖域」でありすぎて、他の者がはいりこめなかったが、これは今後何とか改めて研究者の出入りを認めてほしいものだ。これは大学についても同様で、わが国の学問の発展のためには、大学を臨床教育学的に研究することが必要ではないか、と筆者は考えている。

このような点で参考になる研究に、アメリカの文化人類学者が日本の高等学校について、フィールドワークによって研究したものがある。スタンフォード大学教授のトーマス・ローレンは、一九七四―七五年の一年間、種別の異なる高等学校を五つ選び、それぞれの学校で「六―八週間、授業中教室に座り、教師に面接し、記録を調べ、質問紙を配布したり」した。(3) ここで評価すべきことは、ローレンが高校生と一緒に授業を受けてみたりして、自分の「体験」を通して研究をしようとしていることである。おそらく、外国人だからということもあったろうが、このような研究方法を用いる研究者に門戸を開いた高校も評価されるべきである。

京都大学教育学部、臨床教育学講座では、まず幼稚園に大学院生が長期間継続して行き、園児とともに遊んだりしながら観察することを計画したが、この大学院生の就職が途中できまったりして成果を生み出すところまでには至らなかった。今後この種の研究は是非実行してほしいと思っている。以後に述べることは、筆者が現場の教師との話合いを通じて考えたことである。

前述したローレンは『日本の高校』のなかで、日本の高等学校の教師・生徒関係、ホームルーム、クラブ活動などにおいて、アメリカの考える民主主義がまったく根づいていないことを明確に述べている。（だから日本の高校は駄目だなどと速断せず、アメリカとの比較を公正に行なっているが。）

たとえばクラブ活動をとってみても、「先輩」「後輩」の区別を大切にする礼儀が強調される。ここでは古参優先の古い母性原理の倫理が厳しく守られている。そして、その練習となるとコーチの言うままになり、「しごき」がなされ、アメリカの個人を優先して考えるクラブとはまったく反対である。ローレンは、「アメリカ占領軍は、クラブ活動が民主教育を育む土壌となるはずだと考えたが、この運動部の盛況ぶりを見るにつけ、その期待が誤りであったように思われてならない。日本の運動部は、とても民主的とはいえそうにはないからである」と述べている。もっとも、戦後五十年たって、日本の運動クラブにも少し変化の萌しが見えてきているように思えるが。

これはアメリカ人の日本の高校に対する観察と意見であるが、日本の高校教師がアメリカの高校に視察に行ってえた次のような感想はどうであろうか。彼の意見によると、アメリカの職員会議はまったく「非民主的」なのである。校長の考える行事予定の案などが前もって教師に配られている。それによって校長が意見をきくが、何もないときはスイスイと決定され、三十分ほどで会議が終る。「校長の独断できまり、非民主的なのに驚いてしまった」というのは彼の感想だが、ここには大きい誤解がある。彼の考える「民主主義」は細部にわたるまで皆で話合い、時には満場一致になるまで待って決定してゆく日本式の会議のことであり、それは時に相当な時間をとる。これに対してアメリカでは、常に「能率」を考えるので、彼らの信頼する校長に権限をあたえ、彼の考えにしたがうが、異議のあるときは自由に発言できる。そのときには討論になり、場合によっては多数決のときもあるし、校長の権限の範囲であれば校長が決定する。

ローレンの日米の校長の比較、「(日本の校長は)多くのアメリカの校長のように、個人的な名声を求めて、その職につくものは少ない。日本の校長が願っているのは、並はずれて精力的で、尊敬され、献身的であるよりも、できるかぎりトラブルを少なくして、無事に定年を迎えたいということである」はやや誇張されているにしても、母性原理と父性原理に基づく「長」のあり方の差について考えさせられる。

少しの例をあげたのみであるが、学校の組織運営の面についても、アメリカと比較する限り、いかに母性原理が優位にはたらいているかを自覚することが、まず必要である。そのような認識をして後に、いかにすべきかをこと細かく考えてみなければならない。たとえば、日本の「職員会議」がながながと続くことを嘆く教師は多いが、そのような人でも、もしアメリカ式の校長と会議のもち方がそのまま導入されたときは、すぐに「非民主的」と言って怒り出すのではなかろうか。ものごとを変革してゆくのは、並大抵のことではない。

3 「精神主義」の教育

日本の戦前の教育を貫いてきたものに「精神主義」がある。戦後になって教育もずいぶんと変化したが、子どもの教育において「精神」を鍛えることが重要と考えることは、あまり変化していない、と言えそうである。受験勉強のつらさに耐える「精神力」をもつこと、苦しいスポーツの練習によって「精神力」を鍛えることなどは、今も生きている。ともかく、苦しみ抜くことが評価される。

ところが、教師が自分たちの子どもの頃は、どんなに物の少ないことに耐えたかという話をしようとして、「一日の米の配給は二合一勺(約〇・四リットル)だった」と言うと、生徒は「先生たち子どもの頃はたくさんの米を食べていたのね」と言ったので、先生は二の句がつげなかったという話がある。物のあり方の程度が今とまったくスケールが異なるので、どんなふうに子どもに接していいのか、教師も困ってしまう。

(1) 物と精神

精神は物に対立して考えられる。したがって、非常にわかりやすいのは、物などなくとも精神さえ立派であればよい。あるいは、どんなに物が貧しくてもそれによってひるむことのない精神、という構図である。したがって、物が少なくても耐える精神、常に節約を心がける精神を大切にしてきた。しかし、現代の状況のなかで、「節約は美徳」と言えるだろうか。日本人すべてが「節約」をはじめたら、日本の経済は破綻するのではなかろうか。

それに物のないときの方が教育はしやすかったと言えないだろうか。家庭においても、父親は妻子を食べさせてやっているなどと言って、家族が食べてゆける給料をもらってくるだけで、父親の役割を果していると考えることができた。ときどきにもって帰るみやげものとか、節句とか法事とかの御馳走が、子どもたちの楽しみとなり、家族の一体感を強くすることにもなった。ところが、最近では「誕生日の御馳走を何にしていいかわからない」という親もある。いつもおいしいものを食べているので特別なものがないというわけである。

「飽食の時代」というので現代を嘆き、「昔はよかった」と言う人もある。しかし、そんなことを言ってもはじまらない。ここで反省すべきは、日本人が考えてきた「精神主義の教育」というのは、物が乏しいときのものであり、物が豊かにあるときの精神、物が豊かにあるときの教育はどうあるべきかについて、あまり考えてこなかったのではないか、ということである。

ある高校生が家庭内暴力で両親を苦しめていた。両親はとうとう思いあまって、二人で息子に向かい「お父さんとお母さんは、お前に必要と思われるものは何でもあたえてきた。それに何の不足があって、そんなに両親を苦しめるのか」とたずねた。生まれてからこの方、欲しいものは何でもあたえてきたのに、何か足りないものがあるのか、というのが両親の言い分である。それに対する息子の答は、「家に宗教はあるのか」というのであった。これは厳しい問いかけである。この宗教というのを、何か特定の宗教を信じている、というふうに考えない方がいいであろう。高校生の息子の言いたいのは、十分すぎる物に対抗しうる精神を、この家はもっているのか、ということであろう。これは昔流の精神主義で乗り切れないことは明らかである。

ところでこのような物質的繁栄はどうしてもたらされたのか。これも言いようによると、人間の精神のはたらきの結果ではないだろうか。近代の科学やテクノロジーを生み出した西洋の、人間が自立し他を支配してゆこうという精神、それを遂行してゆくための合理精神などが、今日の繁栄を生み出し、日本もそれに追随して、その恩恵を受けている。とすると、西洋の近代精神をまったく無視して、日本の昔の「精神主義」にもどしても、それほどうまくゆくはずはないし、さりとて、西洋近代の精神を背後で支えていたキリスト教を日本に輸入することもしないのなら、問題はますます難しくなる。その上、本家の西洋においても、科学やテクノロジーの急激な発展が、キリスト教の信仰をおびやかしているような現状を見ると、この問題の深刻さが痛感される。豊かな物に見合う精神の教育は、日本式の精神主義では間に合わないと思うが、ともかく、日本の精神主義について、もう少し検討することが必要であろう。

(2)「易行」としての教育

アメリカ人が日本の学校の体育クラブの練習を見ると、非常に不思議に感じるらしい。前に紹介したローレンの書物にも出てくるが、彼らから見るとスポーツを「苦しむためにやっている」としか見えない。アメリカの高校生はスポーツを「楽しむためにやっている」。そして、日本人は苦しむ割にそれほど強くはならない。もちろん、スポーツの訓練に苦しさが伴うことは洋の東西を問うまでもなく当然である。ただ彼らがいぶかるのは、彼らから見て「無益な苦しみ」を強いているところにある。バレーボールにしても、決してとれるはずのないところに球を投げ、レシーブのために体を呈することを何度も繰り返す。アメリカ人から見れば、それはレシーブの練習にはなっていない。

テニスの練習にしても、実際にボールを打つまでにコートの整備や球拾いをさせられる。ラケットをふって「型」を覚える。実戦の面白さを知るまでに、苦しみがつきまとうのである。前述のローレンは、このことと日本の高校の授業が単調で退屈なこと、アメリカの高校生に比して、日本の高校生がその退屈さに耐える力がはるかに強いこと、などは同様だと考えている。

このことについて考えているうちに、日本の芸能における「易行」の考えが強く影響していると思うようになった(4)。この考えの根本にあるのは、すでに述べたような日本人の絶対平等感がある。誰にも個人差(能力差)の存在を認めない。そして、誰であっても正しい「型」を身につけることによって、一定のレベルに達することができる、という考えである。したがって、できるかできないかはその人の「努力」の差にある。型さえ獲得すれば誰でも師匠クラスになれるのだから。

茶道、華道、舞踊などの日本の伝統的な芸能では、ともかく誰でもできるというので、型を身につける方法を「易行」と呼んでいる。この方法は、誰でも努力さえすれば、いろいろな芸能ができるというので、その隆盛をもたらしたという大きい利点はあるが、人間の個性を不問にして出発することによって、その人の個性をつぶしてしまう欠点をもっている。

易行の方法も個性をまったく無視しているのではない。完全に型を身につけてしまった後で、その型からのほんの少しの「ゆらめき」のなかに最高の美を見出す、という形で個性が発露される。これは実に素晴らしいことだ。能などであれば型が完成されるのが六十歳くらい。その後で個性が開花する。このような考えの背後には仏教的な思想があると筆者は考え(この点については、ここでは省略するが)、これはこれで凄い「教育法」であることを認める。しかし、この方法を西洋で生まれたものに対しても安易に適用しようとするところに問題が生じるのではなかろうか。

野球をはじめ多くの西洋のスポーツを学習させるとき、日本人が「型」にこだわるのは、外国人からみると非常に不思議に思える。外国では出発点は「個性」にある。アメリカの大リーガーの打撃フォームなど、日本人の「型」からはずれていることは実に多い。そして、もちろんアメリカ人の方が強い。

学業の習得にも、このような考えが直接・間接にはいりこんでいるのも見逃せない。まず、できないものは「努力が足りない」、「怠けている」と見なされやすい。このために能力の低い者はそのことだけではなく人格的な評価まで低くなる。つまり簡単に「怠け者」にされてしまう。もちろん、このような考えにささえられて、日本の子どもたちが全般的に努力を多く払い、小学校、中学校などの学力が世界のなかでも最高のレベルにあることは評価すべきである。何事も一長一短である。

小学校の勉強で「漢字の書取り」「算数のドリル」に用いる時間数が非常に多いことも、「易行」の考えを反映している。同じことを反復する努力が成功をもたらすのである。このような「易行」的教育法の特徴のひとつは、「退屈」ということである。しかし、日本の教育では退屈に耐える努力こそ必要なのだ。

「易行」教育のもっとも大きい欠点は、子どもの個性を潰す作用をもつことであろう。「型にはまった」ことの繰り返し。これにすでに述べた「一様序列性」がからまってくると、創造性の高い子どもほど、このシステムにはまりにくくなり、「不登校」になるという構図が見えてくる。このような人たちにとって「易行」は極端な「苦行」になる。実際、われわれが「不登校」の子どもに会っていて、このような理解をする方が適切である、と思うときがある。

蛇足ながらつけ加えておくが、だからと言って登校してよい成績をとっている子がすべて創造性に欠けるかというと、そんなことはない。創造的な子どもでも学校の「易行」教育に適応しつつ、自分の創造性を温存している子どももある。優等生かならずしも「優等生タイプ」にあらずである。

(3) 教師と権威

教師と生徒の関係については、後に詳しく論じるが、ここでは日本文化との関連で少し触れておきたい。まずはじめに指摘しておくべきことは、日本では「権威」という言葉がマイナスのものとして受けとめられすぎている、ということである。アメリカと日本で、ある言葉に対する評価について比較を行うと、たとえば、勇気などというとプラスの評価、裏切りなどはマイナスの評価と両国で一致するなかで、相反する評価が出たのが「権威」という言葉に対してである。英語の authority はアメリカでプラスの評価をえるのに対し、日本で「権威」はマイナスと出る。（この両者がほんとうに訳語と言えるかどうかは不問にしておく。）

日本では権威が権力と混同されていやがられるが、アメリカでは authority は何かのことについて他から卓越した知識や技術を身につけていることで、すぐに連想するのは「信頼できる」ということである。ところが、日本であれば、「権威」というと連想するのは、「拘束される」ということではなかろうか。それによって自分の自由が奪われる。これはどうしてだろうか。

ここにも、最初から個性をのばしてゆく西洋流の教育における権威と、易行型の日本の権威との差が出ている。易行的教育では、型は絶対である。それが絶対だという意味において、教師は個性ぬきの絶対的権威をもつことができる。それにしたがう者がその方法をまったく肯定している場合は問題がなく、すべて安泰である。しかし、それにしたがう者が、少しでも「個性」などということに目を向け出すとどうなるだろう。その場合の「権威」などというのは、個性の破壊者としか考えられないであろう。

生徒指導において、スカートの長さを厳しく規定したり、靴下の色を限定したりするのは、まったくのナンセンスと思えるが、これまで述べてきた「易行」の教育思想を背景にして考えると、よく了解できる。そのような「型」を厳しく守ることにより誰でも「よい子」になれるし、教師も絶対的権威を守れるし、すべてが安泰である。日本人はまだまだ伝統のなかに生きているので、このような「秩序ある」学校を望む親も多いことは事実である。

しかし、これを父性原理に基づく教育から見ると、まったくナンセンスである。個々の生徒の個性を尊重すべきであるし、「権威」をもちたい教師は、生徒の信頼をえるだけの知識と技術をそなえた個性ある人間として、成長するように努力しなくてはならない。教師は自分を鍛える努力をしなくてはならない。これに比べると、「型」にはめる方は、自分の権威を安易に守り、生徒の方にそれを押しつける姿勢が目立つ。そこで、教師の「個性」を見極めたいと思う生徒たちから猛反撃をくらうことになる。

父性原理というとまったく誤解して、生徒に「厳しく」接することだと思い、生徒の服装などに目くじらを立てて「怖い」顔をするのを「父性」などと思う人があるが、それはこれまでの論議を見るとわかるとおり、まったくの見当違いである。これらの教師は「母性原理」の恐ろしい体現者である。そのことの善悪はともかく、自分のしていることの意味はよく知っていなくてはならない。

筆者としてはここで日本の教育を否定して、アメリカをモデルにしろという気はない。アメリカの高校内の暴力や、麻薬の害などを知ると、アメリカの教育が「成功」しているとは言い難い。しかし、欧米の文化を大いに吸収して生きているこの時代において、日本式にのみ頼ろうとするのも問題であることは事実である。そこで「両者を統合して」などということを思う人もあろうが、これは実に困難なことであって、ほとんど不可能と言いたくなることである。

それではどうするか。すでに述べてきたように、教師としては、まず自分のしていることの意味をよく知ることではないだろうか。たとえば、先にあげた例のように、「自分は父性の強さ」をもっていると思っていても、実際は「母性原理の強力な体現者」であるということを知ることとか。もし、日本流の「型」を大切にしようとするのなら、生徒に対してのみならず、自分自身がどれほどその「型」を身につけているのか、「型からのゆらめき」ということについてどれほど体験的に知っているのかとか。それらについてよく考え、自分のしていることの意味を知り、生徒のおかれている現状を考え合わせると、そのときその場で自分のなすべきことがわかってくるであろう。

実際的行動となると難しくなるが、自分が知らないうちに、どれほど文化的な影響を受けているのか、自分が「正しい」と思うことに対して、それと異なる「正しい」立場もあることを知っているのか、などについて明確な認識をもつことが必要である。このような認識を土台として、考えを進めてゆきたい。

(1) 酒井律子「不登校と家族の変化」『精神療法』一九巻六号、一九九三年。
(2) アンリ・エレンベルガー著、木村敏・中井久夫監訳『無意識の発見』下、弘文堂、一九八〇年。
(3) トーマス・ローレン著、友田泰正訳『日本の高校』サイマル出版会、一九八八年。
(4) 能倉功夫「型の厳密性とゆらめき——茶書『南方録』にみる型の特質」源了圓編『型と日本文化』創文社、一九九二年所収。

Ⅲ　個性の教育

1　個性とは何か

「個性の伸長」ということが日本の教育の大切な課題として考えられている。臨床教育学は、すでに述べたように「個人」を大切にすることを、その方法論のなかの重要な要素と考えるほどであるから、このことについては、特に強い関心をもっている。子ども一人一人を大切にし、その行動に注目し、理解しようとすることは、個性の発展に大いに役立つことである。

しかし、第Ⅱ章において詳しく論じたように、個性ということをどう考えるかということ自体が難しいことである。欧米と日本とでは、まだまだ差があり、西洋近代に生まれた個人主義(individualism)は、個性の発展のための基礎となると欧米では考えられているが、それをそのまま生きることは、日本ではまだ難しいだろう。それを遂行してゆくだけの強い父性原理を身につけている人も少ないし、周囲がそれをなかなか許さないと思われる。欧米であれば普通と考えられる個人主義的な生き方も、日本では「利己主義」と誤解される方が多いであろう。そのような国のなかで、「個性」について考えるのだから、これは実に難しいことだという自覚が必要である。さもなければ、机上の空論になってしまう。

(1)　独自性と一般性

個性とは何かについて考え出すと難しくなってくる。あの人は「個性的」な人だと言うとき、どのような基準で言っているのだろうか。靴下の色は白と決められている中学校で赤い靴下をはいてくる中学生。音楽の時間に全員で歌っているときに、マンガを読んでいる子。それらを「個性的」と言っていいだろうか。教師になると、必ずこのような生徒にかかわらねばならなくなる。そして、もちろん、こんな子どもを「個性的」とよろこぶ教師はあまりいないだろう。端的に言って、「悪い子」、「嫌な子」と思うことだろう。

人間は集って社会をつくっているので、どうしても社会の規約や規準にしたがわねばならない。そのようなことを「学習」させる意味でも、学校には「校則」がある。そのようなことを身につけた上で、次に「個性」が問われることになる。つまり、必要な一般性を踏まえて独自性を打ち出してこそ、それが「個性」として他に認知されるものになるのだ。こんなことは当り前のことである。あまりにも当り前すぎる上に、教師は「教える」ことが好きなので、校則を守ることを「教える」のに熱心になりすぎて、その上に打ち立てられるはずの「個性」のことは忘れがちになるのではなかろうか。

問題はもう少し複雑である。一般性の上に独自性が立てられるというのは、できあがってしまってからの個性について言えることで、それができあがってくる途中では、一般性と衝突しつつ、独自性が打ち出されてくると言うべきではなかろうか。一般性をちゃんと身につけて、じゃあその上で……などというようなことではなく、個性というのは熱い鉄を打って鍛えるような過程をへてこそできあがってくるものではなかろうか。

筆者はかつて、いろいろな分野で活躍している創造的な人たちをインタビューして、子どもの頃の思い出を語ってもらったことがある。[1] 十人の方にお会いしたが、端的に言ってしまうと、その十人は子ども時代に誰も「よい子」ではなかった。今はやりの用語で言うと、「問題児」だったとさえ言えるのではなかろうか。不登校の人はもちろん、自殺未遂の人、友達がいなくて孤独だった人、万引がしたくてしたくて困った人、中学生のときに映画館に入りびたりだった人、などなど。この人たちの話を聞いていると、その個性が出口を求めて飛び出そうとし、社会の壁に当っているうちに鍛えられてゆく、という感じがよく伝わってくる。

このようなことを言うと、それは「特別な」人であって、「普通の」人間はそんなわけにいかない、と言う人が多い。しかし、ほんとうに人間は一人一人が異なり、個性をもっていると考えるなら、「普通の人」などというのは、この世にいないのではなかろうか。すでに述べたが、筆者はどんな人でも、自分の人生を創り出すという意味で、「創造性」を発揮していると思う。外見は「普通」に見えても、その人の姿勢によってすべて創造的になってくる。

このように考えると、教師が子どもの個性の問題を取り扱う困難さがよくわかってくる。簡単に言うと、教師は一般性の方は「教える」ことが可能だが、独自性の方は、「教えられない」のである。独自性は本人のなかから生まれてくるのを待つしかないし、それが出てくるときは、あんがい「一般性」とぶつかりながらでてくることも多い。「教える」ことだけが好きな教師は、こんなときに、子どもの独自性の芽を摘み取ることに努力する。これは恐ろしいことだ。それではどうすればよいのか。それについては本章で、だんだんと具体例に沿いながら考えてみることにする。

(2) 自我の形成

個性というとき、西洋の場合、それは自我の形成ということと切っても切れぬ関係がある。西洋の近代においては、「自我の確立」ということが人格形成において、非常に高い価値をもつことになった。人間は自分を他と異なる者として意識し、それが主体性と統合性をもった独自のものとして確立されていく。近代になるまでは、西洋においても、自分のことを考えるときに何よりも大切なのは、神との関係であった。キリスト教では、一神教の人格神をもつために、その唯一の人格神と関係を結ぶ独立した一人の人間、というイメージができあがってくる。そのうちに人間が自然科学で武装して強くなるにしたがって、神との関係は背後に退き、人間の方の主体性や統合性の方が強調されるようになった。神中心から人間中心に移行したとも言える。すべて神の意にしたがうのをよしとする、という考えから、人間の自由意志、主体性を尊重する考えに近代になってから変ってきた。

自我を確立するためには、自立する必要がある。自立とは依存の反対だ。したがって、子どもははじめは依存の対象であった母親から自立し、やがては両親からも自立してゆかねばならない。その自立の過程に個性がつくられてゆく。このような考えが西洋近代の考えであった。そして、このような観点から見る限り、日本人は今なお自立していない。自我の確立ができていないと見なされる。今の若い人はあまり知らないだろうが、日本占領軍の長だったマッカーサーは、日本を去るときに、日本人の精神年齢は十二歳だと言っている。この事情は現在でもあまり変っていないとも言える。日本人は「個性」どころか、「自我」がないなどと言う欧米人もいる。

このことは筆者にとっては大きい課題であり、すでに他に多く論じてきている。ここでは第Ⅱ章に論じた文化・社会の比較を思い出していただきたい。日本は母性原理が優先するので、まず全体の場のバランスということが大切であり、それを保ちながら自分の自我を形成してゆく。これに対して、欧米では、自我を他と独立したものとして確立し、その後で全体との関係をつくりあげる。順序が逆である。したがって、このことがわからない欧米人から見ると、日本人ははじめから自己主張をしないので、「顔がない」とか「自我がない」とか言われることになる。

ここで問題は複雑になる。まず第一点は、日本がだんだん欧米型の方に動いていることはわかるが、現在の欧米のあり方をモデルとして、そうなるように努力すべきだとも言えないこと。第二点は、すでに述べたような差があるにもかかわらず、それを不問にして、欧米の理論を日本に当てはめて考えても、子どもの理解や、自我の確立などのことで、ある程度はそのまま役立つこともある、という事実である。

後者の方から先に取りあげてみよう。わが国の学問はすべて外国からの輸入である。教育学も心理学も外国の学問を借りてきて使っている。筆者自身もそのとおりであった。そして、たとえばそこに述べられている、自我の確立の段階とか、教師と子どもの人間関係の研究の成果などは、そのまま日本においても役立つことは事実である。だからと言って、まったくそのまま当てはまるとは言えないところに難しさがある。文化差の問題に筆者がこのようにこだわるようになったのも、実際に日本の人々の悩みや生き方のことに直接に触れると、欧米の理論をそのままに用いることができないと感じたからである。

そして、第一点として指摘したことが関連してくるのだが、欧米の状況を見ていると、多くの問題点をかかえていることがわかるので、それを模範にするというわけにはいかない。国際化の時代であり、われわれは欧米の考えを取り入れる努力はすべきであるが、それはモデルではないという認識が必要である。

そこで、教師として実際になすべきことは、教師として必要な知識——たとえば次にのべる発達段階のことなど——をもつ。しかし、それはやはり借り物であり、自分はそれにしたがってやっているように思っていても、知らず知らずのうちに日本化をしている。そのことの程度と意義を考え考えすすんでゆくこと。これらすべてが必要であると思う。

自我の形成は大切である。しかし、いったいそれはどのような「自我」なのか。そして、子どものなかには相当に父性原理に支えられた自我をつくろうとする者もあるし、まったく日本的自我に安住しようとする子どももいる。このような混在したなかで、そもそも教師自身がどんな自我をもっているのか、ということの認識も必要になるだろう。単純なモデルを持たない苦しさと、多様な面白さとを認識しながら、教育の場に生きねばならない。現在の教師は、ほんとうのところはなかなか大変である。

(3) 発達段階

子どもから大人へと発達してくるとき、そこにはわりに明確な段階を見出すことができる。そのような事実に基づいて、幼・小・中・高というような学校の分類もなされている。発達心理学はその点について、いろいろな知見を提供してくれる。詳しいことは、そちらに譲るとして、ここでは自我の発達についてのみ触れることにする。

ずいぶん以前のことだが、ある幼稚園で「ジャックと豆の木」の話を先生がされた後で、子どもたちが自由に描いた絵を見せていただいたことがある。三十枚近いそのほとんどの絵で、子どもたちは絵の中央に天まで達する豆の木と、それを登ってゆくジャックを描いていて、強く印象づけられた。六歳頃になると、子どもは自分で自分の身辺のことができるようになり、そんな意味で母親や家から離れて、新しい知識を学ぶことができるようになる。つまり、それにふさわしい自我が形成される。そして、そのような自我が形成される勢い、強さなどを表わすものとして、天まで伸びる木、そこを登ってゆくジャックのイメージはピッタリなのだ。ジャックは後で大男と戦うのだが、この年齢の子どもにとっては、ぐんぐん伸びる植物の方が自分の自我の成長を示すものとしてはふさわしく感じられる。(2)

教師はこんなことを知っていると、「木をまんなかに描くより、もう少し横の方に描いたら」とか、「大男との戦いもあったでしょう」などと余計な指導をしないで、「なるほど」と感心して子どもの表現を見られるだろう。そして、豆の木を端の方に描く子、まったく異なる場面を描いた子などに対して、どうしてだろうかとか、その子の自我形成のことなどについて考えてみるだろう。

自我形成の問題が急激に顕在化してくるのは、周知のように思春期である。このことに関しては後で「管理」の問題を述べるときに触れることにする。一般にまだあまり注目されていないが、十歳頃に、子どもたちは「自我」の体験をするようである。他人と異なる存在として「私」が生きている、ということを子どもなりに実感するのだ。それまでは、家族や仲間などとの一体感のなかに生きてきたのだが、何かの機会に「私」が他と切り離された唯一の存在として自覚される。これは、むしろ本人には不安や孤独感を伴って感じられることが多い。この時期に、夜一人で寝るのが急に怖くなったり、友人と遊ばなくなったり、無口になったり、というような現象が起こる。時には、チックなどの神経症症状を示すこともある。こんなときに、教師や親が、その意味を理解して、あわてずに暖かく見守っていてやると、この時期を乗り切ってゆくものである。

このような場合、教師が自我の発達段階について知っているかどうかで、大分対応が異なるであろう。成長に必要なある程度の混乱として見るか、「悪い子」になったと見るかによって、その結果が異なってくる。思春期については理解のある教師も、この十歳くらいのときの自我の体験とそれに伴う不安については知らない人がいるので、ここに記しておいた。この時期に、子どもの交友関係が変ったり、行動のパターンが変ったりすることが認められるものだ。

自我の発達段階について、知って欲しいことを書いたが、実はその後ですぐに、「発達段階の考えにとらわれないでほしい」と書かねばならぬところが、教育ということの難しさである。というのは、発達段階のことを何も知らない教師も困ったものだが、これにとらわれてしまう教師も困ったものだからである。つまり、それを絶対に正しいこととして生徒に押しつけようとするので、かえって子どもの個性を破壊してしまうことになる。子どもを誰も彼も画一的に同じ線上に位置づけて見てしまう傾向がでてくる。

このことを避けるためには、発達段階の知識をもった上で、必要に応じてそれにとらわれずに子どもの一人ひとりの姿を見ることができなくてはならない。子どもの個性を育てるために、ユニークな試みをしている教師の方々と対談したことがあるが、そのなかの一人の先生が、「「発達段階」に呪われている」ことを思いしらされると言われたのが、印象的だった[3]。実は、この吉泉和憲先生は、小学校で一学年の生徒全員一六五名の大合唱を成功させたりしておられるユニークな方であるが、全員の合唱だからというので、日本的な全体性を強調しないのが素晴らしい。「個性を育てるといいながら、教室の中では「なぜ、みんなと同じにできないの」を連発する」のは教師の欺瞞だと言われる。ひとりひとりが「あ、そこ好きやねん」というところの発見から出発し、それが集まっていって大合唱になる。

こんな先生だから、学年の壁を破り、六年生が一年生の教室を参観したり、学年をこえた交歓をする。そうすると、一緒に歌った後で「六年生の曲を一年生が歌ったりしてびっくり」ということも起こる。まさに「「発達段階」に呪われているのが思いしらされ」ることになる。発達段階に教師が縛られると「子どものいちばん光っている部分を見落としてしまう」ことになる。まさにそのとおりで、発達段階にとらわれると、教師は子どもたちを没個性的に取り扱う、あるいは、もっと恐ろしいのは子どもを操作しようとしてしまうことである。

吉泉先生は、「毎日スリルとファンタジー、とにかく刺戟的ですごい世界です。子どもの活動する場所が大きければ大きいほど、深ければ深いほど、子どもが子どもでいられるわけです。大人が簡単に操作できない強い子ども。教育はそれを発見することが大事なんでしょうね」(傍点、引用者)と言われる。教師が個性的であってこそ、子どもの個性も輝いてくる、とつくづく思った。

2 個性と学級づくり

現代人は、なんでもかんでも「能率」とか「効率」とかを考えすぎるのではなかろうか。そのような観点が強すぎるので、本末顚倒する結果が出てくる。能率よく早くものごとをすれば得をしたように思っているが、そのこと自体を味わう楽しみがなくなってしまう。教育も効果的にするためには、なるべくたくさんの子どもを一括して、短時間に学習させることばかりを考える。しかし、これは子どもの個性を破壊することにつながるのではなかろうか。と言って、一人ひとりは異なるのだ、とばかり言っていても実際には何もできない。したがって、一斉に授業をするとき、能率的に授業をすすめるべきとき、などはそれをするとして、その一方で常に、子どもの個性とかかわることを考えてゆかねばならない。ここでは、そのような点で教育現場において実際に行われた例を紹介しつつ、考えてゆくことにする。

(1) 個人を認める工夫

授業を能率よくするのには、教師の努力と工夫が必要である。それはいろいろな「授業法」の研究としてなされる。それと同様に、子どもを個人として認めるのにも、教師の努力と工夫が必要である。

兵庫県の「生野学園」は不登校の子どもを対象とする普通高校である。ここの村山実校長に話をうかがった。この学校はいろいろと特色をもった学校であるが、そのひとつとして、卒業証書が二枚ある。[4] 一枚は学校長の証書で、これは一般のものと異ならない普通の証書である。ところがもう一枚の学園長証書は「紙の値段が(卒業証書よりも)倍ほど高いんです。金縁なんで、生徒がすごく喜びますね」というわけだが、それには何が書いてあるのか。例をあげてみよう。[5]

「あなたは科学を通して、宇宙・宗教・思想や社会にいたるまで、思いを拡げてきました。また、スケートをしていた姿はとても印象に残っています。」(男性)

「あなたは詩、絵、演劇の活動を中心に、一歩一歩自己を開拓しました。ユニークですてきなファッションは、いつも楽しませてくれました。」(女性)

「あなたは入学からの夢である美術への志を貫き通しました。新体操で活躍する姿は、とてもすてきでした。」(女性)

「あなたはバンド、パソコン、サバイバル部などのまとめ役を立派に果たしました。ひょうひょうとした中にも、ここぞという時にはやり遂げる力はすばらしかったです。」(男性)

ここに四例のみをあげたが、これについて生野学園の宇都宮誠園長は、「この学園長証書は、先に校長から手渡した高等学校普通科課程を卒業したことを証したいわゆる卒業証書とは別に、生野学園での三年間のひとりひとりの意味、その努力に対する賞賛をこめた言葉を証書として手渡したものです」と説明している。この証書の言葉をすべて読み通したが、もちろんひとりひとり異なっていて、慶弔電報の電文のように、いつでも誰でも通用するものではない。それらを読みながら、「文化の病」を克服しようとしている高校生のひとりひとりの姿が見えてくるように思った。個人別の卒業証書とはいいアイデアである。

これを読んだ小学校六年や中学・高等学校三年の担任の先生が、学校の卒業証書以外に、担任の卒業証書を生徒に渡すことを考えて下さるとうれしいことである。卒業して十年後に、生徒たちがそれを見て思わず微笑したり、「うん」とうなずいたりできるような証書を書くとなると、先生もよほどよく心がけて一年間生徒に接していなくては駄目であろう。「個性」にかかわろうとする限り、教師は相当なエネルギーを使用しなくてはならない。

生徒を個人として認める工夫のひとつとして、次のようなことを紹介したい。京都市の小学校の岸本晃先生の例である。[6] 岸本先生は、筆者が京都大学にいたときに、一年間研修員として来ておられ、その間にいろいろとユニークな発想を聞かせてもらった。そのなかのひとつとして、「三分間誕生会」というのがある。学級の子どもの誕生日に、「黒板にいっぱいにケーキを描くんです。ローソクも何本か立てて、係の子が、これから××君の誕生日会をしますと。それで、音楽を流してハッピー・バースデイ・トゥ・ユーを歌って、黒板消しでローソクの火を消したりするわけです。」

誕生日というのは誰にも年一回来る。これほど平等で個人的で素晴らしいことはない。誰も年一回主役になれる。と言って大げさなことを考えると永続きがしない。どんな工夫でも、それがどの程度にうまく続けられるかを考えねばならない。そんな点で、この「三分間誕生会」のアイデアは、ほんとうによく考えられていると思う。

ところで、岸本先生のこの考えは拡大され、全校のお誕生会にまでなった。「おめでとう黒板」というのを作って、教職員、子どもも含めて誕生日の人の名前を書いて、札をかける。「うれしいのは、先生の方がそわそわされる。前に担任をしていた先生に、よそのクラスの子が「先生、おめでとう」というんです。いつもは気むずかしい先生まで、その日はなんとなくにこっとしてまして」ということになる。「いままで存在感のなかった子が、待っとるんですね。何を待っとるのかなと思ったら、黒板を待っとるんです。いつもぎりぎりに来る子が、朝一番に来たりね。先生でもそうです。」

黒板ひとつの工夫で、この学校全体に暖かい人間関係が生まれてくるのが感じられる。

ここに二つの工夫を示したが、このようなことを言うと、「面倒くさい」とか、時には「労働条件の強化」というようなことを言う人がある。後者のような人は、できる限り高い給料と、できる限り少ない労働量とによって、人生の「効率」を高めようと考えている。しかし、このような人は「人間の心の経済」について知らなさすぎる。

たとえば、「三分間誕生会」をするために、先生は黒板にケーキの絵を描くエネルギーがいる。しかし、それを見てにっこりする子どもの笑顔や、クラス全員のハッピー・バースデイの歌などから、先生は子どもたちからたくさんのエネルギーをもらうはずである。子どもを十把一からげではなく、ひとりひとりを個人として見るのは、確かに教師のエネルギーを必要とする。しかし、それに見合うお返しは絶対にあると言っていい。その流れが先生の新しいエネルギーの鉱脈を掘りあてることもある。人間の心のエネルギーは、うまく使うとそれ以上のお返しがある。これが「心の経済」の面白さである。

(2) わたしとはだれか

小学校のある国語の教科書に、「わたしとは　だれか」という拙文がのっている。先に、「自我の形成」のところに述べたような考えにしたがって、子どもが自分を「他とは異なる存在」として意識することなどを書いているのだが、小学生には難しいのではなどと我ながら危惧していたものである。これに対する反応は両極端と言っていいほどで、「あれは教えるのが大変難しい」と嘆かれる先生や、「小学校の国語の教科書のなかで、あれが一番好き」と言う子どもがあったり、という有様である。

それはともかくとして、京都市の小学校の西寺みどり先生は、子どもたちがそれぞれ、「わたしとは　だれか」というアルバムを作ることを思いつかれた。(7)と言っても、この「アルバム」は画用紙を二つに折り、それを張り合わせて作ってゆくので、安あがりである。一カ月に一枚の割でゆくと、学年の終りには二四ページのアルバムができることになる。小・中学校の先生たちのこのような「工夫」を聞いていつも感心することは、経済的にも無理がないように、誰もができるペースがうまく考え出されることである。

「わたしとは　だれか」の最初は、「あなたの生まれたとき」という欄で、そこには親が子どもの生まれたときの思い出を書くことになっている。親があんがいそのようなことを子どもに話していない家もあるようで、子どもは自分がこの世に生まれ出てきたときのことを知って、心を打たれている様子である。このアルバムのいいところは、これによって子どもと家族、教師と保護者との対話が非常に多くなったことである。と言っても、こういう試みをしながら先生も気が気ではない。ひょっとして、あの母親は何も書かないのではないかと危惧することもある。父子家庭の家では、父親がどうされるかと心配である。

すべて「よいこと」をするときは、前もって裏のことを考えておく必要がある。自分の「よい考え」に舞いあがっていると、子どもが「空欄」のアルバムを持ってきたとき、その子の個人的事情も考えず、「早く書いてもらってきなさい」とか、もっとひどいときは「××君のを見てごらんなさい。ちゃんと書いてもらっているでしょう」などと言ったりする。「個人を大切にする」計画が個人を潰す結果をもたらす。教師というものは(筆者もそうだが)、「よいこと」をするのが好きである。しかし、そのことをする前に、この「よいこと」はどのような「わるいこと」をもっているか考えておく必要がある。

裏話は他にもある。「わたしとは　だれか」のアルバムには、本人の写真が貼ってある。実はこれは西寺先生がひとりひとりの子どもを撮られたものだが、その表情がすごくよくて、これを見ているだけで先生と子どもとのよい関係がわかるほどなのだが、この写真撮影に反撥する子どもたちがいるのだ。そっぽを向いてしまったり、しかめっ面をしたり。子どもたちのなかには、先生との関係がもうひとつしっくりといかぬ子、カメラに対して自意識過剰になってしまう子、自分自身を受けいれられない子、などいろいろある。そもそも、この「アルバム作り」そのものに反撥する子もある。いろいろな子があって当然である。それはそれとして西寺先生は無理強いはされない。これが大切である。

このアルバムのあるページには、子どもの顔の写真を中央に貼り、その周囲にクラスの他の子どもたちが、その子について、「算数がよくできるわ」とか「下級生に親切だね」とか、思い思いに書き込んでいる。自分の周囲の人たちの言葉によって「わたしとは　だれか」という問いに対する答が浮かびあがってくる。まるで、音楽のアンサンブルを聴いているようなものだ。

アルバム作りに反撥していたある子は、クラスメートの書いてくれた文を見て、ぐっと心を惹かれて熱心になった。そうなると、この子の写真の表情も変化する。このような努力の積み重ねのなかで、子どもは子どもなりに「わたし」という人間を発見してゆくし、先生も親も子どもの個性に触れて感動する。「名前の由来」というところもあり、ここも親が記入しているが、これによって、子どもたちは自分に対する親の思いを知ることができる。このアルバムを作る副産物として、教師と親とのコミュニケーションがずいぶんとスムースになったとのことである。

この報告には、まだ続きがある。西寺先生のこの実践にヒントを得て、大林久栄、田野弘美の二人の小学校一年生担任の先生が、一年生の「思い出のアルバム」を作ることを思いつかれた(8)。もちろん、一年生に「わたしとは　だれか」など難しいことは言えない。しかし、一年生なりに親はその子に対して、「生まれてきたとき」や「名前の由来」は語ることができる。月一回ぐらいは、何か学校の行事があったりするので、それを題材として一年生の思い出の「アルバム」ができてゆく。

詳細については略するが、筆者が感心したのは、ひとつの報告がまたつぎの実践を生み出してゆくところである。「わたしとは　だれか」という発表を聞いて、「あっ、あれは六年生のことだから関係ない」とは思わない。一年生としてそのアイデアをどう生かそうか、と考える。後にも論じる機会があると思うが、筆者は、ひとつの例の報告は、その例だけに終るものではないと思っている。聴く人の耳がよければ、そこからいろいろと「変奏」するアイデアが浮かびあがってくるのだ。音楽の「主題と変奏」のようなものである。

これら三人の先生の考え出された「アルバム」を子どもたちが非常に大切にしていることは、当然のことである。子どもたちが、自分は「かけがえのない」存在であることを、この「アルバム」作りを通じて体験してゆくことであろう。そして、何年かたった後でも、その子のアイデンティティを支える役割をもつのではないかと思われる。

(3) 子どもの「たからもの」

子どもたちのよろこぶ話に「宝物探険」の話がある。苦心を重ねて主人公が宝物を探しに行く。スティーブンソンの『宝島』などその代表であろう。人間はそれぞれ自分の「宝物」をもっている。それが個性である。子どもたちが宝物探険の話をよろこぶのは当然である。次に子どもの作った創作で、少し変った「宝物」の話を紹介しよう。これはすでに紹介した「生野学園」という不登校の高校生のための学校の前身である「京口スコラ」という施設をつくってきた精神科医、森下一先生の報告である。(9) 京口スコラでは不登校の子どもたちが来て、規則と管理のない状態のなかで自由にすごす。そのなかで子どもたちの自作自演の演劇「天使 - 碧き石」が上演された。

この筋書をごくごく簡単に述べる。主人公の徹は勉強がよくできて、一番になったのに、心が沈んでゆく。ふと気がつくと自分の両手に灰色の石が乗っている。彼はそれに苦しみ学校に行けなくなる。二人の天使が徹を救うためにやってくる。徹は「この石さえなければ」と訴える。それを聞いて二人の天使は驚いてしまう。「そんなにきれいな石を」と言うわけである。徹は天使と口論しているうちに、彼の両手の中の石が碧く輝き出すのに気づく。「なんと美しい光だろう。なんとさわやかな光だろう。あたたかでやさしい緑色。これが僕の石なんだね、本当の僕の心なんだね！」徹はこの石を大切にして、生きてゆこうと決心する。

これを少し変った宝物と言ったのは、最初から「宝物」として、それを探しに行ったのではなく、むしろ厄介物と思っていたのが宝物に変るという話だからである。この碧石は、いろいろな意味を含んでいると思うが、不登校ということも、そこにはあるだろう。自分でもやっかいと思っていた「不登校」ということが、深い意味をもっていることを発見する。この戯曲を作った中学二年生の子どもは、このようにして、自分の個性を見出しえたのではなかろうか。

「宝物」についての、もうひとつの実践を紹介しよう。京都市の小学校の福井景子先生によるものである。(10)最近は「いじめ」が大きい問題になっている。福井先生は、そのことを直接に取りあげるよりも、暖かい人間関係のある学級をつくることによって、「いじめ」など起こらないようにするべきだと考えた。そのためには、学級の子どもたちがお互いに他の子どもたちの良さに気づき、認め合うことが大切と考え、次のような計画をたてた。

学校行事の一環として、この小学校では、五年生が「みさきの家」というところに宿泊し、班別に分れ、自分たちで食事をつくり、生活を共にするという校外学習をする。先生はそのみさきの家で「たからもの」を作ろうという提案をする。

子どもたちに、「みさきの家」にゆくが、そこでは勉強がなくて、皆で一緒に生活するので、「今まではぜんぜん知らなかったクラスメートのよい面が見えるはずだ」ということを強調する。教室で見ていると、どうしても勉強のよくできる子が目立ってしまう。しかし「みさきの家」では、教室内とはまったく違うことをするので、クラスメートをよく見ると、「あっ、あんなよいところがあった」などと思いがけないことを発見するに違いない。そこのところにぜひ注目して欲しい、と先生が子どもたちに、前もって話をしておく。

「みさきの家」の体験が終ると、学級にもどって、子どもたちにクラスの名簿をわたし、ひとりひとりについて、「みさきの家」で発見した、その子の良さについて書きなさいと言う。先生が見ていると、割にすらすらと書いている子もいるし、なかなか書けずにいるような子もいる。何しろ「みさきの家」での実際の経験に基づいて書かねばならないので、通り一遍のほめ言葉は通用しない。

つぎに学級のひとりひとりに一枚の色画用紙を選ぶように言う。これについては、先生は張切って、クラスの人員の数だけ異なる色の色画用紙を選んで準備された。こんなところにも、個性を大切にしようとする先生のこまやかな心づかいが感じられる。取り合いになるかと少し心配だったが、うまくそれぞれが自分のものを選び、それに自分の名を書いて順番に他にまわしてゆき、それに対して各人が「みさきの家」で見つけた、その子のよいところを書く。全部が終ると各人は、自分へのメッセージを読み、感想を発表する。各人がもっている一枚の紙が、「みさきの家のたから」である。

これをしてみて先生がひじょうにうれしかったのは、それまで孤立しがちだったり、仲間はずれになりそうで心配だった子が、級友からのメッセージを読んでよろこび、またそれを書いた子どももよろこんで、学級内の人間関係が改善されたことである。仲間はずれにされる子は、学力も低く、運動能力も低い子で、先生としてはずっと気になっていた。その子に対しても級友たちは暖かい目で見ており、「お米をとぐときに上手にといでいた」、「すやすやとよく寝ていた」、「女の子のなかに一人まじってバドミントンを元気にやっていた」などという仲間からのメッセージが寄せられていた。これこそ、この子にとっての「たからもの」になると思われる。

この企画において、教師が平素の学習活動とまったく異なる状況を選び、そこでは思いがけない「良さ」が見られるに違いない、と子どもたちに予告しておいたのが、非常によかったと思われる。このような教師の心がけによって学級内のひとりひとりが生かされ、暖かい関係ができるならば、それは「いじめ」をなくすことにもつながることだろう。

3　個性の発現

子どもの個性は生まれたときから発現してくる。しかし、何もせずに放っておいても、うまく開花してくるとは限らない。と言って、やたらに引っ張り出そうとすると、かえって個性を壊してしまう。このような点については、次章の教育における人間関係のところで詳しく論じるが、子どもの個性が強く発現してくるとき、それはどのような様相を示すかについて、ここでは述べることにする。

個性というものは面白いもので、当人もそれに気がついていないことが多いものだ。それを見出したり、鍛えたりすることによって、だんだんと明確な姿を現わしてくる。子どもたちの個性の実現と形成に、大人たちがいかにかかわるかによって、それが影響を受けて変化してゆくことを考えると、ほんとうに慎重にしなくてはならないと思わされる。大人は指導したり教育したりしているつもりで、子どもの個性を潰すことになることもありうるのだ。

(1)　好きなこと

その本人が「好きなこと」は、個性と大いにかかわっている。したがって、ともかく「好きなこと」を尊重することは大変重要である。筆者は「好きなこと」をするためには、相当な犠牲を払ってもいいのではないかと考えている。しかし、以前は「好きなこと」よりも「するべきこと」をするのがいいと考えがちであった。おそらく教師という人は、同様に考える人が多いのではなかろうか。そんな好き勝手なことをする前に、するべきことが多くあるはずだ。各人が好きなことばかりやっていたのでは、全体の秩序が保てない。あるいは、非常に片寄った人間になってしまう。このような考えももっともである。しかし、そちらを強調しすぎて、個性を殺すようなことになっていなかったかと反省するのである。

簡単に答を言うのなら、「したいこと」と「するべきこと」のバランスが大切と言えるだろうが、これまでの日本では後者の方にあまりにも重みがかかっていた。これは第Ⅱ章で述べたことを思い出していただくとわかるであろう。定められたことを苦しくともやり抜くことこそ大切であるという「易行」の精神や、誰も画一的に平等、つまり同じであるという母性原理による確信などが、個人が「好きなこと」をするのを罪悪視するような傾向を、日本人全体のなかに育てており、そのような日本人をつくろうとする「教育者」は、どうしても子どもが「好きなこと」をするのをおさえがちになる。このことをわれわれはよほどよく認識していないと、だめである。

欧米人が日本の教育について書いたものを読んだり、欧米の友人と話をしていると、日本の教育は「集団への同調」傾向が強すぎて、子どもの個性をおさえているのではないかと言われがちである。日本の教育に対して相当な理解をもっている人でもそうである。たとえばイギリスの教育学者スティーブンスは、日本の教育の利点をよく認めているが、「集団への同調」傾向を指摘し、「日本では異なっていることは高くつく」と述べ、「日本人は調和という神社に詣でるのである。彼らの文化は集団的統一を達成するという強迫的なコードを巡って回転している」とまで述べている。(11)

こんな点から考えても、日本の教師は、もし「個性の伸長」ということを願うなら、子どもたちが「好きなこと」をするのを援助するためには少々の犠牲を払うのもやむを得ない。それが「一般と異なっている」場合も、できるだけ許容してゆこうと決心しなくてはならない。これはなかなか難しいことだ。しかし、この困難を乗りこえてゆく覚悟もなく、「個性の伸長」と言っていても、机上の空論になるのではなかろうか。

筆者は心理療法家として、子どもに会うとき、「何か好きなことはない?」ときくことが多い。その答からいろいろと可能性が開けてくるからである。たとえば、不登校で家に閉じこもっている中学生で、船の写真や絵が好きで、それをたくさん壁に貼っていた子があった。好きな船の話を聞いているうちに、それは船の旅の話へと発展してゆく。その話に耳を傾けながら、カウンセラーは、それはその子が母親から離れ、その子なりの方法で自立してゆこうとしているイメージに重なっていると感じた。実際、このような話の繰り返しのなかから、その子は自分なりの自立の道を見出していったのである。

「好きなことは何?」ときくと、「喧嘩」とか「単車乗り回すこと」とか答える中・高校生もいる。そんなときも、それがどんなに面白いのか、どこが好きなのかときいてゆくと、その子の個性とのかかわりが出てきて興味深い。あるいは、「パチンコ」と言った大学生に、どこが面白いのかと一生懸命に話をきいていると、「本当のところは面白くないです。まるでパチンコを苦しむために僕は行っているみたいです」と言ったこともある。この大学生は、「先生、パチンコでもほんとうに楽しんでいる人は、素晴らしい人だと思いますよ」と言ったが、このようなところから、自分の生き方への反省も生まれてくる。

「好きなことは一切ありません」とか、「別に」と言って黙ってしまう生徒に対しては、辛抱強くつき合うより仕方がない。何もないと言っても一年くらいつき合っていると、何かがほの見えてくるものである。

(2) 個性と悪

個性が強い勢いで発現してくるとき、あるいは、個性がその「出口」を求めて苦闘しているとき、それは一般に「悪」として認識されているような形で、まずその姿を示すことが多い。「悪」とまでは言えぬにしても、好ましくない行動、あるいは神経症的な症状などとして現われることもある。この点を教師はよくよく認識していなくてはならない。そのような望ましくないことを、すぐに取り去ろうとか矯正しようとか焦る前に、それらの現象の背後に何が動いているのかを確かめることが必要である。

子どもの頃の話をお聞きしていて、非常に印象的だったことに、作家の田辺聖子さんの「万引をしたくてたまらなかった」という思い出がある。[12] 古本屋さんに行って、店員さんの見ていないときにスッと取りたくなる。それも「お金があるときにかぎって万引したくなる」のだから、お金がないための盗みではない。「小学校六年生から女学校(今の中学校)二年くらいまで」続いたが、何とか万引衝動と戦っているうちにそれはとつぜんに消えてしまった。ところが「そのあとぐらいから小説の真似ごとを書いたり」するようになる。それを読んで友人たちがよろこぶので、つぎつぎと「物語」を書いた。

これは個性の出現が、「悪」の形をとりやすいひとつの典型である。自分の内にあるものが「物語」として外へ流出する前に、あらゆるもの(特に古本などはその代表だろう)を自分の内に取り込みたい、という気持がはたらき、それが万引の衝動として意識されたのだろうと思われる。田辺さんはそれに打ち克ち、その後で物語を書くという行為が生まれてきたが、なかには出来心でほんとうに万引をしてしまう人もあるのではなかろうか。

盗みの元型としては、プロメテウスの神話がある。ギリシャの神々は人間に火をあたえなかった。神々の持っている火を人類にもたらすために、英雄プロメテウスはうまくゼウスをだまして、火を手に入れて帰ってくる。人々は大よろこびするが、プロメテウスは神々によって厳しい罰を受ける。この英雄プロメテウスの行為、つまり盗みによって人間は「火」を手にいれることができた。言うなれば、人間がそれなりの「自立」を獲得するに当って、盗みという「悪」を必要としたと言える。

だからと言って、盗みを奨励したり許容したりすることが馬鹿げているのは論を俟たない。それは「悪」であること、してはならないことを明確にしつつ、その意味を考えること、という難しいことができてこそ「教育者」と言えるのではないだろうか。悪を罰するだけのことなら、できる人は他にいる。

すでに他に論じたことではあるが、規則を破った生徒に対する教師の姿として、実に見事な描写が、児童文学の傑作、エーリヒ・ケストナーの『飛ぶ教室』にあるので、それを簡単に紹介しよう。(13) キルヒベルク高等中学の愉快な連中は、仲間が実業学校の生徒に襲われたのを知り、助けに行き、相当派手な立ち回りをやり、「敵」をやっつけて意気揚々と帰ってくる。と言っても、この少年たちは寄宿舎から無断外出をしているので、それがバレて舎監のベク先生のところに連れて来られる。ベク先生は正義先生というあだ名がついていて、生徒たちに尊敬されている。

ところで、ベク先生は思春期の少年たちが、この程度の荒っぽいことをやるのは当然と思っている(この点に関しては、後に「いじめ」を論じる際に再考する)。それに自分たちの仲間がやられていると知ったら、助けに行かない方がおかしいとさえ思っている。そこで先生はいったいどうしたであろうか。

ベク先生は、二週間の外出禁止にすべきところだが情状はくみとることはできると言う。それにしても少年たちが無断外出する前になぜ自分のところに相談に来なかったのかときく。「それほど私も信頼していないのか」と先生は言いたいのだ。それに対して少年たちは、先生に事前に相談し、たとえ外出を禁止されても自分たちは破るだろう。もし先生が外出を許可し、喧嘩のために事故が生じたら先生の責任になるだろう。だから先生に迷惑をかけるよりは、自分たちの判断で無断外出し、その責任をとることにしたと言う。それには先生も感心してしまう。少年たちはなかなかよく考えて行動しているのだ。と言っても、それによって生徒を無罪放免するのはよくない。彼らも責任をとると言っているのだ。

先生は、「休暇後最初の午後の外出をきみたちに禁止する」と厳しく罰を言い渡す。そして先生は、「その罰にあたる午後、きみたち五人はわたしのお客としてこの部屋にまねかれる。そしてコーヒーを飲みながらだべろう」とつけ加える。話はこれだけで終らず、先生は自分が高等科一年生のとき、「心から信頼できる先生がいなかったばっかりに」どれほど苦しんだかを話し、「少年たちが心のなやみとすることをなんでもいえるような人」になろうとして、自分が舎監になった話をする。少年たちは感激して、部屋を出てから、そのなかの一人は「あの先生のためなら、ぼくは必要とあれば首をくくられてもいい」と言う。

この話を詳細に語るともっと興味深く、示唆するところも大きいのだが、これだけをとってみてもベク先生の態度の立派さがわかるし、「無断外出」という「悪」を契機として教師と生徒の個性がぶつかり合うところは、見事としか言いようがない。

(3) 秘密

「悪」に近いもので、個性の発現に深くかかわるものに「秘密」ということがある。ずいぶんと以前に養護施設の先生から次のようなことを聞いたことがある。施設内のある子どもが、施設から支給されるノートや鉛筆を、ひじょうに粗末に扱うのに、自分が拾ってきた「小さい汚ない鉛筆を大切にしている」、「おかしいことをするので理解に苦しむ」というわけである。これはむしろわかりやすいことで、その子どもにとって、施設内の他の子と同じ鉛筆を支給されても、それはほんとうに自分のものと思えない。それに対して自分が拾ってきた鉛筆は、

「秘密の宝物」なのである。その子個人のものであり、他とは異なるものである。（最近は、養護施設ではどの子どもにも同種のものを支給したりせずに、予算内で子どもたちが自分の好みのものを買うようにしているところが多い。）

「宝物」が大切であることはすでに述べた。したがって「秘密の宝物」となると、それは子どもの個性を支える非常に重要な柱であると考えられる。読者の方々も自分の子ども時代を思い出してみると、「秘密の宝物」を持っていたことや、その重要性を認められることだろう。そして、おそらくその「秘密」を誰にも打ち明けたくないという気持と、誰かに話をしたいという気持の両方を体験されたことと思う。秘密は秘密にしておいてこそ意味がある反面、またそれを誰かと「分ち合う」楽しみも得たいと思うからである。

「秘密」はこのように大切なものであるが、他方では教師や親は、子どもに対して「隠しごとをもってはいけません」とよく言うのも事実である。この点はどう考えればいいであろうか。秘密というのは諸刃の剣である。それが破壊的と呼んでいいほどの強いマイナスの価値をもっていることを、誰もが認めるであろう。子どものときに誰にも知られずに行なった「悪事」をずっと気に病んでいながら、誰にも言わず秘密にしてきたものの、そのために、いつもおどおどしているようないじけた性格になってしまった、と話をした人がある。この場合は、秘密はマイナスに作用している。

秘密を持っている本人がそれをぐっと抱きしめていられるのか、それによって脅かされているのかによって、その秘密はプラスになったりマイナスになったりする。このように両方の意味を持っているのに、親や教師で子どもが秘密を持つことを極端にきらったり、罪悪視したりする人がわりに多い。これは、秘密を持つことによって子どもが自立してゆく、つまり、自分から離れてゆくのがいやなのである。子どもが「子ども」として、いつまでも自分の手の内に収まっていてこそ安心だ、というわけである。

このような傾向が強い人は、その人自身があまり自立できていないことが多い。自分が自立できていないので、子どもが離れてゆくのが怖いのである。したがって、子どものことは何でもかでも知りたがり、その行動を全部知っていないと気がすまない状態になる。子どもたちに「必要な秘密」を、そのままで許容できる大人になってこそ、子どもの個性が伸びてゆくのを助けることができる。このことは大人と子どもの関係のみでなく、師弟関係においても同様で、不安の高い指導者ほど、弟子の行動を逐一知ろうとして、その個性を潰してしまう。

(4) 遊び

自由な遊びは個性発現の温床である。よく言われることだが、欧米と日本の教育とを比べると、小・中学校では日本の方が上だが、大学くらいからだんだん逆転して、大学卒業後の学問研究となると、残念ながら日本は後れをとってしまう。この原因はもちろん多くの要因がからまっているが、遊びという視点で言うと、欧米では子どものときには自由によく遊んでいて、大学になると急に学ぶことが増えてくる。これに対して、日本の現在は、子どもの頃は勉強勉強と言われてすごし、大学生になるとがぜん遊びだす。おそらく、日本の大学ほど勉強しない学生が多いのは、世界でもめずらしいのではないだろうか。

ここで個性や創造性と遊びとの関連で言えば、小さいときの遊びほど自由度が高いと言える。つまり、棒切れが武器になり人になり柱になり、自由度の高いファンタジーと結びつく。これに対して、大学生の遊びとなると、ファンタジーのかかわる部分が少なく、構造化されたなかですることになる。大学生になってから、自分が死んだり生きたり、動物になったり魔法使いになったりする遊びに熱中することはきわめて難しいだろう。それが可能なのは、よほど芸術的なセンスをもった人であろうし、そのような人はそもそもその基礎をなす遊びを幼少時にしているはずである。

幼少時の自由な遊びが、その人の発想の豊かさ、個性を伸ばしてゆく方向の模索などに大いに役立っている。これに対して、現在の日本の教育のように、決められた正しい答を早く知る、ということを幼少のときから訓練されると、小・中・高校くらいまで、「お勉強」はできるかも知れないが、自分の考えを自由に伸ばして創造性を発揮することとは、ほど遠くなる。大学生になってからの「遊び」は、このようなはたらきからは、むしろ関係のない性質をもったものと思われる。

遊びについて勝手な思いつきを言っている、と言われるかも知れない。しかし、筆者は子どもの「自由な遊び」が、どれほど価値あるものであるかを、「遊戯療法」(play therapy) の体験から知っている。われわれ臨床心理士が、さまざまの悩みや問題をもって来談する子どもに対して、誰に対してもあたえる特効薬は「自由な遊び」である。不登校の子ども、チックの症状に悩む子、教室で動きまわって困る子。どの子に対しても、われわれの方法は唯一つ。一緒に遊びの部屋に入って、「五十分の間、何をしてもいい、好きなことをしたらいいよ」と言うだけである。「自由な遊び」というのは打出の小槌のようなもので、そこから、子どもたちの個性的な動きが打ち出され、それが問題解決につながってくる。

と言っても、なかなか自由に遊べない子が最近では多くなった。「何をしてもいいよ」と言っても、こちらの顔をチラチラとうかがいながら、何もせずに立っている。この子たちは大人が「〜しなさい」と言うのを待っているのだ。大人の言うとおりにすると賞められる、という経験ばかりしてきたので、自分の意志で自由に動けないのである。そのような子どもでも、こちらが指示をあたえず待っていると、少しずつ動きはじめる。ちょっと玩具にさわってすぐこちらの顔色をうかがう。そんなことを繰り返しながら、少しずつ自分の意志で遊びはじめる。

ここは遊戯療法について述べるところではないので詳しくは述べないが、このような遊びを通じて子どもが自らの力で成長してゆくのは、輝かしいとさえ言いたいほどである。これまでに述べたことの関連で言うと、情緒不安定で困り果てていた子どもが、自由な遊びのなかで、「秘密の宝」を探す遊びを何度も繰り返してよくなった例もある。(14)

国際化ということがさかんに言われるようになった。経済力においては世界に誇れる日本も、学問の基礎的研究などにおいても創造性を発揮する人を多く育てないと、日本人は他人のアイデアを盗んで得ばかりしているなどという非難を受けることになる。そこで、日本の大学、大学院の教育を充実しなくては、と最近は強調されるようになってきた。しかし筆者は、日本の教育の改変を真剣に考えるならば、子ども時代の自由で豊かな遊びの保証ということからはじめねばならない、と考えている。

しかし、このことの難しさは、単に教育制度の改変で事がすまない点にある。たとえば、小学校の授業数を減らすとか、週休二日の完全実施をしたとしても、そのときに親が子どもを塾に送りこんでいるとどうなるだろう。あるいは、今まで述べてきたような点を真剣に考え「自由な遊び」を中心としている保育園や幼稚園などの先生方と話合いをすると、多くの親が「あんな遊んでばかりのところよりも、幼稚園から漢字を教えて下さるところがいい」と考えるので困る、と嘆かれる。日本人の勉強好き！も困ったものだ。

このあたりで、日本人全体が自分の子どもの真の幸福は、小学校の優等生になることと無関係であることを、そろそろ自覚すべきではなかろうか。日本人全体が意識改革をする気持にならないと、この問題は片づかない。

少し実際的に考えてみるとわかることだが、たとえば、自分の子どもが自由に遊ぶことを歓迎していると、小学校の間は、他の子どもが「勉強、勉強」とやっているなかで、常に低い成績に甘んじなければならない。親として、子どもの将来の幸福を確信し、親子ともどもそれに耐えて平気でいけるだろうか。

しかし、ほんとうに日本の将来、自分の子どもの将来を考えるなら、子どもの遊びを確保することを、ひとりひとりの親が決心するべきであると思う。

4 管理と個性

自由な遊びが個性の伸長にとってどれほど大切かを述べた。しかし、学校の秩序、管理などについて考えると、そこに規則、規律などが必要なことは論を俟たない。そこで、個性を大切にする人は、ともすると管理とか規則を目の敵にする人がある。しかし、これは考えが単純すぎる。たとえば先に少し紹介した遊戯療法の場面でも、子どもにできる限りの自由を許すと言いながら、時間と場所という明確な制限を課している。これは実は、「管理」のためなどではなく、いろいろな経験をへてきて、「明確な制限があってこそ、人間は自由を体験できる」という逆説にわれわれが気づいたからである。

自由がいいからと言って、まったくの放任はだめである。たとえば、ただ一人で広い場所に連れて行かれて、「どうぞ自由に、好き勝手に」と言われても、そこでほんとうに自由を体験できるだろうか。「これはいつまで続くのか」とか、「自由と言っても、何もすることないじゃないか」とか、不安や怒りなどの方が強まるばかりではないだろうか。広い部屋で「自由に」と言われると、まずいずれかの壁ぎわに行く人が多い。何らかの「枠」

が欲しいのである。枠を確認した上で自由がはじまるところが、人間のもつ逆説性なのである。

(1) 思春期の困難さ

「いじめ」の報告を読んで、その陰惨さに愕然とした人は多いだろうし、すぐ「近頃の若い者は」と言いたくなった人も多いだろう。確かにその行為はあまりにも残酷である。しかし、それはかならずしも近頃とか若い者と結びつくとは限らない。日本軍が中国で、アメリカ軍がヴェトナムで、ソ連軍がハンガリーで何をしたか。現在、今起こっている世界中の内戦で憎しみあった人がどんなことをしているかを知ってほしい。すべての人は、残虐行為の可能性を奥深い内に持っている。このことの自覚がまず必要である。しかし、可能性として持つことと、実際に行動することには明確な差がある。そのような行動を避けるため人間はそれぞれの文化のなかで、いろいろと工夫を重ねてきた。したがって、普通に暮らしている限り、その存在に気づくこともないのだが、思春期だけは特別である。

子どもが大人になるというのは大変なことである。これを端的に知りたいのなら、毛虫が蝶になることを例にとればいい。あれと同等またはそれ以上のことが、一人の人間の内面に生じている。そして、毛虫より蝶にいたる中間にさなぎという時期があることも見逃してはならない。思春期はさなぎの時期である。さなぎは固い殻に守られた中で、すごい大変換を体験している。そのなかで毛虫は解体され、蝶へと再変させられる。人間の心のなかでも、言語を絶する解体が行われている。

人間の「さなぎの時期」は二つのまったく異なる面をもっている。ひとつは、まったく閉じこもり石のようになること。他方は、内面の変化が外に表現されて、むちゃくちゃな行動となること。思春期の子どもにはこの両面が現われるので大人をとまどわせる。二つの面の急変ぶりで驚かすことがあるし、あるいは、どちらか一方の面だけが前面に出ていることもある。石のように黙りこくっている中学生が、われわれとの関係ができると、両親を非難しはじめて、最後は絶叫したり号泣したりということにもなるし、外では派手に暴れまわって怒鳴りまわっている子が、親や教師の前ではまったくおとなしい子のようにふるまっていることもある。

思春期の変革は人間の心の底の方から行われるので、それが表面に行動として出てくるときは、本人もとめることができない。暴力などをふるい出すと、自分でもどうしようもなくエスカレートしてくる。そんなときは、それを誰かがピッタリととめてやらねばならない。そのときに大切なことは、生半可の態度にならず、ここからは絶対にだめという線を確実に示すことである。思春期の子どもの気持がわかるとか、いいかげんにしなさいよ、などというのではなく、きっぱりとした態度でのぞまねばならない。

暴力をふるって暴れていた中学生などは、後でよく「とめられてホッとした」と言っている。ところがとめる人がいないと、自分ではどうもならず、後から考えてなぜあんなことをしたのかわからない、というほどの残酷なことをしたりする。

筆者は、思春期の子どもに対してはここからは絶対にだめという「壁」が要ると言っている。壁にぶち当って、子どもは大人になってゆく。壁がぐらついていたりすると、子どもの不安は増大するばかりである。と言っても、その壁は血も涙もある人間がなっているから意味がある。無機物の「壁」では教育にはならない。

(2) 校則の意義

以上に述べてきたことから、学校に校則の必要なことはわかるであろう。しかし、それは生徒を束縛するものではなく、生徒が自由に行動できる容器としての役割をしている。つまり、「壁」の役割をもっているが、大切なことは、壁は立っているだけで、壁が動いて生徒を押しつけたり、縛ったりしない、ということである。それは「自由」を意味あるものとするための最小限のものにすることが望ましい。

日本の中学校では、男子の髪は何センチ以下とか、女子のスカートは膝上何センチとか定められているなどという話を、アメリカの友人にすると、はじめは冗談と思って笑っていた彼らも、それがほんとうとわかると、不思議そうな顔をして、ついには「それは宗教的戒律を重んじる学校か」などと言いはじめる。確かに宗教の儀式の場合は、ひじょうに細かいことまで定められている。それに等しいと言うのである。

アメリカの友人のこの言葉を聞いているうちに筆者が気づいたことは、ここにもすでに述べた「易行」の考えが影響している、ということである。つまり、細かい規則によって作られる「型」に生徒をはめ込むことによって、どんな子も「よい子」にできる、という考えが、このような細部にわたる規則の背後にあるのだ。したがって、これも一理はあるのだ。それは、ある意味での役割を果してきたとも言える。しかし、すでに述べたように、このような考えは、本来の「型」の精神からずれてきて、人間を没個性的な鋳型に流し込むようになってしまっているし、日本のおかれている国際的な状況から見ても、このあたりで、このような鋳型的な校則の利用法から、すでに述べたような容器的な利用法に考えを変えていくべきだと思う。

校則は子どもの自由を保証するための壁のひとつであると考えるにしろ、その壁は血も涙もある壁でなければならぬと述べたが、それはどういうことなのか。端的に言えば、校則を隠れ蓑にして教師の姿が、子どもたちの目から見えなくなっては困るのである。

校則と生徒の間に立って、教師という人間が存在している好例は、すでに紹介した『飛ぶ教室』のベク先生であろう。先生は校則にしたがって生徒を罰しているが、先生の暖かい気持、先生の個性はそれに続く先生の言葉のなかに示されている。

生徒のなかには、校則について「なぜか」と聞く者がいる。彼らもなかなか考えてくるので理論闘争になると教師も負けそうになったり、なかにはむちゃくちゃな理屈をこねまわす者もある。このようなときに、最も大切なことは、生徒たちは教師の個性に触れたがっている、ということである。「校則、校則」と機械のように繰り返すのではなく、生きた人間として姿を見せてみろ、というのである。校則を盾にして後ろに隠れずに、校則と生徒の間に立って、生きた姿を見せてほしいのだ。

大学でも学生たちが大学の規則について、いろいろと批判し、勢いの盛んなときがあった。そのため大学のなかも規則がどの程度にあるのかわからぬほどのときもあった。筆者が学部長のときに門限を十時に設定した。すると、元気のいい学生がたくさんやってきて、「なぜ、門限を十時にきめたのか」とつめ寄ってきた。「理由はありません。ただ決めただけです。強いて理由を言うなら学部長が決定したということです」と私は答えた。学生たちは大いに怒ったが、大声でこちらも同じことを繰り返しているうちに収まってしまった。我ながらむちゃだとは思ったが、こんなところが本人の個性に合っていたので、よい結果になったと思っている。日本の大学生(特に、いわゆるよい大学の)は知的には非常に高く、教授を上まわるほどの者もいるが、思春期に勉強ばかりしているので、情緒的には大学に入学してから思春期を迎える者が多い。筆者はこのような学生と会うときに、思春期の子どもたちの心理療法で得た経験が役に立ったと思う。

こんな例もある。ある中学校で校庭で煙草を吸っていた中学生がいた。そこに通りかかった教師がそそくさとその前を通り過ぎようとすると、その生徒がとつぜんなぐりかかってきた。後になって、補導係の教師がその生徒を叱責すると、「あの先生は、生徒が悪いことをしているのに注意しないので腹が立ってなぐった」と言った。これを知った被害にあった教師は、「そんなことなら」というので、その生徒が何か悪いことをしているのを見て、「君、だめじゃないか」と注意した。すると「えらそうに言うな」と生徒はまたなぐりかかってきた。結局、その教師の出した結論は、「あんな生徒は何をしてもだめだ」というのだった。果してそうだろうか。

この教師は、煙草を吸っている——わざわざ校庭で吸っている——生徒を見ても、かかわりを恐れて逃げている。その次は生徒の言葉を伝聞して「そんなことなら」と注意をする。つまり、一人の人間として生徒に相対していない。それに対して子どもは怒りを示すのである。この教師が言うように、「中学生でも悪い奴は、どうしようもない」という気持もわからないでもない。しかし、教師が自分という人間を出し切れたときは、このような生徒はかならずそれを認めることも事実である。そのような信頼を基礎にして筆者は自分の仕事をしている。

(3) 校長の役割

校長は学校全体を管理しなくてはならない。しかし、校長は管理者であると共に教育者であることを忘れてはならない。全体の管理という名によって個を圧迫する職ではなく、全体のなかにいかに個を生かしていけるかを考える職である。

小・中・高の理想的なあり方は、校長が全生徒の顔と名前を記憶できるくらいの数、五百人くらいを生徒数の限度とするべきだ、と筆者は考えている。大きい高校では教職員の名前と顔を校長が記憶していないところさえあると知って、驚いてしまった。これでは「個を生かす」以前の状態である。

例をあげてみよう。東京都の池田光子先生に聞いた話である。[15]この学校では「鯉のぼり集会」という学校行事がある。学校内のすべての学級単位で鯉のぼりをつくる。そのうろこに子どもたちが思い思いの願いを書く。それが五月の校庭にひるがえる、という行事である。鯉のぼりの形、うろこの形などに各学級の子どものアイデアが生かされる。この行事自身も興味深いが、それについては省略して、次の点だけに絞ることにしよう。池田先生のクラスの子どもたちが、今年は鯉をやめて竜にしようと言い出した。先生は生徒たちの意見にそのままにしたがった。「他のクラスの子どもたちが、何で竜なんかつくったんだとびっくりしたんですけど、私の子どもたちは大変気にいってまして、自分たちのはひと目でわかる。あの竜だって」というのだが、私はこのアイデアに感心すると共に、学校全体、特に校長先生の反応が気になった。このようなときによく職員会議などで問題になる、「池田先生のクラスの子だけ特別にうれしがっていいのでしょうか」、「もし来年、私のクラスで鯉の代りに鰻にしたいなどと言い出したら、いかがいたしましょうか」などなど。

学校中が鯉のぼり作りに熱中しているとき、校長先生は校内を見回って、池田先生のクラスにも来た。「ここのクラスは竜か、すごいことを思いついたね」というわけで、池田先生によると、「校長先生は気持ちの大きな方でして、心配は一切ありませんでした。子どもたちの思いを十分に展開させてくださいました。他のクラスも隣りのクラスも面白いことやったなって見にくるくらい」だったらしい。校長先生の器量が、全体の個性的なはたらきを支えている。

女性の中学校校長、太田佐知子先生の話である。(16) 遅刻する生徒が増えたので、校長先生自ら登校時の校門前に立つことにした。登校する生徒と校長先生とが朝の挨拶を交す。もちろんそれでも遅れてくる子がいる。定時になると、そのような子どもは門外に立たされ、チェックされる。ところが、時間がきて門を閉じようとするとき走ってきた子どもが遠くから「校長先生!」と呼んでいる。何事かと思っていると、すっと寄ってきて、「先生、今日の服よく似合ってるわ、いいね」、「あら、ありがとう」と言っているうちに、その子はスルスルと学校に入ってしまった。「うまくやられましたわ」と言われる校長先生の笑顔がいいと思った。

このような学校ではおそらく校門圧死事件は起こらないだろう。校長をはじめ教師は、機械を上手に操作する技術屋ではない。生きた人間と生きた人間が接することが大切なのだ。校則は人間同士の接触を回避するためのものではなく、個性のぶつかりを促進するためにあるとさえ言えるだろう。

校長と教師の関係ということで大変印象的だったことがある。高名な精神分析家ブルーノ・ベッテルハイム教授が当時筆者の勤めていた京都大学の客員教授として来られたときのことである。教授が日本の小学校の授業をみたいと言われ、京都市内の学校を見学した。当時の校長の中村良之助先生と共に、小学一年生の授業を参観していると、ハプニングが起こった。一人の一年生が「ウェー」と嘔吐しはじめた。担任の先生はその子を連れてトイレに走られる。すると、校長先生が前に出て続きを教えられ、生徒たちは何事もなかったようにそれにしたがって勉強を続ける。しばらくすると担任の先生は必要な処置をすませて子どもと一緒に帰って来た。校長先生と担任の先生の目と目が合うと、校長先生は教科書の一点を指で示して交代し、後は担任の先生が引きつぎ、授業はスムースに継続された。

終った後で、ベッテルハイム教授は感心することしきりで「こんなことは、アメリカでは考えられない」、「校長、教師、生徒の間に、ここまでの関係が存在するとは……」と絶句するほどであった。さすがに精神分析家だけあって、その場に生じたハプニングから、この学校内における、校長、教師、生徒の人間関係の全体のあり方を感じとって感心しているのである。ここに示されている校長の姿は、単なる管理者とは異なるものである。

(1) 拙著『あなたが子どもだったころ——こころの原風景』楡出版、一九九一年。講談社＋α文庫、一九九五年。
(2) この点について詳しくは、河合隼雄『ユング心理学入門』培風館、一九六七年、一二三—一二八ページ参照。
(3) 吉泉和憲・河合隼雄「ハーモニーで綴る卒業《アルバム》」『飛ぶ教室』四四号、楡出版、一九九二年。
(4) 村山実・河合隼雄「スタッフ・生徒・親が支える〝第二の故郷〟」『飛ぶ教室』四九号、楡出版、一九九四年。
(5)『生野学園——創立3年の軌跡とその地平』生野学園図書出版局、一九九二年。
(6) 岸本晃・河合隼雄「先生の通知簿」『飛ぶ教室』四一号、楡出版、一九九二年。
(7) 京都市教育委員会カウンセリング室の仕事の一貫として、先生方の実践報告を聞いて討論する研修会を続けている。カウンセリングのみならず、教育現場でのいろいろな活動について学んでいる。本例はそこでお聞きしたものである。
(8) 前記注7の研修会における報告による。
(9) 注5に同じ。
(10) 注7の研修会における報告。
(11) M・D・スティーブンス著、上杉孝實・江阪正己訳『イギリス教育学者のみた日本の教育』新世社、一九九三年。
(12) 注1に同じ。
(13) エーリヒ・ケストナー著、高橋健二訳『飛ぶ教室』岩波書店、一九六二年。なお、この作品に対する筆者のコメントは拙著『子どもの本を読む』楡出版、一九九〇年〔第Ⅰ期著作集第四巻所収〕に所収。
(14) 本例については、拙著『子どもの宇宙』岩波新書、一九八七年〔第Ⅰ期著作集第六巻所収〕に論じた。
(15) 池田光子・河合隼雄「勢いを育むエネルギー」『飛ぶ教室』四三号、楡出版、一九九二年。
(16) 京都市教育委員会による研修のときの話合いから。

Ⅳ　教育における人間関係

教育において、人間関係ということは非常に重要であるが、臨床教育学においては、特に重要視される。それは、第Ⅰ章において臨床教育学の方法論について述べたことと関連するが、研究者が研究する現象と関係のあることを前提とするわけだから、そこに生じる関係、つまり人間関係のあり方について、相当に深く考える必要がある。人間関係のあり方次第で、そこに生じてくる現象そのものが変ってくるのである。

教育における人間関係は、教師、生徒、保護者、それに教育委員会や時には地方の有力者など、それらの間にいろいろな関係が生じる。しかし、従来のわが国の傾向としては、学校を一種の「聖域」として、他の者には口出しをさせないことを誇るような点が見られた。教師は、子どもたちの教育は「私たちにまかせなさい」という。PTAなどとは言うものの、保護者にもあまり口出ししてほしくないような気持をもってきた。これはある面では教師に責任感を強くもたせる点などにおいて効果があったが、最近の社会状勢のいちじるしい変化のなかで、このような態度も変更を迫られてきているように思われる。本章ではそれらの点についても考えてみたい。

1 教師と生徒の関係

教育における人間関係でまず大切なのは、教師と生徒の関係であろう。教師は小学校なら全教科について、中学、高校なら自分の担当する学科について、教えるのに十分な知識と教授法を身につけていることが、まず必要である。これがなかったらまったく話にならない。しかし、これだけでは十分でないところに教育の難しさがある。教授法としては、まず対象とする子どもたち一般のことを考えるが、何度も繰り返すように、子どもたちはひとりひとり異なるので、その点についても注意しなくてはならない。このあたりから次に述べるような考えが生じてくる。

(1) 「教」と「育」

障害児の教育で実りの多い実践を続けてこられた高梨珪子先生と対談したときのことである。(1) 先生は障害児のことについて他の先生たちと話し合ったり研究発表をしたりするときに、わざとＩＱや発達指数、診断名などを抜きにして話しはじめると言われる。もちろん、それらのことが必要なことも承知の上のことである。なぜだろうか。それは「あらかじめＩＱがくっついて子どもを見るんじゃなくて、出会った子どもとつき合って、こんなことができて、今はこんなことが問題だということがだんだんわかってきたうえで」すでに述べたようなデータを知ることが時に必要、と思うからだ、とのことであった。

すでに第Ⅲ章に「発達段階にこだわるな」ということを述べたが、これと同じ発想である。子どもにラベルを貼らず、一人の人間として見てゆこうとする。しかし、いわゆる「研究発表」となると、こんなときはすぐに、「客観的データはありませんか、そんな主観的な見方でいいのですか」という非難まじりの質問が出てくる。高梨先生は、「私はその主観が大事なんだと言い通すことにして」おられるが、いったいこれはどういうことなのだろう。

第I章の方法論のところで述べたように、教育を科学的に研究しようとし、その科学の模範を十八世紀の物理学にとるので、「客観的」ということにやたらにこだわることになる。そして、たとえば先生が子どもをはじめから「IQ50」の子として見て、「客観的」に観察する目を注ぎ続けると、その態度が子どものその後の行動に大きい影響をあたえるであろう。それに反して、先生がIQなんかにこだわらず、その子の成長を願って暖かく見守っていると、もちろんそのことも子どもの行動に影響をあたえるだろうが、前者の場合よりも、はるかによい結果を生むのではなかろうか。

このようなことは少し常識をはたらかせるとわかることなのだが、これまでどうしてあまり問題にされなかったのだろう。それには二つの主な理由がある。まず第一は、「研究」という言葉にまどわされていたことである。近代科学の発展があまりにすごいので、「研究」と言えば「客観性」ということになって、その実は物理学者から見れば「客観的」などと言えるはずのないまねごとをしていた、と考えられる。第二点は、このような考えは「教える者」と「教えられる者」の区別を明確にし、教師を安泰にするからである。つまり、教師は科学的に研究された正しい方法で教えるのだから、それに従わぬ生徒は悪い生徒ということになるだけである。

しかし、実際は教える側も教えられる側も命ある人間であるという事実は、教育をそれほど「科学的」に解決してはくれない。人と人との関係が常にそこに作用している。要するに面倒と言えば面倒、面白いと言えば面白いことが生じてくる。

教師はどうしても「教える」ことが好きで、「教育」という用語のもっている他の側面、「育てる」、「育つ」の方を忘れがちになるのではなかろうか。実際はこの両者は関連し合っていてどちらも大切なのだが、正直なところ、教師はどうして「教える」かはある程度わかるにしろ、どうして「育てる」のか、まして「子どもが育つ」となると、何をしていいのやらわかりにくいのが実状であると思われる。そして、臨床教育学はむしろ「育」の方に重点をおいて考えようとしている。

「育」の方を考えると、人間関係が大切であることがわかる。われわれ臨床心理士は、もっぱら「育」の人間関係のあり方を追究してきたとさえ言っていいだろう。先に遊戯療法の説明をした際に、「自由な遊び」がどれほど大切かを強調したが、実はそのような遊びは、遊戯療法をする治療者と子どもの人間関係を基礎として行われるところに意味がある。治療者はできる限り心を開き、子どもの自由を尊重し、子どもを暖かく見守る態度で接しなくてはならない。これは簡単そうで大変難しい。たとえば子どもが何もしないと、「そのあたりにボールがあるでしょう」などと言ってボールで遊ぶよう促して、子どもの自由を奪ってしまう。さりとて、何も言わない方がよいと思って黙っていても、「いつになったら動くのかな」と思ってイライラしてくると、それが相手に伝わって、「暖かく見守る」どころではなくなってしまう。

と言って、子どもに特別に何か言うわけでもするわけでもない。そばにいるだけだったら誰がいても同じことと思うのは浅はかで、不思議なことに子どもたちは、相手がどんな人かを感じとる力をもっている。自分が受けいれられているのを感じると、子どもはだんだんと自由に動きはじめ、自分のなかの潜在的な可能性を生きはじめる。これが「育つ」ことである。後にも述べるが、このような態度は一朝一夕にできるものではなく、相当な訓練を要する。教師が教育の「育」の方に気づきはじめると、子どもたちが自発的に動くことがよくわかるはずである。

(2)　教師の役割

「教」も「育」も考えるとなると教師もなかなか大変で、どんなふうに生徒に接していいのかわからなくなったりする。今まで「教えること」に熱心だった先生が、急に、子どもが「育つ」のだという考えに感激してしまうと、「よし教師と子どもは同等なのだ、われわれは仲間なのだ」などと張切るときがある。その熱心さには敬服するが、ものごとはそれほど単純にはいかない。

あるとき、一人の高校の先生の相談を受けた。この先生は「教える」ことに熱心な先生で、担任をしている学級の生徒たちをよくまとめしっかりと統率しているので、学校でも評判がよかった。しかし、あるとき「カウンセリング」の講習を受けた。生徒たちの自由を奪うのはよくない、できる限り生徒の気持を受けいれることによってこそ、彼らは自らの力によって育ってゆくのだ、という考えを聞きそれに深く共鳴した。そこで、自分の学級に対しても、自分の教科を教えるときも、できる限り生徒の気持を「受けいれる」ようにし、生徒の自由を尊重するようにした。ところがそうすると生徒たちが勝手なことをするし、「あなたの学級はうるさくて教えにくい」と他の教師から苦情がでる。

そこで学級の生徒たちに、担任教師に対する意見を無記名で書かせると、「先生はこれまではよかったのに、今学期になってから教育に対する情熱を失ったのではないか」などと書いている生徒がいる。もっと端的に、「先生、以前のようにしかって下さい」と書いている生徒もいる。しかし、自分としては以前の自分が「よい教師」とは、もう思えない。いったいどうすればいいのか、というのが相談の内容であった。生徒に対して、厳しく接するのもよくないし、さりとて、自由を許すとよくない、どうすればいいのかと言われる。

教育をするときに、この先生の質問のように二者択一的に考え、どちらが正しいだろうと考えても無意味なことが多い。単純な方向づけや方法が示されて、それで可能になるほど、教師という職業は容易ではない。筆者は、教師は「専門職」と考えていいのではないか、と思っている。この点はともかく、この先生に筆者が申しあげたのは、「受けいれる」ことがそれほど大切だったら、生徒たちだけではなく、自分自身も「受けいれ」なかったら話にならない、ということであった。たとえば、生徒が「勉強をやめてソフトボールをしよう」と言っても、「今日は授業をしよう」と思っている教師自身も受けいれ、両者を自分の内面で戦わせて、そこから結論を引き出してきてこそ、ほんとうに「受けいれる」ことができたのではないか。

あるいは、生徒は「勉強はやめよう」とか「勝手なことがしたい」と言いながら、意見を書かせると、「先生、しかって下さい」などと書いている事実をどう考えるか、である。生徒が言うことをそのまま聞きいれるのが、ほんとうに生徒を「受けいれる」ことになっているだろうか。生徒を「全体として受けいれる」とは、彼らの言外の言にまで耳を傾けることが必要なのではないか。誰かを「受けいれる」ことは、生やさしいことではない。

実際に教師の役割について考えはじめると、教師と生徒の関係という点にだけ絞って考えても、ほとんど不可能と言いたいほどである。たとえば、小学校で分数の引算を教えるとする。何を教えるにしろ、教師は生徒を全体として把握し、さあ勉強しようという気持にさせる力がなくてはならない。全体の注意を自分に集中させるためには、横を向いている子、私語をしている子に注意をうながす必要もあるだろう。説明をしながら、この説明はあの子には難しすぎるだろうとか、あの子は先週休んでいたので、この話がわかるだろうかなどと思う。まったく注意が散漫になっていく子を見てしかろうとしながら、どうしてあの子は今日は落ち着きがないのか、特別のようだから時間が終ってからにした方がいいか、などと思う。

一応の説明を終えて、あたえた問題を子どもに個々にやらせながら、まず課題が難しすぎると思う子には、異なる課題をあたえてやる方がいいかも知れない。そもそも分数とはどんなことか理解のできていない子さえいる。それにはどうするか。机間巡視をしていると、まちがった答を出している子がたくさんいる。これはどうしてか、などなど。

授業が終った後で、先生は先程あまりにも注意が散漫だった子を呼んで、「何かあったの」ときく。しかし、この時、先生はつい少し前まで学級の四十人の生徒に数学を教えていた態度とまったく異なり、一人の子どもに対して、まったく心を開き相手の自由を許す態度で臨まねばならない。たとえ、先生がそのように努力しているとしても、子どもはさっきの授業のときの気持が続き、先生には個人的なことをあまり話したくないと思うかも知れない。そうすると教師は、もう少し時間をおいて後に会うことも考えねばならない。

ここに少し思いついたことのみを記したが、これらのことをほんとうにやり抜くとなると——教師の仕事はこの他にもたくさんある、それは神業に近くなるのではなかろうか。この問題については後で考察するとして、教師と生徒の関係についてもう少し考えを進めてみよう。

(3) 父性と母性

教師の仕事は理想的なことを考えはじめると、神業に近くなると述べたが、考えてみると家庭においては父親と母親がいるのに、教師は一人、しかもたくさんの人数の生徒を担任しているのだから、その難しさもわかるというものである。と言っても、ともかく一人で担任をするのだから、教師は男女を問わず、一人で父親役、母親役をある程度こなすことができなければならないことは、了解できるであろう。もちろん、実際の父親・母親のように衣食住の世話までするわけではない。父親的な機能、母親的な機能を必要に応じてはたらかせることができなければならない、という意味である。

ここで、第I章に述べた父性原理・母性原理のことを思い起こしてほしい。すでに述べたように、この原理はどちらが正しいなどと言えない。そして相対立する性格をもっているので、両方を統合した原理を考え出すことは難しい。したがって、各人はこのふたつの原理を自分の生き方のなかで適当にバランスさせている。ただその点についてあまり意識していないこともあり、その点をあらたに問題にし考えてゆくことによって、バランスのあり方を深めてゆくことが必要である。

たとえば、制服の形などを厳格に定め、少しでも違反しているものはすぐに処罰をする。というと善悪の区別を明確にし、悪に対する罰の厳しい点などから、父性原理が強いと思われる。しかし、すでに論じてきたように、本来の父性原理の考えでゆくと、個人ということが大切にされるので、細かい服装規定そのものがおかしいということになる。つまり、アメリカの学校のようにあまり制服などにこだわらないだろう。日本的「型」の重視の背後には、強い母性原理が作用している。したがって、前述の父性原理は母性原理の遂行のために用いられていることがわかる。別にこのことの善悪を論じているのではない。ただ、服装などに厳しく言う教師は、自分は父性原理を優位において生きていると思うならば、それは誤解であることを指摘したいのである。

わが国で父性原理優位の生き方をすることは、まだまだ困難である。しかし、父性原理優位とまでゆかぬとしても、国際化の時代に、欧米人に対抗し得る父性原理を身につけるとするならば、教師としてはどのようなことが必要かなどについては考えておかねばならない。

日本の教育の世界が(というより日本中がそうなのだが)いかに母性原理で動いているかを強く意識させられたこととして、帰国子女の問題がある。欧米で教育を受けて日本に帰国した子どもたちは、あちらで学んできたことを、普通にあるいは正しく行うと、たちまちにして、そこに波瀾が生じる。(2) アメリカから帰ってきた麻衣子は、中学校の英語の時間に疑問に感じることがあると、ついそれを言ってしまう、というよりは、そのように発言することはアメリカだと当然のことである。しかし、そのことが先生を極端にイライラとさせる。「駅へ行く道を教えて下さい」という日本文を英訳するときに、先生は、教える＝teach という英語を使う。麻衣子は、「日本では道をたずねるときに「教えて」と言いますが、英語ではそんなときに tell を使います」という類である。先生は、「私はこの教室で英会話を教えているのではないのですよ」と不機嫌になる。

例をあげるときりがないが万事この調子。麻衣子が「正しい」英語を書いていても、先生の教えたとおりにしていないというので減点される。麻衣子はそれでも先生を説得しようと頑張るが、だんだん力がなくなる。「海外にいた七年間、あきらめないことが大切、といつも自分にいいきかせて、努力してきた。……しかし、日本では、あきらめることが大切、ということを学ばなければいけないのかもしれない。」

そのとおりで、日本で生きてゆくには「あきらめ」が必要である。しかし、不思議なことに、道徳の教科書に「不撓不屈」という項目はあるが、「あきらめ」というのはない。もっとも不撓不屈にあきらめ抜くことなどは、あるのかも知れない。

海外からの帰国子女で、不適応を起こしている人たちのカウンセリングを筆者もしたことがある。そのときにこれは「文化の戦い」だと思った。麻衣子に自分の教えたとおりの英語を強要している先生は、「しっかりした型にはめこむことによって、誰もが上達する」日本の方式を守り抜こうとしているのだ。したがって麻衣子の言うことは、どんな表現が英語では可能なのかなどということではなく、先生の教育の根本姿勢を破壊するものとして映るのである。

ここに示した例は少し極端かも知れない。しかし、わが国の教育界は全体として、以前よりは父性原理を取り入れる努力を払わねばならぬときが来ているように思う。しかし、それが単なる母性から父性へのスイッチではなく、両者を共に生かす深さをもたねばならない。ややもすると、父性原理に基づく考えや制度と、母性原理に基づくそれのどちらが「正しい」かという論争になりがちだが、そうではなく、両者を共存させていく具体策を考えることが大事なことが多い、と筆者は考えている。

2　開かれた学校

「開かれた」というのは、最近の教育界の流行語かも知れない。しかし、これを実現するのは容易なことではない。母性原理による集団は感情的な一体感を非常に大切にする。「うち」か「そと」かということは善悪の判断以前に重要である。「うち」の者は何をしてもいいが、「そと」のことは我関せずである。したがって、日本では何かにつけて、うちかそとかの区別が重要で、よそものがうちのことに関係してくるのを極端に拒否する傾向がある。教育界もその例外ではない。というよりは、教育を一種の「聖域」のようにして、この傾向を他の分野より強く温存してきていると言えるかも知れない。

このような日本的集団の特性をもつことはおそらく、小学校から大学まで、文部省も日教組も同じであろう。

かつて、日本の大学で改革を叫んで学生たちが行動したときも、彼らの集団の性格はまったく日本的母性集団であった。筆者はこの点を指摘して、「君らがんばるのはいいが、革新などと言わず、「大日本保守連盟」というような名前にしてはどうか」と冷やかしたことがある。これはしかし、学生がどうのこうのというのではなく、日本人のもっている母性集団体質を変革することがいかに困難であるかを示しているものと思われる。

したがって、これから「開かれた学校」を目指す者は、まず自分の意識変革がどの程度のものなのかをよく点検しなくてはならない。さもなければ、かけ声だけに終るか、自分にとって都合のいいところのつまみ食いになってしまうであろう。

(1) 保護者との関係

教師になると保護者との関係がなかなか大変である。最近は両親共に大学を出ていて教養がある。それに対して教師の方は大学を出たばかりとなると、保護者の方が人生経験は豊富で弁も立つというので、教師を批判・攻撃したりすると、教師もたじたじとなってしまう。それに、現在はこれまで述べてきたように教育の変革の過渡期にあるので、教師のよって立っている原理とは異なる原理に立って、どちらが正しいなどという論戦を持ち込まれてくると、ますます困ってしまう。

教師としては抽象的な議論にまきこまれるよりは、一人の子どもの幸福という点を中心にして、今ここの状況で具体的にどうすればいいのかを考えるということが大切である。そうなると、教師と保護者が相対する姿勢ではなく、共に考え行動する姿勢へと変化してくる。すでに、子どもたちの個性を伸ばすために、いろいろな工夫がされた実践の例を紹介したが、そのときによく言われたことは、保護者との関係がよくなったということであった。別にそれを狙ったわけではないが、子どものひとりひとりを大切にと考えていると、そのことを通じて保護者との関係が変化してゆくのである。

先生の「開かれた」態度が保護者との関係にまでおよぶ例として、すでに「三分間誕生会」のところで紹介した岸本晃先生の「先生の通知簿」というアイデアを次に示す。(3) 岸本先生は最初の頃、「先生について」という作文を生徒に書かせているうちに、これは「先生の通知簿」にすると面白いぞと考え実行された。学校の通知簿と同じ形式にし、児童名のところに担任名を書き、後はまったく同じようにし、子どもに記入させて親にハンコを押してもらう。そして、先生が通知簿を渡すとき、子どもも先生のを持ってきて交換し握手する。それを十年も続けておられる。

「一学期はお母さんもびっくりされましてね、こんなもん子どもがつけとると。二学期、三学期になると、一言書いてくれるようになったんです」というわけで、親、子、担任の間のコミュニケーションがぐんとすすむことになる。筆者も見せてもらったが、子どもたちも真面目に先生をよく見て書いているのがうかがわれた。「身の回りの整理整頓をする」という項目で、どの子も低い評価をつけているのが微笑ましい。よく見ているのだ。「だらしない子ほどシビアなんですね」という点も面白い。

ついでに紹介しておくと、岸本先生の宿題もユニークで、敬老の日は「肩たたき五百回」、遠足の前の日は「ぐっすり寝る」など。それを知って親が「おもろい先生やな」ということで親子の会話がはずむ。もちろん、なかには「肩たたき五百回」の宿題などやめにしてくれという親もあるようだ。

別の例としてこんな話も聞いた。(4) 幼稚園に子どもを迎えに来る母親が硬い表情で来て、先生にほとんど挨拶もせず、子どもの手を引張ってそそくさと帰ってゆく。幼稚園に何か不満があるのか、あるいは、子どもに対してあまり暖かい気持のない人か。その人が現れると先生の方まで表情が硬くなってしまう。ところが、町で偶然にその親が子どもと一緒に知人らしい人と話をしているのを見た。彼女は楽しそうに話合っている。「あのお母さん、あんなにうれしそうな表情をされるのだ」とすると、「はじめて子どもを幼稚園に入れて、すごく緊張しておられるのではないだろうか」と先生は考えられた。

それで、その母親に対して心を開いて接するように心がけていると、ほどなく話合う機会ができてきて、よい関係がもてるようになった。この例に示すように、まだまだ日本では、学校とか先生とかに対しては、緊張感を感じている人が多い。このことを教師は心得ておくべきであろう。この場合でも教師の方も硬い表情のまま接していたら、そのような関係は長く続いたかも知れない。町角で見かけた風景から先生の心が「開かれた」ために関係が早く改善された。先生のこのような開かれた心の動きが印象的である。

緊張感の裏返しとも言えるが、学校に「怒鳴り込み」に来る親もある。われわれ臨床心理士のところへも仕事の関係でクライアントの親や親類などが「怒鳴り込み」に来ることがある。筆者は大学院生の指導をするときに、「怒鳴り込みに来られたら勝ちと思え」と言ったことがある。ともかく先方からわざわざやってくるのだから関係はつくし、熱心であることは事実なのだから、落ち着いて話を——と言っても大声ではあるが——三十分も聞いていると、大体はペースが落ちてきて話合いになることが多い。そうなると、だんだんと解決のいとぐちが見えてくるものである。ほんとうに難しい人は怒鳴りにも来ない。

(2) 臨床心理士

先に、もし日本の教師が何もかもをほんとうにやろうとしたら神業に近いと述べた。これに対して、すでに紹介したように、日本の高校を研究したトーマス・ローレンは、日本の教師は授業以外に実に多くのことを受けもっていると指摘し、「アメリカでは普通、しつけややる気の問題は別の管理部門に委ねられており、教師は授業だけに専念できるようになっている」と述べている。

アメリカでは、一般の教師は授業のみを担当し、生徒の心理的な問題に関しては、スクールカウンセラー、または臨床心理士《クリニカル・サイコロジスト》という専門家が担当することになっている。各州によってシステムは異なるが、教育委員会直属のスクールカウンセラーが、二、三校を兼用で担当しているようである。したがって一般の教師は、授業に専念すればよい仕組になっている。

日本ではなかなかこのようなシステムができなかったが、先頃、文部省は各都道府県の学校に、スクールカウンセラーを配する試みを先導的に施行することを決定した。これは実に画期的なことである。このようなことが行われるようになった背景としては、後述するような「いじめ」の問題などが常識をまったく破る程度になり、ある中学教師が言ったように、「熱意や善意で事が解決する時代は終った」と言うべき事実があり、どうしても専門家の手が必要となってきたこと、および、そのような要請に応え得る能力をもった専門家としての臨床心理士が、わが国でも相当多数になってきた、という事実がある。

それと非常に大きいことは、すでに述べた日本的母性集団としての、学校、あるいは、学級が「開かれた集団」へと変化し、他と協調して仕事を遂行するシステムになりつつあることである。この事実を「日本の学校の国際化」という表現をした人がある。[5] 日本の学校がこれから国際化をほんとうに学ぼうとするならば、早くから英語教育をするなどということよりも、スクールカウンセラー制度のように、これまでの学校関係者以外の人を学校にいれ、それとの協力関係を実践することだ、というのである。まず学校を外部に開くことが、国際化の第一歩だと考える。これは非常に核心をついた言葉である。

現在は時代が大きく変りつつある。したがって、実際には教師のなかにも古いタイプ新しいタイプいろいろある。自分の学級の生徒が以前の担任とうれしそうに話をしていたと知るだけで、機嫌を悪くするような、学級全体を自分の下にかかえこんでいないと気がすまない古いタイプの教師もいるし、ずっと以前から、不登校の子を自らが親と共に連れて、京都大学の心理・教育相談室に来られ、以後も相談室と連携をとりつつ子どもの回復を見守るような開かれたタイプの先生もあった。

ついでのことながら、ここに述べたことは小・中・高校にのみとどまらず、大学においても日本的母性集団の傾向はまだ強い、と言わねばならない。自分の「弟子」が他の教授に指導を受けるのを極端に嫌う風潮や、弟子が師と異なる意見をなかなか発言できない傾向などが見られる。日本の大学ももっと「開かれた大学」にならなければならない。

この章のはじめに、教育の「育」を重視する人間関係ということについて述べたが、臨床心理士はそれを専門にしているとさえ言える。もっとも「人間関係」と言えば、それだけを練習すればいいのかなど思われそうだが、それができるためには、知的にも多くのことを学ばねばならない。人間について実に多くのことを知る必要がある。しかも、その「知」は単なる知識としてではなく、体験と結びついていなくてはならないし、またそれにとらわれすぎてもいけない。したがってそのような専門家を訓練するのは容易ではなく、日本臨床心理士認定協会の認めている基礎資格は大学院修士課程の卒業者ということになっている。臨床心理士の訓練については省略するが、厳しい訓練をへて、専門家として養成されてきたものであることを認識していただきたい。

今後の日本の教育は、アメリカのように教師は授業にのみ専念するというように割切った形にはならないにしても、臨床心理士と学校との連携はますます増加するものと思われる。臨床心理士は日本の教育界の特性をよくわきまえ、自分の行為がどのように受けとめられたかについてよく考えながら協力をすすめていくべきであろう。実際かつては、「カウンセリング好き」と言われる教師が、カウンセリングをすることにのみとらわれて、自分の行為が時にカウンセリングをしている子どもの担任や校長その他の同僚との関係にどれほど破壊的影響をもっているかに全然気がつかず、このために、カウンセリングそのものまで否定されるような失敗を犯してきたということを知っておくべきである。自分はカウンセラーであると言うならば、あらゆる対人関係に対して鋭敏でなければならぬはずである。そして、この際、日本的人間関係の特徴についてもよく認識しておく必要がある。

今後、臨床心理士と教師との協力によって、臨床教育学の発展に寄与する多くの実践的研究が生まれてくることを期待している。そもそも本書は筆者と数多くの教師との長い協力関係の結果から生まれてきたものである。

(3) 開かれた研修

教師は専門職であると筆者は思っている。したがって、専門職であるのにふさわしい研修を必要とする。研修というと「有識者」を招いて講話や講義を聞く、という形が多い。このような研修も、もちろん必要であるが、子どもたちに対して「体験学習」の必要性をやかましく言っているのだから、先生自身ももっと体験学習をすればどうだろう。たとえば、最近は中学生を班に分けて、米、塩などの食糧をもたせて、無人島に三日間すごさせるなどという体験学習をするところが多いが、これをそのまま教師にやってみてはどうだろう。「近頃の子どもは、火のおこし方もロクに知らない」などとよく言うが、「近頃の教師」はちゃんと火がおこせるのだろうか。それに、夜は酒など飲みながら話合うと、いい話がでてきたり、新しい考えを触発されたりするのではなかろうか。

「鯉のぼり集会」のことを話していただいた池田光子先生は、子どもたちが自分で作る「生活記録ノート」についても話をして下さった。(6) これはすでに紹介した「わたしとは　だれか」のアルバム作りにもつながるものだが、この内容については省略するとして、このような素晴らしいアイデアがどうして生まれてきたかを紹介しよう。池田先生によると「ちょうど十数年前に、交通ストで学校から帰れなくなった先生方のアイデアです。当時は宿直室がありましたから、そこにみんなで泊って、学校の決まりみたいなものよりもっと楽しいものがないかと話してたときに出てきたときいています」とのことである。公式の「会議」ではない、どこか日常場面を離れた場での自由な討議のなかから新しいアイデアが生まれてくる。このことを、もっと考慮していいのではなかろうか。

別に無人島にまで行くことはないにしても、講義を聞くという受身の研修ばかりではなく、小グループに分れて自分たちの経験を基にして自由に話合う研修を、もっと多くするべきではないかと思う。常に具体例に接しながら、詳細に考えることとの繰り返しが、教師の成長に一番役立つのではなかろうか。

これから子どもの数が少なくなってくる。この機会に各教育委員会は先生の研修をもっと増加させるように努力すべきである。京都市の教育委員会からは、毎年二名の現職教師が、筆者が勤めていた京都大学教育学部の臨床心理学教室に一年間研修に来られた。このことによって、来た人はもちろん、共に学んだ大学院生や大学生も、どれだけ多くを得たか測り知れぬものがある。極端な言い方をすると、教師にとってともかく一年間教育現場を離れてみるだけでも、これは大いに意味のあることである。そして、自分としては常識と思っていることが、学生たちにすれば、新鮮なこととして受けとめられたり、あるいは、まったく奇妙なことと感じられたりするのを体験することによって、異なった観点から自分の教師としての生き方を再検討できる。これは非常に意味あることである。

最近は現職教員が学ぶことができる大学院をもつ教育大学が、日本の各所にできたことは非常にうれしいことである。筆者も非常勤講師として行くたびに、この制度の良さを痛感する。講義をしても普通の学生と反応が異なる。学生は自分の経験と少し距離のある知識として受けとめるが、ここの大学院生は自分の教職の経験を豊富にもっているので、体験と照合しつつ聞いていることがこちらによく感じられる。それに講義だけではなく、彼らの体験報告を聞き、それを基に全体で自由討議ができる面白さもある。

「開かれた学校」を目指す研修のひとつとして、教師が三カ月あるいは六カ月、まったく異なる職場に勤めるのはどうかと、筆者は以前から考えている。(7) たとえば、市役所とか銀行、工場、どんな所でもいい。要は教師以外の人々の生きる姿に直接に接してほしいと思う。教師は忙しいと思っていたが、世の中にはもっと忙しい人がいることを発見するかも知れない。いかに自分は人に教えるのが好きで学ぶことが下手な人間であるかを実感するかも知れない。これらの経験は、教師として非常に意味あることであろう。

先に紹介した、不登校の高校生のための「生野学園」の校長、村山先生は職員会議について、一人一人の子どもについて考えるとき、「普通の学校の場合は教科の先生だけなんですけど、うちは寮監も厨房も事務も参加するんです(8)」と言っておられた。つまり、「社会人の目」がいかに教育に意味をもっているかが認識されている。筆者はこの話を聞きながら、教師自身がもう少し「社会人の目」そのものを身につける研修をすればいいと思った。教育委員会も研修と言えばすぐに「大学」に結びつけて考えることから自由になるべきである。

3　いじめと暴力

中学生の「いじめ」は、現在の大きい社会問題になっている。いじめが基になっての中学生の自殺や、新聞などに報じられるいじめの常軌を逸した残酷さを知ると、「いじめ」などは昔からあったことだと言ってすませておれない状況になっている。いじめと不登校は、日本の学校における重大な課題になっている。これらは筆者の考えでは、共に日本の文化の病であるが、それに対処してゆくのは、容易なことではない。不登校についてはすでに大分述べたので、ここでは「いじめ」を取りあげるが、その前にそれに関連して暴力について考えておきたい。「いじめ」には暴力の問題がかかわってくるからである。

(1)　暴力の意味

暴力はいかなる時でも排除しなくてはならない。近代になって人間は暴力によって、ものごとを解決することをやめた。それ以前は西洋においても「決闘」という解決手段が用いられていた。アメリカの西部劇を見ても、「腕力」(これも暴力の一種だろう)が、問題解決に一役買っていることはよく認められる。しかし、近代になって人間は「合理的」に問題を解決することを可能にしたので、暴力という非合理な手段を、たとえ正当な目的のためであれ否定することになった。教師が生徒に体罰を加えることも、どの教育委員会も禁止しているのではなかろうか。

ところで映画化もされて、ひと頃話題になった本間洋平作『家族ゲーム』という小説がある。[9] 不登校の中学三年生の男の子に親も、どの家庭教師も手をやいている。というのは、この息子に勉強を教えようとするや否や奇声を発して逃げ出し、母親のいる台所の流し台と冷蔵庫の隙間に逃げこんで出て来ない。これには家庭教師も根負けしてしまう。しかし、五番目に来た家庭教師の吉本は違っていた。この子を引張り出して平手打をくわせて、「この野郎、逃げられると、思っているのか!」と怒鳴る。母親も吉本の勢いに圧倒されて何もできない。このような「暴力家庭教師」のおかげで、子どもは少しずつよくなってくる。その後の展開は原作に譲るとして、ここで注目したいのは、家庭教師の暴力である。この映画を見て喜んだ多くの人は、「やっぱり体罰は必要ですね」とか、「学校でもビシビシとやらなくては」と言うが、果してそうだろうか。

暴力が大切なのではなく、人間の心の自然のはたらき、つまり、むずかしくもない勉強もせずに逃げやがってコンチクショーというのが自然ではなかろうか。それを自分は家庭教師だからとか、母親は子どもにやさしく接しなければならないとか、頭をはたらかせて自然の心のはたらきを抑え、「勉強しましょう」などと猫なで声を出す。こんなことでうまくゆくはずがない。その自然の心のはたらきをもっとも粗野なままで出すと暴力になる。それはわかりやすい。しかし、それは危険性が高い。そこで暴力禁止となるとどうすればよいのか。現代人として生きる者は、自分の自然の心のはたらきを社会に受けいれられる形で表現できなくてはならない。

英語にはワイルド(野生の)といういい言葉がある。ワイルドは恐ろしいものとは限らない。野に咲くすみれもワイルドである。現代の文明は、人間が生きてゆくのに必要なワイルドなものを排除しすぎたのではなかろうか。排除されたワイルドなものが暴発的に出てくると暴力になる。こんな点で、近代国家はすべて、青少年の暴力に悩まされていると言っていいだろう。

これは近代国家が、たとえばすでに紹介した『飛ぶ教室』のなかに描かれているように、少年たちが適当に腕力をふるい、かつ、極端な暴走をしないという文化を失ったこと。そして、それに代って、青少年にワイルドなものをうまく表現させる一般的方策を見出していないこと。などがあげられる。日本でもかつては腕白坊主と呼ばれる子が、手下を引連れて、けっこう腕力をふるっていたが、現在のような陰湿なものにならない歯止めをもっていた。

子どもの教育において非常に難しいところは、ワイルドなものを適当に体験させることだろう。ワイルドの定義から考えても、これは大人がコントロールできるものではない。現在は大人(親も教師も)が、子どもの行動に目をとどかせすぎて、子どもが自然発生的なワイルドな学習をする機会を奪っているのではなかろうか。

中、高校生ともなれば、暴力といっても、下手をすると止めようがなくなるほどである。それに対して教師が体罰もできない状態で立ち向かえるのだろうか。これに示唆を与えてくれる一例を示す。ずいぶんと以前に、当時の中学校教師だった寺崎光男先生から聞いたことである。まだカウンセリングということがわが国にはじめて導入された頃だった。寺崎先生は札つきの番長株の中学生男子(A君としておこう)にカウンセリングをはじめた。型どおりに、「ここで話合うことに関して絶対に秘密を守りますから、何でも話をして下さい」と言うと、この子がいろいろと話をはじめ、先生も驚いたことに毎週一時間話を続けているうちに、どんどんと行動もよくなってきた。面白くないのは隣りの中学の番長と手下たちである。詳細は略すが、ともかくたくさんの中学生の面前でA君をさんざん罵倒した。A君はぐっと耐えていたが、たまらなくなってそれに応え、午後四時から某所で、ということになった。

A君は緊急に寺崎先生を呼び出し、四時には派手にやるので明日の新聞に出るほどになるかも知れんと告げ、「このこと先生にだけ言うとくわ。先生はカウンセラーやから絶対秘密守る言うとったからな」と言った。寺崎先生は「君の話を聞いていて、自分はカウンセラーなどになれないことがよくわかった。その秘密を知って黙っているほど僕は強い人間ではない。申し訳ないけど今、君のカウンセラーを辞めさせて欲しい」、「ほんなら、辞めたらよいわ」、「カウンセラーを辞めて、一人の中学教師に戻ったら、君の話を聞いて黙っておれない。ここにある電話で、校長先生に言おうと思うが」、「言いたかったら言ったらええやん」。

もちろん、校長先生も教頭先生も共に来られ、A君の説得にあたり事なきを得た。校長先生はよろこんだが、寺崎先生の気持は沈んだ。「自分はカウンセラーになる資格がない」と。ところが次の週、A君は寺崎先生のところに来て、カウンセリングを続けようと言う。「僕は君のカウンセラー辞めさしてもらうと先週言うたやろ」と寺崎先生が言うと、A君「いや、先週先生のしたことは、カウンセラーとして一番いいことやったんとちがうか」。

この話を聞いたときの感動は忘れることができない。A君も寺崎先生も立派である。ここで一番強調したいのは、少年の心に湧きあがってくる暴力の強さに対して、一人の教師が暴力も使わず、校則を盾にも使わず、自らの人間性を露呈することによって、しっかりとした「壁」になりえたことである。

(2) いじめ

いじめについて考えるためには、先に述べたような暴力に関する考察が必要である。そして、いじめは日本の「文化の病」であると述べたが、これには注釈が必要で、「いじめ」も暴力の延長上で見るなら欧米にもあり、筆者は日本のそれとニュアンスが異なるのではないかと思っているので、その点を明らかにしておきたい。

まず、青少年の暴力というのは、先進国全体の「文化の病」というべきで、日本はまだその点では程度が低い。

と言うよりは、おそらく先進国のなかで青少年の暴力事件は、飛び抜けて少ないと言うべきである。アメリカの高等学校では、警察の力を借りないと治安が保ち難いところさえある。それではなぜ日本では青少年の暴力事件が少ないのか。これについては後に論じる。

先進国において青少年の暴力犯罪が急激に増えているのは、すでに述べた「さなぎ」の時代のことを思い出していただきたいが、さなぎの殻となる社会の抑止力が弱まっていること、さなぎの内部の変換の度合が強く、したがってそれを外的な行動に移すとなると相当な過激さを伴うこと、が大きい要因となっている。

まず、抑止力が弱まっていることについて。これは近代になって科学・技術が急速な進歩をし、社会もそれにつれてどんどん変化してゆくので、大人たち一般が自分の考えについて自信を失ったことが大きい。社会が急激に変るとき、大人のもっている知識よりも若者のそれの方が優れていることが多い。したがって、「もう古い」という言葉が強いマイナスの価値と結びついてくる。大人は「古い」と言われないようにしようとするあまり、若者に迎合することになる。

それと、近代になって人間が「自由」を求めて努力を重ねてきたので、どうしても「抑止」などを意味する言葉にマイナスの価値をおきやすいということもある。しかし、すでに論じてきたように、思春期における「壁」の必要性を認識することによって、大人は自信をもって「抑止」することができるであろう。ここで類比の材料としてもうひとつあげておくと、最近の生物学では、ある個体が個体として成長するためには、適切なインヒビター(抑制者)が必要なことが認められている。人間の卵子が受精して変化してゆくとき、細胞がただ分裂をくり返すだけではなく、そこに適切なインヒビターがあるので、それが手や足や頭などへと分化してゆく。つまり、抑制者のないところでは、分化と成長が生じないのである。成長に必要な抑制者ということに注目すべきである。

ここで、このような言葉によろこんで、それでは服装規定を厳しくしようとか、取締りを強化しようなどと考えないようにしてほしい。「昔はよかった」などと筆者は全然考えていない。筆者が「壁」と言っているのは、しっかり立っていて、ぶつかられても倒れないという意味で、こちらから動いて子どもたちを縛ったり、からめとったりすることを意味していない。血の通った人間が壁として立つところに意味があるのである。

次に「壁」として立つにしても、現代の青少年のおかれている状況と、その苦悩についての認識がなければならない。詳しいことは他書に譲る(10)として、端的に言えば、現代の青年は多くはむしろアッケラカンとして見えるが、これは苦悩の時期が青年期より中年期に移ったとも言える現象なので、少数の苦しみを背負っている青少年は、昔で言えば青年期の悩みと中年期のそれとを合せ持っているようなところがある。したがって、それは言語化することも難しく暴発して行動化されると、まったく常軌を逸したものとなってしまう。このような青少年の心をよく理解していなくてはならない。

問題は生半可に「理解」しようとする人は、態度が「甘く」なる危険性があることである。また逆に、青少年の心を理解せず、ただ厳しくさえすればよいと思う人は、青少年の心をはなはだしく傷つけてしまったり、彼の爆発力に吹きとばされてしまったりする。彼らの心を理解しつつ「壁」として立つことによってこそ、暴力やいじめを防ぐことができる。

日本にもある程度その傾向はあるが、暴力が弱い者、嫌な者に集中して向けられるという形のいじめは欧米に多い。これは日本語の「いじめ」という言葉のもつニュアンスからずれていて、集団暴力などと表現する方がいいかも知れない。日本で多い「いじめ」はこれと少し質を異にしている。すでに述べてきたように、思春期のコントロールし難い力の現われという点では欧米と共通であるが、その様相が異なってくる。

まず、日本において青少年の暴力事件が極端に少ない事実であるが、これは欧米に比較して、日本は暴力に対する一般的抑制力が強いことを示している(まったくの暴発が生じる戦争の場合などのことは、ここでは取りあげないことにする)。これはすでに述べたような日本の母性社会のよい面が現われている、というべきで、まだ全体としての母子一体感のようなのが日本中に作用していて、若者の行動に適切な抑止がはたらいていることを意味している。このことは、先進国のなかで日本だけが、都会でも相当な安全性を保っていることの要因ともなっている。

ところが、何でも一長一短で、このような傾向は、すでに述べたように個人の自由を抑える欠点をもつ。日本人の好きな、絶対平等感に基づく一様序列性などが、個人を圧迫してくる。したがって、それぞれの個人が何とも言えぬ被害感をもっているところで、成績が悪いなどと言われるとますます腹が立ってきて「うっぷんばらし」をしたくなってくる。そのとき標的としては、何らかの意味で全体とは異なるところのある者が選ばれやすい。欧米のように弱い者、嫌な者にむかってストレートに暴力が向かうのとは異なる形態をとる。日本では「皆と同じ」でないことは、非常に危険である。

日本ではしたがって、個性的に生きようとする者が「いじめ」の対象となることがある。「生意気だ」とか「統制を乱す」などと表現されることがあって、このような「いじめ」は日本の職場の各所に生じている。そんな点では大人も子どもも同じだが、すでに述べたように、思春期においてはその程度があまりにもひどくなる点で問題となる。

このようなことを防ぐには、日本の教育が個性を重視する方向に少し変化することが必要で、その点では第Ⅲ章に述べた、子どもの個性を伸ばすように教師が積極的に努力しているような学級では、いじめが起こり難いのではないかと思われる。教師が個性的で生徒とともに、ひとりひとりの個性を大切にして楽しく学ぶ姿勢をもつことは、わが国のいじめを防ぐ最良の方策であろう。

いじめの状況をつくることとして、スケープ・ゴート(犠《いけにえ》の羊)という現象がある。集団の一体感を強めるために誰かを犠牲にし、「悪いのはこいつだ」とか「こいつさえいなければ」という形で、集団の個々の成員の憎しみや敵意を一人に向け、それによって全体がまとまるという現象で、そのときに選ばれたスケープ・ゴートが「いじめ」の対象となる。このようなことが学級全体のなかで生じているとき、担任もそれにのっていると楽なので、意識的・無意識的に「いじめ」に加担してしまうことさえある。この点をよく認識しておかねばならない。

いじめの場合も暴力のときと同様、大人のきっぱりとした抑止力が必要であるが、この点についてはすでに述べた。

4 児童文学に学ぶ

教師と生徒の関係を論じる際に、ケストナーの名作『飛ぶ教室』を引用した。臨床教育学は児童文学から学ぶところが実に多い、と筆者は考えている。それは単純に「子どものことが書いてあるから」というのをこえている。臨床教育学では個々の具体例を大切にすること、子どもの視点で見ることを大切にすることを述べたが、児童文学はまさにその要件を満たしている。それは「子どものため」の書物ではなく、大人の常識に曇らされていない澄んだ目で、ものごとの本質を見透している。そこから学ぶことは実に多い。

現場の先生たちのためにときどき講演をすることがあるが、そのときによく児童文学の名作をとりあげて話す。

そこで、聴衆のなかでこの本を読まれた方と言って手をあげてもらうと、あまりの少なさに愕然とすることがある。「これは先生方の教室の学級文庫にかならずあるはずですよ」などと申しあげることもあるが、先生方にもう少し児童文学を読んでいただきたいと願っている。

読書感想文とかいうのを、生徒だけではなく、先生にも書いてもらって、入選作に文部省から賞品を出せばと冗談を言っているが、実のところ、これは実現されるといいのではないかと、心のなかでは思っている。

(1) 児童文学のなかの「教育」

教育に関することは、児童文学のなかに実にいろいろと取りあげられている。ここでは人間関係のことを問題にし、特に「育」の方の人間関係に焦点を当ててきたので、そのような点で教えられる作品に触れることにする。ロビンソン作『思い出のマーニー』[11]のなかには、気の毒な子どもに対する対照的な接し方が描かれている。主人公の少女アンナは、交通事故で両親と死に別れ、後に暮らすことになった祖母も死んでしまい、今では彼女を里子としてあずかってくれているミセス・プレストンと住んでいる気の毒な子どもである。彼女はミセス・プレストンに言わせると、「なにか悪いところがあるわけじゃないのよ。つまりね、ほかの子どもたちとくらべて、どっこにも、ぐあいの悪いところはないの。みんなと同じように頭もいいわ。それは、まちがいないの。でも、この〝やってみようともしない〟ってことが、あなたの将来をだめにしてしまうんじゃないかしら……」というわけで、何事によらず積極的に「やってみようともしない」のだった。彼女の顔はいつも無表情で、それに喘息の発作も起こった。

自分の担任する学級にアンナのような子がいるとき、未経験の教師だとその問題の深さを見逃してしまう。彼女はおそらく教師の困るような悪い事をしたり、授業の妨害となることはしないだろう。そして、言われたことは熱心ではないにしても、そこそこなすことだろう。「問題なし」などと思われるかも知れない。しかし、アンナの境遇を知るだけで、彼女が深く傷ついていることは推察できる。それに「やってみようともしないこと」というのは、まったく悲しいことだ。

アンナは喘息のこともあって転地療養に出かける。アンナを見送りに来たミセス・プレストンは次のように言う。「いい子にしてね。ゆかいにくらしていらっしゃい。そして、……、そう、日にやけて、元気に帰っていらっしゃい。」

これは普通に読めば何もひっかからずに読み通すところかも知れない。しかし、アンナの心の傷の深さを考えるとき、われわれ大人は善意とは言いながら、子どもに何と多くの重い負担をかけようとしているかを思い知らされる。「いい子」「ゆかい」「日にやけて」「元気に」これらのよいことづくしは、栄養失調で倒れかけている子どもの背中に、この本はためになるのよなどと言いながら、一冊ずつ重い本を積みあげるのと同じことではなかろうか。だからこそ、ミセス・プレストンが、アンナが「あたたかく安全に守られ、大切に思われている」ことを感じとってほしいと、体を抱いてキスをするときに、アンナは「やめといてくれればいいのに」と思う。

アンナの転地療養先では、ペグさんという老夫婦のお世話になる。ペグさんたちは何をしたか。外的には何もしなかった。「よい子」になってほしいなどと言わず、アンナが「気のむくままに、したいことをし、行きたいところへ行ってくらす」ことを許したのである。それと、非常に大切なことは、このためにアンナが少々勝手なことや危険なことをしてもしからず、それを受けいれ、アンナをまるごと好きになってくれた。近所の人がアンナの悪口を言ったとき、ペグばあさんが、「とにかく、あの子は、わたしらには金《きん》みたいにいい子だからね」と言い切るのを、ふと聞いてしまう。

ここに一部分のみを紹介したペグ夫妻の態度こそ、これまでに論じてきた、「育」の人間関係のひとつの典型ではないだろうか。子どもを丸ごと好きになり、できる限りの自由を許す。このような人間関係に支えられて、アンナがどのようにしてその心の傷を癒すことができたか——そこには死に近いほどの危険もあった——については、是非原作を読んで味わっていただきたい。ここには、児童文学がいかにわれわれにとって学ぶべきことが多いかを示すために、その一端を紹介した。

(2) 教師像

児童文学についてはすでに他に書物を書いているので、ここでは、むしろ児童文学が臨床教育学を学ぶ上において、いかに大切かを指摘し、注意を喚起するだけで満足であるが、もう少し論議を続ける。

すでに教師の望ましい姿を示すものとして、ケストナーの『飛ぶ教室』のなかのベク先生をあげた。ところでこの作品にはいろいろな先生が登場し、それを比較するだけでも、「教師像」の研究となるが、特に面白いのは、ベク先生の対比として描かれている「禁煙先生」である。もちろん、この名は生徒たちのつけた仇名である。彼は学校の教師ではなく、「世すて人」で廃車になって菜園のなかに置き去られている禁煙車輛のなかに住んでいる。それが彼の名前の由来なのだが、実際は禁煙先生は煙草をぷかぷかとよく吸うのだから、何とも言えぬユーモラスな名前である。

すでに述べたように、少年たちは自分たちの仲間が実業学校の生徒の捕虜になっているのを知ったとき、どうするのかを相談するため禁煙先生のところにやってくる。彼らはベク先生に正義先生という仇名を奉っているほど、尊敬している。しかし、この際は相談相手にはできないのだ。正しい答は明確だ。校則にしたがう限り「外出禁止」だ。そんな実業学校との無用の喧嘩などに巻き込まれず、静かに勉学に励むとよいのだ。しかし、少年たちはそんな答には決して満足できない。ケストナーは、この点をうまく表現している。

「正と不正とを区別することが困難なような場合、彼らはちえを借りる必要がありました。そういう時、彼らは正義先生のところにはいかないで、大いそぎでかきねを越えて禁煙先生をたずねていくのでした。」言うならば、禁煙先生は人生の教師なのである。

すでに第Ⅲ章に紹介したように、ベク先生は「少年たちが心のなやみとするところをなんでもいえるような人」になろうとして舎監になったのだが、五人の少年たちは、いかに信頼し尊敬する先生に対してでも言えないことがあることを、ベク先生に納得させている。彼らは先生を敬愛するが故に、先生に秘密を持って行動した。しかし、禁煙先生には相談している。とすると、禁煙先生の方が教師として上なのか。そうではない。両者の立場の差がそれを決めている。ベク先生は舎監であり、禁煙先生は世すて人である。

世の中はなかなか甘くはできていない。教師であるということは、生徒とは越え難い一線で区切られている。少なくとも仲間ではない。生徒とほんとうに仲間になりたいのなら、教師をやめて世すて人になればいい。孤独に耐える力を持たずに、「教師」という立場に立とうとするのは甘すぎる。しかし、このことは、教師と生徒の間の心の交流がないことや薄いことを意味しない。ベク先生と生徒たちの心は深く交り、一人の生徒は「あの先生のためなら、ぼくは必要とあらば、首をくくられてもいい」とさえ言っている。教師は教師、生徒は生徒であると自覚しつつここまで深い信頼関係を持ちうるのである。しかし、それは両者がベッタリとひっついているのではない。

児童文学におけるこのような教師像は、示唆するところが大きいので、京都大学の臨床教育学のセミナーで次のような試みをした。それは、今江祥智作『牧歌』[12]と、灰谷健次郎作『砂場の少年』[13]に描かれている教師像を比較して検討した。これらの作品を文学として論じるのではなく、そこに描かれている教師を、「教師像」について考えるための素材として取り扱って討議するのである。文学者から見れば邪道かも知れないが、臨床教育学の研究としては、興味深いものがあった。しかも、当日は、作者の今江祥智氏も特別参加して下さったので、ますます興味深い議論が発展した。この内容については他に発表することもあろうから省略するが、このような児童文学を用いての、大学内でのセミナーの試みとして紹介しておいた。実際、児童文学における教師像は、取り組む価値のある課題であると思われる。

(1) 高梨珪子・河合隼雄「触発される醍醐味」『飛ぶ教室』四八号、楡出版、一九九三年。
(2) 大沢周子『たったひとつの青い空——海外帰国子女は現代の棄て児か』文藝春秋、一九八六年。ここにあげた麻衣子の例は同書による。
(3) 岸本晃・河合隼雄「先生の通知簿」『飛ぶ教室』四一号、楡出版、一九九二年。
(4) 第Ⅲ章の注7に記した、京都市教育委員会の研修で報告された例。
(5) 瀬知山澪子・村瀬嘉代子・河合隼雄「プロフェッションとしての臨床心理士」『こころの科学増刊号　臨床心理士職域ガイド』(日本評論社、一九九五年)における、瀬知山さんの発言より。
(6) 池田光子・河合隼雄「勢いを育むエネルギー」『飛ぶ教室』四三号、楡出版、一九九二年。
(7) 第Ⅰ章に紹介した「たんけん・はっけん・ほっとけん」の井阪先生については、その発想の自由なのに感心したが、先生は大学卒業後しばらく社会人として勤務しておられたとのこと。その経験がよく教職に生かされていると感じた。
(8) 第Ⅲ章注4参照。
(9) 本間洋平『家族ゲーム』集英社文庫、一九八四年。この作品について、筆者は『中年クライシス』(朝日文芸文庫、一九九三年〔本著作集第九巻所収〕）に論じている。

(10) 拙著『青春の夢と遊び』（岩波書店、一九九四年〔本著作集第九巻所収〕）を参照されたい。

(11) J・ロビンソン著、松野正子訳『思い出のマーニー』上・下、岩波書店、一九八〇年。これについては、拙著『子どもの本を読む』（楡出版、一九九〇年〔第I期著作集第四巻所収〕）に論じている。

(12) 今江祥智『牧歌』理論社、一九八五年。

(13) 灰谷健次郎『砂場の少年』新潮文庫、一九九〇年。

V　授業の臨床教育学

臨床教育学と言えば、生徒指導が主な領域と考えられるのではなかろうか。しかし、第Ⅰ章に述べた方法論によって、教育におけるいろいろなことが研究できると思われる。「授業」もそのひとつとして考えていいのではなかろうか。ただし、これまでの授業研究のように、教えようとする内容を、知識であれ技能であれ、いかにクラス全体に効果的にまちがいなく伝えるか、ということよりも、授業中に生じる現象を、やはり個人を大切にする視点から見ることができるはずである。これも重要な授業の研究であると思われる。もちろん効果的な授業とか、全体のことを忘れてはならないが、個々のことがらに積極的にかかわろうとする姿勢で、授業を考えるのである。

1　個人を大切にする臨床研究とは

(1)　授業の臨床研究

学校で行われている授業を臨床教育学の対象として考えるいとぐちは、当時の東京大学教授、稲垣忠彦さんによってあたえられた。稲垣さんと助教授の佐藤学さんたちが行われている「授業のカンファレンス」に参加してみないか、と誘われたとき、二つ返事でお受けした。一九九〇(平成二)年のことである。筆者はそれまでも常に現場の先生方と接触を保ち、話合うことが多かったが、主として生徒指導の領域に関係しており、時に授業のことも話題に出たが、それを中心にして研究することはなかった。京都大学で一九八七年に臨床教育学の講座を新設していたので、これは新しい講座の発展にも役立つと思って参加した。

この会には、現場のベテラン教師の、前島正俊さん、牛山栄世さん、石井順治さん、それに認知心理学の佐伯胖さん、発達心理学の野村庄吾さんと前記の授業研究のお二人の学者に加えて、詩人の谷川俊太郎さん、演劇の演出家の竹内敏晴さんという顔ぶれがそろっていた。それに筆者も加えていただいて、実際に行われた授業を撮影したビデオを見て討論した。まったく自由な雰囲気であり、参加者の専門領域が異なっているためもあって、思いがけない意見に接したりして、実に興味深い会であった。

面白いアイデアだと感心して、早速、稲垣忠彦さんの著書を読み、(1)「あっ」と思った。このアイデアは医者の「カンファレンス」から得たものだと書いてある。われわれ臨床心理士は常に「ケース・カンファレンス」(事例研究会)をしており、京大の臨床心理学教室でも週一回必ずケース・カンファレンスをしている。自分がそれをしていながら、同様の考えを授業に拡大することを、筆者は思い至らなかったのだ。稲垣さんは医者の家系で、周囲に医者が多いので、医者のカンファレンスを見て思いついたとのこと。さすが教育学者だと感心した。その著書から引用してみよう。

「医師のカンファレンスと同様に、学校や研究会で、授業を協同で検討し、参加者の授業観、児童観、教材観を交流しつつ、その授業の検討をすすめ、参加者一人ひとりの力量を発展させるとともに、それを基盤に、教授

＝学習の理論を形成し、さらに、それをとおして教師というプロフェッションの力量と水準を高めていくことはできないかというのが、授業のカンファレンスに着目した動機だった。」

この「授業のカンファレンス」の考えは、教育界では画期的ではなかったか、と思う。これまでも「研究授業」ということは行われてきた。しかし、どうしても教育界を長い間支配してきた、教師＝正しいことを教える人、という図式が作用して、研究授業の後でも、誰か偉い先生が正しい授業法を教える。あるいはその考えに基づいて指導する、という形が多かったのではなかろうか。どこかで、筋道が一本になりやすい。

これに対して、稲垣さんの提唱する「授業のカンファレンス」は、もっと多様であり多角的な視点が交錯する。正しい、あるいはスタンダードの授業法があり、それに当てはまるように教師を指導してゆこうとするのではなく、いろいろな意見のなかで、教師の体験をより豊かにしてゆこうというのである。

このような考えに筆者も賛同して、多くの体験を積ませていただいた。その結果は、『シリーズ授業[2]』として出版されたので、関心のある方は参照されたい。これが刺激となって、日本の各地で、このような授業のカンファレンスを行なってほしい。

臨床心理のケース・カンファレンスも同様であるが、このようなカンファレンスのいいところは、何が正しいのかということに閉じこもってゆかないので、たとえば算数の授業であっても、カンファレンスに参加している者は国語の授業のことについて示唆を得たり、一年生の授業であっても、それが六年生にも役立つことである。発想がどんどんとひろがってゆくので、この学科のこの科目の教え方を勉強した、というような狭い学習にならないのである。

⑵　授業のなかの個人

授業をするとき、教師は教案を立てる。この時間はこのことを教える。それを効果的にするためには、このような時間配分で、このような筋道でゆこうと考える。このとき、教師は自分の教える生徒の平均的能力についてよく知っていて、これなら大体無理なく進めるだろうという予測もついている。ところが、実際に授業をはじめると、いろいろと意外なことが起こる。質問に対してちゃんと答えてくれて、それをステップに次に進んでいこうと思っていたのに、答えられるはずの子が馬鹿げた答を言う。それに釣られてクラス全体がふざけた雰囲気になってしまう。あるいは、子どもがいたずらをして聞いていない。まったく予期しない質問がでてくる。そんなのにいちいちまともに相手をしていると、教案どおりに授業がすすまない。

このときに教案にとらわれていると、生徒たちの反応にイライラさせられる。と言って、個々の生徒の反応にいちいちかかわっていると思いどおりに進まない。しかし、自分の作った案と生徒の反応とのせめぎ合いのなかで、新しいものが創造される、という考えに立つと、その過程が面白くなってくる。時にベテランの教師で思いどおりに授業を進めてゆく人がいるが、それはかならずしも「よい」授業とは言えない。その教師の心があまり開いていないことを感じとって、生徒たちが自分たちの心の動きをおさえ、型どおりの展開に協力している、と思われる。

優秀な教師とは、クラスを全体として把握しつつ、個々の生徒の動きにも心を配っている教師である。わかりの早い子、遅い子、なぜかその日に限って調子の悪い子、いろいろといる。それらのことを心に留めつつ声をかけるかかけないか、授業が終ってからにしようかなどと思いながらも授業をすすめてゆかねばならない。

しかし、このことも実はなかなか難しい問題をはらんでいる。前述した『シリーズ授業』で、山野下とよ子先生が小学四年生に算数を教えている授業をビデオで見た。(3) 授業では先生の工夫されたところがよくわかるし、先生が一人ひとりの生徒をよく見ておられるところも伝わってきた。ところでこれに対して、先に紹介した佐藤学助教授が、先生が生徒の個々のこと、つまり、今までものを言わなかった子が言うようになったとか、この子ははずかしがりやなので発言しにくいのだとか、「そういう問題が教師に見えすぎる問題というのはないのでしょうか」、「どうも、先生が見えすぎていて、教室が窒息していったような気がするんですね」と言われたのが印象に残っている。

これはもちろん、授業をしながら子どもの個々のことに気がつかない方がいいと言っているのではない。しかし、先生の心がそのように言わば、「すべてに張りめぐらされている」と、子どもが「窒息して」くる、と言うのである。これは、われわれカウンセリングをしている者にとっても同様のことが言える。カウンセリングは一対一であるが、相手の気持の動きのひとつひとつに、こちらがそれにつれて心を動かすと、緊張が強くなって動きがとれなくなる。それよりも、そのような心の動きの底にあるもの、それに対する信頼感をベースにして、ゆったりと対している方がよい。その方があらたな展開が生じてくる。

授業の場合も、一人ひとりの子どもの心の動きを感じとりつつも、子どもたち全体に対して信頼感をもつことが大切である。ひとつの例を示す。これは当時、小学校の教師だった桐畑香代子先生に、ずっと以前にお聞きした話である。(4)

不幸な生いたちの子で、教室でもほとんど話せないくらいの子が、桐畑先生の担任されている小学一年生の学級のなかにいた。ところが、この子がだんだんと先生に親しみを感じるようになったのはいいが、授業中も先生の傍にくっついてくるようになった。先生の体に抱きついている子の肩に片手をおいて、先生は授業されたが、クラスの子どもは誰も何も言わず、授業は普通に続けられた。

ところが、しばらくして、ある子がその子を指して、「××君ずるい」と言った。一人だけ先生に抱いてもらってずるいというわけである。先生は抱いていた子の顔を見て、「あんなこと言ってはるでー」と言うと、その子は「うん、僕もうええわ」と言っておとなしく自分の席に帰り、授業は何事もなくそのまま続けられた。

この話を聞いて、筆者は桐畑先生の子どもに対する信頼感の深さに感心した。一人の子どもが抱いて欲しがったら、それを受けいれて平気で授業する。「ずるい」と言う子があれば、それを受けいれて、「あんなこと言ってはる」と、それをそのまま子どもに伝える。子どもは子どもなりに判断し、もうここまでしてもらったのだから席へ帰ろうと決意する。この全体の流れのなかで、先生自身の判断は何も下されずに、すべてが自然に進んでいるかのように見えるほどである。その間、先生の心は安定していて、揺れていない。それを支えているのは、先生の子ども全体に対する信頼感である。

(3) 障害児の教育

障害児の教育も臨床教育学の課題のひとつである。いろいろな障害をもった子どもの教育をどうするか。特にその「授業」となると、どのようにするといいのだろうか。

『シリーズ授業』で障害児教育を取りあげ、東京の愛育養護学校の「授業」を見た。その後で校長の津守眞先生、教頭の岩崎禎子先生と長時間にわたって話合うことができた(5)。そして、その結論として感じたことは、その座談会での佐伯胖さんの言葉を借りると、「まさに養護学校が、現代の学校の最も基本的な原点として位置づいた感じですね。全然特殊でも何でもない、最も普遍的なものを提起していることが明らかになったように思いますね」ということになる。これは参加者一同が賛同した点である。

それでは、何が原点であり、普遍的であるのか。それは本書において、「育」の人間関係として述べたことが、学校全体をあげて実践されているのである。これは現場の経験の豊富な教師としての牛山さんの言葉によると、「小学校の現場で、とかく「そんなことは理想だよ、理想」と言われていることが、あたり前の現実として語られるから、本当に感動しますし、すごいなと思います」となり、牛山さんは、小学校にいると「指導要領」に縛られて、「教える」役割に忙しくて、教師は「育」の方を忘れがちになると述べている。

発達段階にとらわれないことを本書ですでに強調したが、ここの先生たちは、そのことを体験を通して実感しておられる。

発達について、教頭の岩崎先生は次のような注目すべき言葉を述べておられる。「日本語で言う発達は、矢を射るみたいな「発」で表現され、直線的なイメージですね。だけど、ドイツ語で言う発達(Entwicklung)は、開かれていくという語源があるんだそうですね。そうだとすると、それは横に広がる面も出てきますね。だから、やはり両方を捉えていかないといけない。」

実はこれまでに述べてきているように、発達をこのように考えたり、「育」の面を重視することは健常児でも同様に大切なことなのだが、ついつい「教」や「進歩」などに目をくらまされて忘れがちになる。そのときに、障害児の教育がその「原点」をわれわれに強く意識させるのである。「全然特殊でもなんでもない、最も普遍的なもの」と言えるわけである。

ここに述べたのは学校全体として取り組んでいる場合であるが、もし、普通学級のなかに障害児がいるときはどうするのか。愛育養護学校のような極端な自由を許すと、クラスはむちゃくちゃになるのではなかろうか。それに何度も言うように、日本の母性集団は少しでも全体と異なる存在を排除しようとする傾向が強い。教師がクラスを、いわゆる「秩序正しい」集団にしようとすると、どうしてもクラス全体の圧力が障害児にかかってくる。

障害児を普通学級に受けいれるに当って、担任は従来の全員が一斉に同じことをするのだけを「秩序正しい」と考えるような学級づくりの方針を変更し、クラスのなかに多様性を認める。一人ひとりの個性を尊重しつつ、しかも全体としてのまとまりをもつように努力する。これは言うのは簡単だが、日本人にとってはどれほど難しいかを自覚していなくてはならない。さもなければ、「多様性のなかの統一」などという立派な言葉だけで、「さあ、みんなで一斉にがんばりましょう」ということになって、実際は日本的な母性集団として行動することになる。

障害児が学級にいるとき、教師が、学級全体の進行の方に重点をおいているときは、残念ながら、障害児の方には手がまわらぬこともある。ところが、障害児にかかわる「ここぞ」というときに、中途半端では駄目で、自分の全力をそこに傾注する態度が必要である。そんなときの経験を語っている次の前島先生の言葉は、示唆するところが大きい[6]。

「去年ぼくがもってた子どもに、少し発達が遅れた女の子がいました。どうしてもその子に跳び箱を跳ばせたかったものですから、一対一でとっくんでいた。他の子をそのときは忘れてしまったんですね。そのとき、ぼくは他の子はどうしてたのかと思う意識が一切なかった。それでも、けがはなかったし、その子が跳んだあと、その子を見る子どもたちの目がたいへん変ったと思いました。尊敬というか、畏敬というか。」

ほんとうに全身全霊をあげてのかかわりというのは、一人に向けてなされていても学級全体に作用する。しかし、このようなときにほんの少しの心のおごりがあったり、気が散っていたりすると、何か危険なことが生じたりする。一人に向かうことがクラス全体に向かうことになる不思議さを、教師はよく知っていなくてはならない。

(4) 養護教諭の役割

これまで授業のことについて述べてきた。ここで、自らは授業をする機会が少ない（授業をもっていない人もある）が、学校の授業を裏で守っているような養護教諭について少し触れておきたい。筆者は京都市の教育委員会による教師の研修の機会にたびたび参加しているが、そのときに、多くの養護教諭が来られ、熱心に討議したり発表したりするのに深く印象づけられている。次に述べるのは、それらの先生方から得た話を基にしている。[7]また、いろいろな先生方と対談を連続でしたときに、養護の先生三人に来ていただいてお話を聞いた。[8]そのことも参考にしつつ述べてみたい。

養護教諭というと、保健室にいて身体に関する救急処置をする。そして定期の健康診断を計画するなどと、身体のことにのみ限定して考えられていたが、最近は心のこともそれに相当からみ合っていることが認識されるようになってきた。不登校の子どもがやっと登校してきても教室にはいれない。そこで保健室登校ということになる。あるいは子どもが「しんどい」と保健室にやってきても、それは心も体も両方含んでいることが多い。

そこで保健室で休息していると、養護の先生が優しくして下さって心身共に回復してくる。というわけで、子どもたちにとってのオアシスのようにもなるが、これは固い秩序を重んじる先生から見ると、保健室に「逃げこんでいる」ことになる。ずっと以前だが、ある校長先生が、「保健室によく行く子にロクな奴はいない」と憤慨されるのを聞いたことがあるが、まるで保健室さえ無くしたら子どもが全部よくなるような言い方にはあきれてしまった。もっとも筆者は、「保健室を無くするより、先生がお辞めになった方が……」とは言わなかったが。

養護教諭の先生方にお聞きすると、このような校長先生は少なくなって、学校全体の生徒指導の大切な部分として、保健室や養護教諭を位置づけようとする動きが多くなっているようで非常にうれしい。このように養護教諭の仕事が認められてくるにつれ、有効性も高まるが、難しさも生じる。

一番難しいのは「秘密」の問題であろう。子どもたちは保健室では担任や親に話さない秘密のことさえ話をする。ところが、「秘密」の問題はすでに述べたように（一九五ページ参照）、微妙である。担任が自分の学級の子どもをすべて抱きかかえていたいと思っているとき、そのなかのある子どもが保健室へよく行って、どうもそこで秘密の話をしているらしい、となると、心中穏やかでなくなってくる。そこで担任と養護教諭の間がギクシャクしてくると困る。と言って、子どもの言う秘密がすべて担任に漏れているとなると、子どもはもう絶対に話をしないだろう。

これは学校内のカウンセラーも同様である。ただ、臨床心理士の場合は、そのような場合にどうするかについて専門的訓練を受けているし、立場も学校から少し距離をとれるところがある。その点で、養護教諭の場合はもっと難しくなると思う。こういう時、われわれも相談を受け、共に考え、解決を見出してゆくのだが、今後は養護教諭と臨床心理士の協力関係が学校内において非常に重要なこととなってくるであろう。子どもの立場も、担任の立場も共に考えてゆかねばならないのだから、大変である。ここには杓子定規の答はなく、個々の場合に応じて解決策を考えていかねばならない。

養護教諭の強いところは、身体を扱えることである。身体に触れることは、間接に心の傷の手当をしていることになる。中学校の養護教諭の小寺成子先生に聞いた話である。ある中学生がいろいろ身体のことを訴えて保健室にやってくる。その子の父親が重罪を犯し刑務所にいることは、その学校の教師は全部知っていた。小寺先生はその子に対して家庭のことや父親のことをきいたりせず、ひたすら身体の世話をして優しく接していた。その子はだんだん元気になっていった。卒業まぎわになって、その子は「これまで秘密にしてたけど」と言って父親のことを小寺先生に告げ、激しく泣き、先生も思わずもらい泣きをしてしまった。この子はこれですっきりとして卒業していった。

この話を聞いて非常に感心したのは、小寺先生が養護教諭としての仕事を十分に果すことによって、徐々にこの子の心の傷が癒されてゆくのに役立っていることである。この子の父親が刑務所にいることがわかっていただけに、よけいに小寺先生のこの態度には感心させられた。この子が保健室によく来はじめたとき、「心」のことを何とかしなくてはと思って、「あなたのお父さんどんな人」などと言えば、この子はすぐに保健室に来なくなっていただろう。身体を通じてこそ、この子の心は癒されていったのである。

保健室は確かに学校のなかで少し異質なところである。それを全体の体制のなかにうまく位置づけてゆく、校長をはじめとする教師の態度によって、それは生徒指導の上で非常に強力なものとなるであろう。どんな集団であれ、その集団内に異質なものを受けいれる力が強いほど、その集団の治癒力も強い、と筆者は考えている。養護教諭の先生方の話によると、だんだんとこのようなことが学校のなかでよりよく理解されてきはじめたようである。養護教諭の役割と意義について考えることも、臨床教育学の課題である。

2　楽しい授業

楽しい授業ということが評価されるようになったのはいつ頃のことだろう。「勉強」というものは苦しさに耐えてがんばってこそ意味があるので、「楽しむ」などはもっての外だったのではなかろうか。後に詳しく紹介するが、授業を「楽しく」しようと努力している国語の高校教師、片桐啓恵さんに対して、研究授業の後で、「うちのクラスの生徒を授業中に遊ばせてもらっては困る」という苦情が出されたとか。かけ声としては「授業を楽しく」と言っていても、全体としてはまだまだ「苦しい勉強」好みの先生が多いのではなかろうか。

ＮＨＫ解説委員永井多恵子さんは、諸外国の学校の取材に出かけて感じることとして、「外国の学校の授業の方が、日本よりはるかに楽しそうだ」と指摘している。[9] これは私もまったく同感である。それではどうしてこのようなことが生じるのか。そもそも「楽しい」とはどういうことか。どのように教育と関係するのか、少し考えてみることにしよう。臨床教育学は常に具体例に触れることが大切だが、時に立ち止まって考えることも必要としている。

(1)　楽しさの教育学

何かを学ぶためにはそれ相応の努力がいる。学ぶだけではなく、何事をするにも人間は心身のエネルギーを消費しなくてはならない。心のエネルギーという点については説明を略すが、たとえば椅子に腰をかけていても、一人でリラックスしているときと、目の前に気の張る人がいるときとでは、たとえ同じ椅子で同じ姿勢で座っていても疲れ方が異なってくる。後者の場合は心のエネルギーを使ったためと考えると了解できるだろう。

つい最近までは日本も貧しかったので、働くことは評価されるが休息はどうしても消極的な評価を受ける。あるいは、働くことを良しとすると、「楽をする」ということがつらさを回避するという消極的な意味で評価されることになる。それよりも少し楽しさが加わってくるものとして「娯楽」ということがある。こうなると、少しは体を動かしたり、心を使ったりしなくてはならない。しかし、ほんとうに「楽しさ」を体験しようとすると、相当な心身のエネルギーを使わねばならない。娯楽、趣味としてはじめたことでも、それを少し本格的に楽しもうとすると、心身のエネルギーを使わねばならず、それは時に「苦しみ」として感じられる。作家の遠藤周作さんが、小説を書く仕事は「くるたのしい」と言われたのが印象に残っている。苦しさと楽しさがほとんど同じくらいにある。本格的な楽しさで苦しみを伴わないものはないであろう。

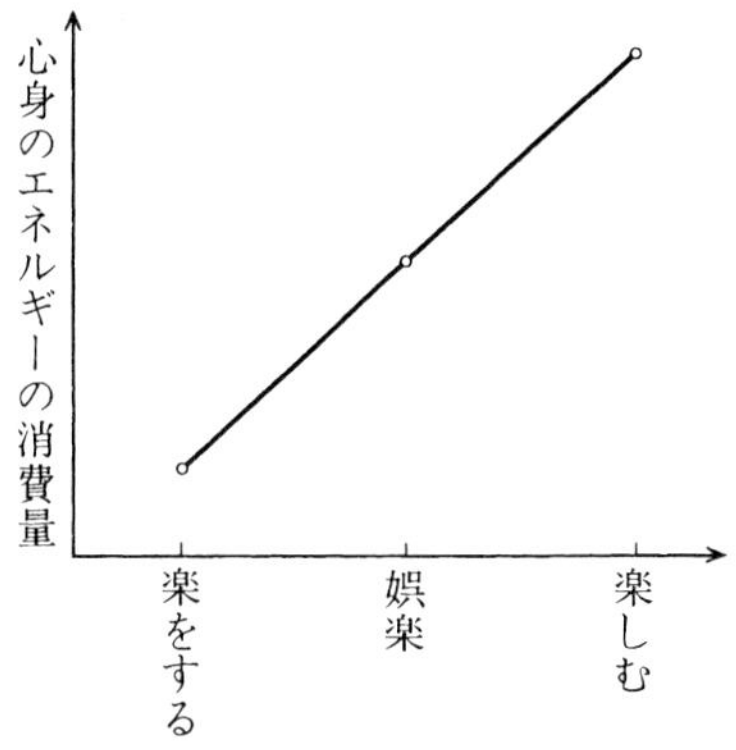

図1　楽しさとエネルギー消費量

以上述べたことを一種の概念図として示したのが図1である。教育において、何かを「教え」それを子どもが「学ぶ」という考えを強くもつ人は、子どもがそのような「仕事」をすることに重きをおき、そこからの休息あるいは逃避としての「楽をする」、「娯楽」の段階までしか「楽しさ」を捉えることができない。したがって、教育において「楽しさ」を入れこむことに強い抵抗を示すと思われる。

これに加えて、次のような点を考察することが必要と思われる。第Ⅲ章に述べた「自我」という点から、楽しさについて考えてみると、自我を殺すことには苦しみが、生かしてゆくことには楽しみが伴うと

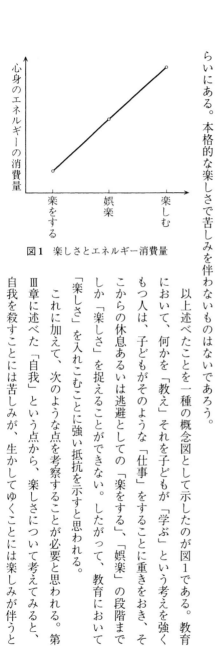

言っていいだろう。同じことをしていても、いやいやするときは苦しみが倍加する。先の「くるたのしい」を思い出していただくとわかるが、相当な「苦しい」ことをしていても、それが自分を生かすことにつながっているときは、楽しいと感じられる。この関係を図2に示した。

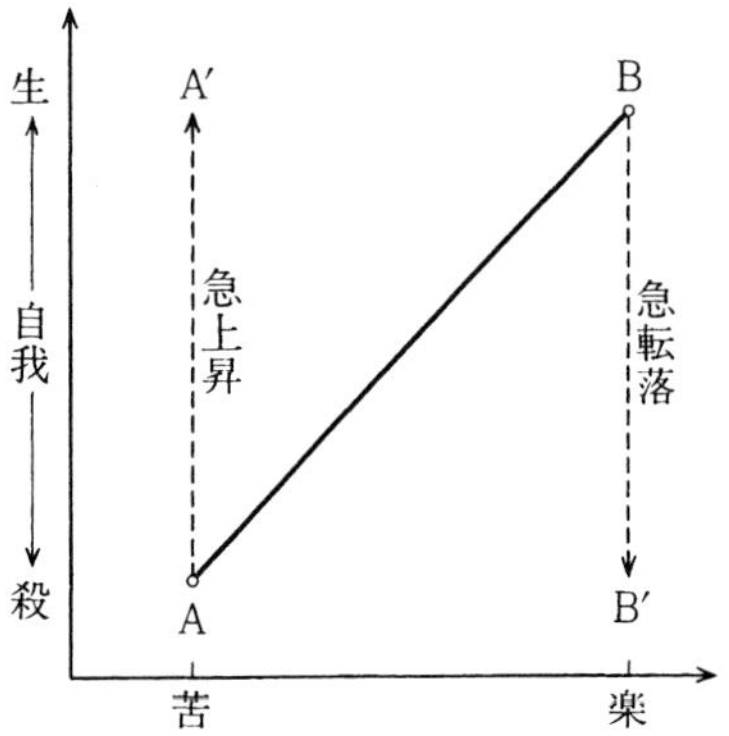

図2　自我と苦楽の関係

　ここですでに述べた、日本の伝統的な「易行」方式(一六六ページ参照)による教育を思い起こしていただきたい。このときはむしろ「自我を殺す」ことに重点がおかれるので、どうしても「苦」ということが高く評価される。そして、この教育方法が狙っているのは、図のAからBへとだんだんと上昇してゆくのではなく、むしろ、苦しみの果ての自我の死をへて、その後に自分の個なるものが再生するゆらめきへの急上昇である。それは一応A→A′という点線で示しておいたが、むしろ、この二次元平面を超えた動きとして示すべきであろう。

　このような考えの意義を認めるのに、筆者はやぶさかではない。そして、そこに狙いとされている急上昇には至らないにしても、このような皆で苦労して学ぶ方法によって、日本人の平均的知識が上昇し、ひいてはこれが日本の経済的発展の原動力とさえなったのは高く評価しなければならない。しかし、現在では状況が変化してきた。日本がいわゆる経済大国になった今では、教育のあり方も変化せしめねばならない。

　自我を生かすことは楽しい。自分というものが生きている、ということの確かめのために、傍から見るとしなくともよいと思えるような苦労をすることは、人間に多いのではなかろうか。「好きなこと」は個性の発展につながるということをすでに指摘したが、その「楽しみ」のために、多くの人が苦労する。そのことは旧来の日本的な考え方に立つと、「勝手な楽しみのために無駄なことをしている」ことになるが、観点を変えると、「個性を伸ばすことに努力している」ことになり、それが楽しいとなると、ますます望ましいと言うべきである。

楽しい方にも盲点がある。それはよい気になって楽しんでいると、苦しみの方に転落するのみならず、自我を殺すことにもなってしまう。楽しさが娯楽の段階にのみとどまっていては、「楽しみ尽きて哀しみ来る」状態になる。「楽しい授業」というときに、単に楽しいということにのみ重点をおいていると、その結果はむなしい後味が残るだけのこともある。したがってむしろ「楽しい」ことを狙いにするよりは、生徒の一人ひとりの個性をいかに伸ばすかを考えていると、楽しい授業になってくる、と言うこともできる。

高校の国語教師の片桐啓恵先生によると、家政科の生徒に作文を書かそうとすると、「もう二行ぐらいで止まって、どうしてもそれ以上は書けない。涙をぼろぼろ流しながら、先生、作文だけは書かせないでって言う」状態であったという。(10) そこで、そんなことを言わずに皆で「楽しく作文を書きましょう」などと言ってみてもだめである。片桐先生は、皆が小、中学校でさんざん作文に苦しめられたのなら、作文に対する恨み、つらみを書こう、と提案される。それには二人が組になって作文に対する恨みを話合う、「そのおしゃべりを鉛筆でやろう、方言丸出しでいいから筆談でやってごらん」と言うと生徒が乗ってきてやりはじめた。そのなかのどれかを取りあげて皆の前で読み、それを基にして作文にするならどうするかと話合った。

「すると、ほんとうにすてきな文章がたくさん出てくるんですね。やっぱり子どもたちってすごいな、すてきな言葉をたくさん出すんだなって、自分も浮き浮き夢中になっちゃうんです。」

ここで片桐先生は「楽しい作文」を目指すのではなく、どうすれば子どもの内にもっているものを外に生かしてゆけるかを考え、工夫をしている。生徒たちの思いを生かすことによって、そこに楽しい雰囲気が生まれ、先生まで「浮き浮き」するほどになる。

「楽しい授業」というとき、楽しさの強要をしても無意味であることも認識していなくてはならない。教師の悪い癖のひとつに、「明るく元気に」というのがある。いつでもなんでも「明るく元気に、楽しく」などというのは、毎日雨が降らない方が「よい天気」が続いてよかったと考える類である。それでは渇水になる。すでに述べたように、個性を生かすことに伴う感情としての「楽しさ」を大切と考えるのであって、「楽しさ」を強要されたりすると、それは自我を殺す苦しみになってしまう。あるいは、「楽しい授業」というときに、何らの労作を伴わない娯楽段階の楽しさに終始すると、それはむしろ、むなしい感じへと転落するだけになる。

と難しいことも述べたが、日本の教育界はまだまだ古い体質に喘いでいるので、何でもいいから楽しかったらいいというほどの元気も必要であろう。

(2) 楽しい工夫

授業を楽しくする、というとまず思いつくのは「生活科」ではなかろうか。生活科が設定されたということは、肯定的な表現をするなら、日本の教育もここまで自由で個性重視の方向を打ち出してきたかと言えるし、意地悪い表現をすると、日本の家庭があまりに子どもに勉強させるから、ついに学校では「遊び」を教えねばならなくなった、と言いたくなるようなところがある。ひと頃よく聞かされたが、学校に来たPTAの役員が「校長先生、勉強は十分家でやっておりますので、学校はしつけの方をお願いします」と言ったという話に、とうとう、「しつけと遊びを学校で」と言うのではないかと思われるほどである。

冗談はさておいて、筆者にとって生活科は、教師がそこにいることによって安全性を確保し、生徒に自由な遊びを通じて学ばせること、ということになる。それが楽しくなかったら話にならない。子どもたちと共に「やぎを飼う」学習をしておられた牛山栄世先生に、「やぎを飼うメリットは」ときいたとき、言下に「まず、不登校の子がなくなります」と答えられた。これはある意味では、不登校問題の核心をついている言葉とも考えられるが、ともかく、やぎがいることになって子どもたちがいかに学校を「楽しい」と感じているか、を示している。

牛山さんや仲間の柿崎和子さんたちの実践については、すでに発表した書物を見ていただくとして[11]、牛山さんがガチョウを飼ったときの話が実に興味深いので紹介しておこう。小学一年生のK君はガチョウの世話をせず、ガチョウを抱きあげようと必死で一カ月近くガチョウの尻を追い回す。そして抱きあげることができた日から熱心に世話をするようになった。この間に牛山先生は、はじめのうちはK君が変なことをしていると感じていたが、ずっとその動きを見守るようになる。そして最後はK君を応援して何とかガチョウを抱かしてやりたいと願い、K君がガチョウを抱きあげたときは、「やったあ」と言って思わず彼の肩をたたくほどになった。この過程を省みて、牛山先生は次のように述べている。

「生活科は、教師の役割を「援助」においています。もしかしたら、「援助」の根底は、「見守る」ということかもしれません。そして「見守る」ということは、単に束縛しないとか、距離をおいて観察するということではなく、発見があり、思いがけなさがあり、感動があることによって、相手の向かっていくところに寄り添う心持ちになっていく、ということではないかと思われます。」

K君はガチョウを抱いて、ずいぶんと楽しくなったろうし、牛山先生はK君から楽しさを分けてもらったようにさえ感じただろう。楽しい授業をするための工夫の第一として、「見守る」ことがあるのを忘れてはならない。

何か工夫しなくてはというので、しなくてもいいことをする教師が多い。生活科を楽しくする教師の態度の基本として、牛山先生の言葉は味わい深い。

本書のなかでこれまでにいろいろ個性的な先生の、子どもの個性を伸ばそうとする試みを紹介してきたが、それらはおのずから「楽しい」工夫になっている。そして場当り的な面白さではなく、ほんとうに楽しいことを狙う限り、教師は相当に心身のエネルギーを使用しなくてはならない。これは最初に図1に示したとおりである。しかし、筆者自身も高校の教師をしていたので覚えがあるが、生徒がよろこぶのではないかと考えて、工夫したり準備したりするのも楽しいことである。まず教師自身が楽しんでいなかったらだめである。そうして期待してゆくと、時に期待がはずれるときがある。そうなると、なぜかと考え、また次に挑戦する。このようにしていると教師もマンネリズムに陥らない。

社会科の「楽しい授業」の一例を紹介しよう。『シリーズ授業4 社会』に発表されている、平野昇先生の小学校六年生の歴史の授業である。(12)「蒙古襲来」の授業をするに当って、「蒙古襲来絵詞」の絵巻物をわざわざ巻物としてつくり、それを最初に見せる。先生がおもむろに自作の巻物をとり出したら、子どもたちの目が一斉に輝き、「マキモノ!」「マキモノ!」と言っている。このような子どもの目の輝きを見ただけで、先生の巻物つくりに要したエネルギーは、即座にお返しをもらったと筆者は思った。子どもたちは席を離れて前に出てきて、先生が黒板に貼ってゆく絵巻の展開に見入っている。

「ただ今から蒙古襲来の授業をはじめます。それでは教科書を開いて」という授業の導入と、これはまったく異なっている。子どもたちにすれば、席を離れて前に出て何かを見るというだけでも、ともかく日常と異なっている点で心がはずんでくる。そこへ、この年齢の子どもたちが忍者ものなどを通じて関心をもっている「巻物」

が出てくるのだから、子どもたちの心がはずむのも当然である。実際に、この授業で感心したことはクラスの全員が授業によく参加していることだった。

このようなところは教師の「演出」のうまさとも感じられ、それに平野先生はなかなかタレント性があって、そのことも「楽しい授業」に貢献していた。教師は演出家になったり俳優になったり(時には観客にもなる)大変だが、このようにしてこそ生徒と共に生きている実感が湧いてくるだろう。本書では論じられなかったが、演劇論と教育論の比較も大いに意義あることと思っている。

(3) 誤りを楽しむ

テストの問に対して、正しい答と誤りの答とがある。それに教師は○と×をつけて、点数を計算し、それを子どもに返却する。子どもは0点から100点までの一直線上に位置づけられる。特に0点というのはひどいことだ。それはそのテストが、子どもの能力を測定し得ていないとも言えるのではなかろうか。能力無しなどという人間がいるだろうか。筆者は教師をしているとき、0点が出ない試験を作ろうと努力した。数学なので難しかったが、できるだけ頭をひねって作製した。そして誤答に対して、「ここまではよかったのに」とか「狙いはよかったが」とか「計算ミスを無くせよ」とか、ちょいちょいコメントを書くようにした。テスト用紙を一種のコミュニケーションの手段として用いるようにしたのである。生徒は自分が点数のみによって位置づけられていないことを実感する。これで生徒とずいぶん親しくなったと思う。

先に紹介した平野昇先生の授業では、先生の質問に対して生徒が実に伸び伸びとよく反応している。これだけ全員参加する授業はめずらしいと思ったが、その秘密のひとつは、「誤答が許容されている」どころか、「誤答が生かされている」ところにあると思った。日本人は、どうしても皆の前で間違うことに対して気にしすぎる傾向がある。アメリカにいたとき、日本人に何か質問すると、なぜすぐに、"I don't know."と言うのが多いのかと問われたことがある。日本人は間違ったことを言って「恥をかく」よりは「知らない」と言う方がましだと感じている。

このような傾向は子どもの時からすでに強く現われる。そのために下手をすると、自分はだめと思っている子はできるだけ沈黙を守ろうとするし、いわゆる「できる子」のみが活躍する授業になる。そして、あきらめて沈黙している生徒たちにとって、授業が「楽しい」はずはない。

平野先生の授業は「発見的」だ。絵巻物を見て、子どもたちが発見したことを口々に言う。「馬が血を出している」「元は盾を使っている」「太鼓をたたいている」などなど。それに対して、先生はそれをもとに質問される。「太鼓は何のためにたたいているのか。」それに対する答を生徒はいろいろと言う。もちろんこれに対しては「正しい」答がある。それでも誤答に対して、先生はすぐに「誤り」と言わない。それじゃどうなるのかとか、当時の状況を説明したりする。つまり生徒たちは誤答からも学べること、考えを深められることを知るのである。

教師が質問する。間違った答に対しては、「それは間違い、はい次」とやって、正しい答には「はい、よろしい」と言って、その説明がある。それを踏まえて教案どおりに次の段階へと進行する。見ていると、教師と子どもの間にやりとりはあるが、それは表面上であって、教師の引いた一直線の筋道に全員が乗っている。あるいは乗る子と落ちこぼれる子がいる。そんなのではなく、先生も子どもも「生きている」授業をしようとするなら、誤答を生かすことを心がけねばならない。

筆者はアメリカの大学に留学中に、大学院に在学したが、自分はすでに日本では助教授として教えていた。それで参考のためにと思って、学部生の入門的な講義も聴講した。そのときに感心したのは、学生の質問に対する教授の答え方である。というよりまず感心したのは、講義中に学生が(筆者から見ると)実にくだらない質問をよくすることである。日本であれば、「教科書を自分でよく読みなさい」とでも言われそうな質問をする。ところが、それらを全部取りあげ、「なかなかいい質問だ」などと言いながら、聞く方にとっては非常に意味のある答を言い、それを講義のなかに組みこんでゆく。

筆者はこれを見ながら、高校、大学の低学年では日本人の方が優秀そうに思われながら、大学院生、研究者となってくると、アメリカの方が日本より上まわってくる要因のひとつをここに見た、と思った。つまらないことであれ、自由に発想を生かされることによって、その人の創造性はだんだんと高まってくるのではなかろうか。日本人は、「こんなつまらない質問をすると笑われる」、「いい質問をしなくては」と思っているうちに、自ら自由な発想の芽を摘みとってしまっているのではなかろうか。

誤答や愚問を、うまく取りあげ授業のなかにいかに生かしてゆくかを教師は心がけるべきである。そのようにしていると、たとえ毎年同じ内容を教えているにしても、「同じ授業」などはありえない。子どもの個性にしたがって、日々の発見があり、楽しみが見出されるはずである。誤りもまた楽しからずや、である。

3　考える道徳教育

道徳教育は現在の学校において必要だ、と筆者は考えている。しかし、一般に道徳教育の必要性を声高に主張する人たちとは考えが異なる。このような人たちは、現在における社会の混乱は、子どもたちが道徳の教育を受けていないために生じるからであり、自分たちのように道徳の教育を受けてきた者が教えてやらねばならないと考えているようだ。この考えはきわめて短絡的である。第一、「修身」を厳しく習った時代にも凶悪犯罪はけっこうあったし、少年犯罪にしても現在は非常に少ないと言うべきだろう。それに、道徳について学びよく知っているはずの日本の「偉い」政治家が、どのようなことをしているかを見ると、前記のような考えはあまり意味がないことがわかる。

単純に言えば「道徳を学んでいない人によって迷惑を蒙るのはごめんだから、それを知っているわれわれが教えてやらねば」という考えである。これに対して筆者が考えているのは、後にも述べるように、道徳的に判断し行動することを学んで来なかったために損をしている人たち、にあまりにも多く会うので、こんな人がもう少し道徳について考える機会をそれまでに持っていればよかったのに、と感じるからである。

人生には非常に大切な決断を必要とするときがある。「結婚するのかどうか」、「思い切って退職するか」、「この贈物をもらっていいだろうか」など。そこで決定的な誤りを犯し、筆者のような臨床心理士のところに相談に来られ「身の不幸」を嘆かれる。このような多くの人は「人間、いかに生きるか」について考える訓練をあまりにも受けていない。これは知能とほとんど関係ないと言ってもいいほどである。一流と言われる大学を出ていても、あきれるような人生観、世界観をもっている人がいる。こんなところから、道徳教育の必要性を筆者は考えているが、これはきわめて「教える」ことが難しいものである。

(1) 道徳教育は教えられるか

学校の教師のなかには、先に示したような「道徳教育必要論」を声高に主張する人に反撥して、道徳教育反対を叫ぶ人がある。あるいは、筆者と同様の考えに立つとしても、道徳は教師が押しつけるものではなく、各人が自分で身につけるものだから教えられない、という教師がある。確かに道徳の本質的なところは、「教えられない」。だからと言ってそのことを教育から除外していいだろうか。何度も主張してきた教育における「育」の重要性について考えるなら、「教えられない」から放棄するというのは教育者の責任のがれである。

次に、そうすると道徳教育は大切としても「学科」としては教えられない。学校の生活全般を通じて行うべきであって、特に道徳の時間を設定するのは意味がない、と主張する人がある。後にも紹介するが、確かに道徳教育の時間以外の場で、ほんとうの道徳教育が行われていることはある。そして、それはきわめて有意義である。このことは道徳教育の大切な部分として忘れてはならない。しかし、実際にはこのようなことが学校全体として行われているとは言い難いのではなかろうか。それを補うものとして、道徳教育として特定の時間を必要としている。

とは言っても、道徳は簡単には「教えられない」とすると、その時間は教師も生徒も共に考えることにしてはどうだろう。次節に示すように、人生には倫理的葛藤場面に立たされることがある。そのときにどのように考えるのか、どのような考え方があるのか、を知っていることによって、相当にその人の人生は変るのではなかろうか。

人生における多くの倫理的葛藤は、二者択一的にどちらかに「正しい」答があり、それを選択して解決などというのではなく、正しい答や楽な答や、答の回避などをめぐり悪戦苦闘するなかで、その過程のなかにその人の個性が輝いてくる、というものであろう。そのような点について教師と生徒が共に考え話合うことが必要ではなかろうか。

道徳教育の時間をこのように考えると、それは教師にとって楽なことではない。教師が「正しい」答を知っていてそれを生徒に教える、というのとは異なってくるからである。筆者が考えるような道徳教育の授業をすると、教師はおそらく生徒から学ぶべきところを発見するだろう。そのよさがわかってくると、道徳教育の授業は「楽しい」ものになる。しかし、すでに述べたようにその楽しさを支える苦しさがあるのも当然である。このような苦しさを回避し、楽な授業をしたい教師が、何のかのと理屈を言って、道徳教育と取り組むのを避けていることも多いのではなかろうか。

もちろん、社会的な約束事としての道徳は教えられる。たとえば信号が赤のときは止まり、青のときは進む、などのようなことは教えられるし、教えねばならない。このような面と、単純には「教えられない」面が道徳教育には存在し、その両方を考慮しなくてはならないのが道徳教育の特徴である。このとき、後者の方について考えるのは、臨床教育学の重要な課題である。

(2) 倫理的葛藤

次に示すのは道徳教育の教材ではない。しかし、道徳教育に生かしてみてはと思うので取りあげてみた。これは、もともとは「葛藤解決」の方法についての日米の比較のために、当時の京都大学の大学院生田中和子さんが用いた方法である。(13) これは「物語完成検査」を用いており、次のような文章の後に、各人が好きなように物語をつくるように要請される。その結果から、その人の葛藤解決のパターンを知ろうとする試みである。次に例文を示す。

「のりこは、宿題の作文を提出するのが、よく遅れてしまいます。さて、今日は作文の提出日です。きのうの夜おそくまでかかってのりこはちゃんと書きあげました。ところが、学校へ行く途中で作文帳をなくしてしまって、どこにもみつかりません。」

ここから好きなように物語をつくるわけである。これは「物語完成検査」として提示されているので、各自は好きな話をつくるといいのだが、実際の状況として、「あなたならどうしますか」とたずねてみると、なかなか難しい葛藤場面になる。

試みに日本の小学上級生にたずねてみると、「忘れました」と先生に言う、と答える子どもが多い。どうしてかときくと、「昨日したと言っても、うそをついたと思われるから」と言う。これに対して、アメリカの子どもたちにきくと、問題なく「昨日したのだが、途中で失った」と先生に言うと答える。そして「うそ」はついてはいけないと言う。日本人とアメリカ人の「うそ」に対する考え方の差が、こんなところに出ていて興味深いと思った。

ところで、これを道徳教育の教材として使うとどうなるだろう。実はこれには教師に対する問いかけも含まれている。いつも宿題を忘れてくる子どもが「昨日したんだけど、途中でなくなってしまった」と言ったとき、教師はどんな反応をするだろう。そんなときに反射的に「うそをつけ」とか「変な弁解をするな」などと言うパターンを身につけている教師であると子どもが認識していると、子どもなりにそれに相応した言い方を考えるだろう。

これに「正解」はあるだろうか。もし「正直に事実を述べる」ことが正しいと考えるにしろ、そのことは日本人には、子どもにとっても教師にとっても難しいのだということを話合いのなかで明らかにしてゆくことこそが「正解」ではないだろうか。そして、他方、ともかくとやかく言うより「私が悪かった」とあやまるのがよい、という考えも日本の伝統的な考えにあること、アメリカではその考え方が通じないことまで話合うとなると、高等学校での倫理の問題にまで発展するのではないだろうか。

なお、これはまったくついでのことだが興味深い事実と思うのでつけ加えておく。物語を完成するときに、その「解決」の方策として、結局「先生が宿題提出日を延期してくれた」というのは、アメリカ人の方が日本人に比して多く、「作文がひょっこり出てきた」という類の解決は、日本の方がアメリカより多い。こういう差は、日米の人生観を反映していて興味深い。

このような葛藤状態について考えるときでも、たとえば「正直」という道徳律を当てはめるとすぐに「正解」が出てきてしまう。そのようにすぐに答を出すのではなく、実際状況や自分の性格などいろいろと考えて悩むところに大切なポイントがある。その際、教師は子どもたちが葛藤状況に耐えながら考えこんだり、話合ったりする、その全過程を包みこむ容器の役割をもってそこに存在することが必要である。正直が大切なことは誰でも知っている。しかし実際はすぐにうそを言いそうになる実態を話してもいいのだ、という許容度を教師がしっかりと持っていないと、話の上では、道徳的な正解がすぐに出てきて終りになってしまうだろう。

児童文学の名作には、葛藤場面がうまく描かれているのがよくある。そんなのを子どもたちに読んで聞かせるのもいいのではないだろうか。途中までやめて、君たちならどうするとたずねて、話合った後で、続きを読むのもいいだろう。何と言っても、文学作品のもっている力を、子どもたちが感じとることが大切なので、それによって何かの徳目を教えるという態度に教師がならないことが肝要である。大事なところを子どもに朗読させて、「君らが感じたことを伝えようと思うと、どんな読み方があるだろう」というわけで、何人かで朗読して比べてみることなどもいいだろう。何度も読んで、読み比べ、聴き比べをする。道徳というものは、だんだんと体にしみ込んでゆくようなところがあるので、付け焼刃的に教えこもうとしても無理なところがある。「急がば回れ」と知ることが、道徳教育には必要である。

(3) 学校生活のなかで

道徳教育は、全体としては学校教育のあらゆるところで行われていると言うべきである。それと意識していなくとも、教師の一挙手一投足は生徒たちにとって、道徳教育の参考になることとして受けとめられていると言ってもいいであろう。子どもたちは大人の「言うこと」ではなく「すること」にしたがう傾向がある。

道徳教育以外の教科を教えているとき、それはかえって本来的な意味での道徳の教育になっている。以下に紹介するのは、中学校の教師、谷口研二先生の「国語」の時間についての話である。[14] 谷口先生が国語を教えた中学生は、相当に荒れているときだった。教室の外に座りこんでいるので、はいれと言うと、「おれらに教室に入れちゅうのは、酒飲みに酒飲むなちゅうのと同じことや」とうそぶく有様である。このような中学生を前に、谷口先生はある子どもと相談して、皆が読みたがりそうな短篇を教室にもっていく。リチャード・ライトという黒人作家の『ブラックボーイ』を持っていくと、例の子どもたちがのめりこんできはじめる。この作品のなかの父親の姿について話合っているうちに、ある子が「おまえらの中に父ちゃんがおって楽な家と、父ちゃんがおらんほうが楽な家はないか」と皆に問いかける。ほかの子たちはこの問いに沈黙してしまう。「これまでにいろいろためこんできた知識の言葉みたいなものが、その問いの前では吹っ飛んでしまったわけです。」しかし、このような問いがきっかけで、「お父さんがいないからといって、みんなひどい状態の家であるように思われては困ると、涙を流しながら言った女の子」がいたりして、話合いは活気づく。皆が真剣に考えるのだ。

また、国語の教科書に「水門」という小説がある。それを読むなかで、「大人であること」「大人の条件」とは何かということを話合う。筆者はこれらはすべて道徳教育であると思う。ただ、教師が徳目を「教える」のではなく、人間が生きる上において大切なことを生徒が必死で考え、教師も共に参加している。谷口先生は、子どもたちが考えた大人の条件は「学校では学んでいないことばっかりだった」と言っている。このことは、現在の学校教育がいかに学力偏重になっているかを端的に示している。

次に教科外での話を紹介しよう。最近の阪神大震災で多くの子どもたちが、一時的に家を離れて他府県にあずけられた。京都市にも市内の「山の家」という施設に、被災者の子どもたちが宿泊することになった。子どもたちの心のケアのこともあって、夜の自習の時間などに、カウンセリング研究会に所属している教師が共にいることにした。そのなかの一人、岡本智治校長先生が、子どもたちの自習を見ておられると、小学六年生の子が震災の体験を卒業文集に載せるとかで書いている。

見せてもらうと、自分はお父さんというのは、家でよくゴロ寝をしてテレビを見たりしているので、あんまりよく思っていなかった。ところが震災で家が全壊したとき、何とかして自力で脱出し、その後で家族を一人ひとり全部救出してくれたのは、お父さんであった。お父さんは強くて素晴らしかった。それ以後、自分はお父さんを心から尊敬するようになった、というような趣旨であった。

岡本先生はその子に、この作文を自分の学校の子どもたちに読んで聞かせてやりたいのだがというと、その子はすぐ承諾してくれた。岡本先生は朝礼の時間に全校生徒の前で、その作文を読んだ。「少し文章が難しいのではないかと心配でしたが、一年生も全員シーンとして聞いてくれました」とのこと。筆者はこれも立派な道徳教育と思う。徳目について「教える」必要はない。災害のこと、生命の大切さ、父親のあり方、いろんなことを含んだ六年生の子どもの作文が、そのまま全校生徒のために生かされているところが素晴らしい。

もうひとつ例をあげよう。石井順治先生の話である。[15] 給食のときに牛乳を残して、こそこそ出てゆく子がいる。不思議に思ってきくと、犬を拾って学校の近くの山の中で飼っているという。学級会で話合うと、クラスで飼いたいと言う。学校長と話合うと狂犬病の危険などの問題があり、差止められる。これもひとつの道徳的葛藤状況である。このときも石井先生は子どもたちと話合い、学校に一番近い子どもの家に頼みこんで、何とかその家で預かってもらうようにする。ところが卒業期を迎えて、この犬をどうするかで困って話合う。そこで飼ってくれるようにあちこち頼みに行くが全部だめで、結局は石井先生が家で飼うことになる。

最後のところは先生も大変だが、石井先生が短絡的に答を出さずに、つぎつぎと起こってくる問題を子どもと共に考え、現実の厳しさを共に感じているところがいい。これも道徳教育と言っていいだろう。徳目をかかげて教えるのではなく、教師と子どもが一緒になって、生きることに伴って生じる問題の解決をはかろうとしている間に、自然に道徳教育がなされているのである。

(4) 宗教性

日本の教育において今後大きい課題となるのは、宗教教育であろう。宗教の自由ということは先進国共通であり、日本もこれを今後とも守ってゆかねばならない。したがって宗教に関することは、個人または家庭、および特定の宗教集団に属するもので、公教育がタッチできるものではない。これは確かにそのとおりである。

しかし、最近のオウム真理教の事件において、大学卒業の優秀な青年が多くこれに属している事実が、人々に衝撃をあたえた。部外者から見れば荒唐無稽に思われることを、どうしてこのような知的エリートが信じるようになったのか。これはオウム真理教がどうのこうのと言うよりは、現代における日本の青年のあり方を端的に示している現象として受けとめられないだろうか。青年たちに宗教に対する免疫が無さすぎた、とでも言えるだろうか。もっとも、キリスト教文化圏においても、相当カルト的な宗教集団が発生しているので、このようなことは、日本だけではなく先進国一般のこととして受けとめるべきかも知れない。

今世紀になって、自然科学とテクノロジーは急激に発展した。したがって、人々は自然のすべての現象を合理的に理解し、支配できるような錯覚を起こしたのではないか。人間の死についても、それを客観的に研究し、死の定義を考えるなどということも可能かも知れない。しかし、そのようなことではなく、「私自身の死」について「私」が考えようとするとき、客観的研究ができるはずがない。ここは、宗教と科学の問題について詳論するところではないので、その点は他書にゆずるとして[16]、人間が生きてゆく上で、自然科学やテクノロジーも大切だが、自分の死をどう受けとめるか、という重要なことが片方に存在する事実を忘れてはならない。それをまったく不問にして生きているとき、いかに知的に武装していても、その弱点にさっと踏みこまれると、人間は思いの外に揺らいでしまう。

「私の死」について、それぞれの宗教はそれなりの答を用意している。そのうちのどれかによって、公的教育の場で「説教」や「説得」はできない。しかし、人間の死について、生命の不思議、それについての畏敬などを語ることは許されるはずである。特定の宗派に基づかなくとも、宗教性の本質について言及することは可能ではないか。

すでに他に論じているが、灰谷健次郎作「子どもの隣り[17]」の主人公、四歳のタアくんのことを紹介しよう。タアくんの保育園で兎の子が生まれてすぐ死んだので、けやきの木のそばに埋めた。タアくんは後で一人だけその墓のところに行く。ひとりの保母さんが近よってゆくとタアくんが何かつぶやいている。「死んでも、死んでも、死んでも、死んでもいい。ここにおるもーん。死んでも、死んでも、死んでも、死んでも、死んでもいい。また、生むもーん。」感動した保母さんはタアくんの言葉をそのまま繰り返す。

保母さんはタアくんに何も説教していない。ただ、タアくんの魂が演出したお葬式に参加しただけである。しかし、これこそ宗教教育ではなかろうか。子どもたちをよく見ていると、子どもたちの宗教性はあちこちで発露されている。そのときに大人がその意義を悟り、それに参加することによって、宗教教育はなされてゆくのではなかろうか。

先に紹介した石井順治先生の例においても、一匹の小犬が、一人の子を動かし、教師を、学級を、学校長をどんどん動かして、最後は学校の周辺や子どもの家庭まで巻き込んでゆく。一個の生命というものがもつすごい力、それを石井先生は子どもたちと共に体験してゆく。筆者はここにも宗教教育が行われていると感じる。お仕着せの道徳教育の副読本を読んで、「命を大切にしましょう」と声をそろえて言うのとは、まったく異なっている。

宗教教育の必要性などということで、既成宗教の人々がやたらに張切って公教育の場にはいりこむことは、拒否しなくてはならない。しかし、有難いことに子どもたちはその宗教性を自然に発現してくる。教師の心がその方向に開いていれば、それをすぐにキャッチできるはずである。タアくんの言葉に保母さんが感動しているように、宗教性に深くかかわってゆくほど、年齢差や知的能力の差は問題でなくなる。このような面にまで教師が心を開くとき、教師は子どもたちと同じ地平に立っていることを実感するだろう。共に生き共に考える過程で道徳教育が行われる。

(1) 稲垣忠彦『授業を変える』小学館、一九八八年。
(2) 『シリーズ授業』全一一巻、岩波書店、一九九一―九三年。
(3) 『シリーズ授業3 算数』岩波書店、一九九二年。
(4) 第Ⅲ章の注7に記した京都市教育委員会の研修会の際の報告による。
(5) 『シリーズ授業10 障害児教育』岩波書店、一九九一年。
(6) 同右。
(7) 多くの養護教諭の先生の報告によるが、特に、後出の小寺成子先生には詳しい点を聞かせていただいた。
(8) 岡野恵実子・川上照代・中川八重・河合隼雄「保健室からのメッセージ」『飛ぶ教室』四七号、楡出版、一九九三年。
(9) 個人的な話合いによる。
(10) 片桐啓恵・河合隼雄「青春と共鳴する授業」『飛ぶ教室』四五号、楡出版、一九九三年。
(11) 『シリーズ授業6 生活科』岩波書店、一九九二年。
(12) 『シリーズ授業4 社会』岩波書店、一九九二年。
(13) 田中和子「葛藤解決過程にみられる日本的心性――アメリカ人留学生との比較から」『京都大学学生懇話室紀要』第一七輯、一九八八年。Kazuko Tanaka, "Japanese-American Cultural Comparison Using The Story Completion Test", *Psychologia*, Vol. XXX, No. 3, 1987.
(14) 谷口研二・河合隼雄「教室の中の〈思春期たち〉」『飛ぶ教室』四〇号、楡出版、一九九一年。
(15) 注11に同じ。
(16) 河合隼雄『宗教と科学の接点』(岩波書店、一九八六年〔第Ⅰ期著作集第一一巻所収〕)参照。
(17) 灰谷健次郎「子どもの隣り」『灰谷健次郎の本』第八巻、理論社、一九八七年所収。

VI　臨床教育学の将来

臨床教育学について、筆者なりに自分の経験と考えによって、まとめてきた。しかし、これはむしろ「試論」と言うべきで、臨床教育学の領域はまだまだ広く深く、本書とはまったく異なる考えや構成の「臨床教育学」が出現してきても不思議ではなく、それは大いに歓迎すべきである。そこで、本書において述べてきたことをまとめながら、臨床教育学の将来について、筆者の展望を語っておきたい。

(1)　教育を問い直す

臨床心理学の特徴は、その出発点を個人においていることである。個人を生かすことが課題である。不登校の子がいる。ほとんどの子が登校しているので、それを「異常」であると排除しようとして、その「異常」を早く「正常」にもどそうと焦るのではなく、学校へ行かずにいるその子を中心に据えて考えてみる。そうすると、学校はもう少し個々に生徒を大切にする、個性を生かす教育をすべきではないか、という学校のあり方や、教育の方法などについての問いかけが生まれ、またそれに応じて教育の方も変ってくる、という現象が生まれる。

たとえば、例にあげた生野学園のように、学校のあたえる卒業証書に加えて、個々の生徒に独自の卒業証書を出そうとか、個々の生徒について考える職員会議には事務の人も厨房の人も参加してもらおうとか、学校の制度そのものが変ってくる。個を生かす発想を全体の組織へとつなぐことになる。一人ひとりの人間が「小さい」「一部分」のこととしてではなく、教育全般に対する問いかけ、変革への要請につながるものとして受けとめられるのである。

ここで大切なのは、このような仕事が常に現実的な具体と関連して行われることである。小犬を学級で飼おうというとき、学校長が反対するとすぐに、「校長は生命の尊さを知らない」と主張するのではなく、あくまで事実を見つめそれにそって丹念に仕事をすすめる。狂犬病のこと、衛生管理のこと、これらを調べて次のステップに進む点が意義深い。何かのことから単純なスローガンをつくり出すのではなく、あくまで仕事を具体的に粘り強くすすめてゆく。その間に、時に立ち止って考える。教育とは何か、楽しいとは何かなどと、このようにして理論と実践が分ち難く結びついているところに、臨床教育学の特徴がある。

個人を大切にすることは、個人の潜在力、可能性を大切にすることである。一人の子どもの可能性は無限と言ってもいい。しかし、無限だから何でもできる、努力さえすれば何でも可能、というような意味で言ってはいない。それぞれの人間はそれなりの限界をもっている。限界をもっているからこそ個性などという言葉もでてくるのだ。しかし、その人固有の無限性は誰も否定できない。

個人の可能性の開花を助ける人間関係がある。人間関係の質について考え、それを実践と結びつけることも、臨床教育学の重要な課題である。これはこれまでのアカデミズムの盲点となってきたところである。それは「学問」というものが客観性、普遍性を重視する方法として、研究する現象と研究者との間の関係を切断することを前提としてきたからである。今世紀後半になってその傾向はますます強くなり、数字か、あるいは積木のように堅固な概念か、どちらかを駆使して学問体系をつくることに努力してきたからである。それはそれで壮大な成果を示し、筆者もその価値を認めているが、「学問」をそのことにだけ限定することに反対している。

特に教育において、子どもの個性や可能性の発展に注目するならば、教師の個性や、子どもと教師の個性と個性のぶつかり合う関係に注目せずに「学問」をつくりあげることはできない。これまでの学問のあり方とは異なるが、将来のことを考えると、このような学問をもつことも必要である、というのが筆者の主張である。考えてみると、臨床教育学というものは、大学教育のあり方に対しても、大きい問いかけをしているのである。

人間関係の質という点で言えば、それをもっとも尖鋭に追究しているのは臨床心理学であると言えるだろう。ここに臨床心理学が臨床教育学への実際的な切り口として役立つ点がある。しかし、本書にも時に指摘した立止って考えるときには従来の教育学、哲学、宗教学などの学問が大いに必要となってくる。こんな点で、臨床教育学は大いに学際的な性格を帯びてくると思われる。

最後に、臨床教育学は本書にも議論を展開したように、文化、社会に対する問いかけの意味ももっている。筆者は文化差を考える上で、父性原理、母性原理という言葉を用いて相対化を試みた。これは、ひとつの立場に立つとどうしても片方をすぐに「悪」とか「誤り」とか断定する議論となるので、それを避けようとしたためである。西洋流の個性を尊重する側に立つと日本の従来の教育を断罪することは容易である。しかし、日本のこれまでの教育が今日までの発展に役立ったものとして、外国の学者も高い評価をあたえているのも忘れてはならない。筆者もそれに同感である。しかしそのままではすまないのが現在の状況の難しさである。おそらくこれからの改革は、「あれからこれへ」ではなく、「あれもこれも」の改革を進めねばならない難しさをもつであろう。

(2) 今後の課題

臨床教育学は未だその端緒についたばかりである。今後の課題をあげるなら、いくらでもあげることができる。本書も筆者の個人的な考えによって書いたものだから、今後、いろいろな立場や領域の人が、「臨床教育学」についての論や著書を発表されることを希望してやまない。それによってきわめて学際的な豊かな学問領域が拓かれてくるであろう。

本書を書きながら、やりたい、やるべきこととして考えたことを次に述べておきたい。これまで多少は試みてきたことだが、本書の体系に組みこめなかったのもある。

本書には主として幼稚園より高校までの学校教育の場を対象としてきたが、先に述べたような臨床教育学の方法で、生涯教育全般にわたって研究することが考えられる。これからは社会人の教育、高齢者の教育が大変重要な課題になることは明らかである。社会人の再教育、再就職の道を考えながら、やはり個人に注目しつつ問題点を探る試みをしなくてはならない。

家庭教育の問題もクローズアップされてくるだろう。週休二日制が徹底してくると、これがますます大切となる。しかし、実のところは家庭教育の中核は「自由な遊び」にあるのだ。このことを両親が不安なく行なっていくにはどうすればよいか。家庭のことは個人のことだから勝手にしてくれ、というわけでほんとうに自由勝手にやれば問題ないかも知れないが、そうは事が運ばないのが日本社会の特徴である。「勉強好き」の日本人全体の意識変革が必要であるが、これを実際に行うとするとなかなか困難なことと思われる。

宗教性の問題として前章の終りに述べたことは、日本の家庭教育の課題として重要なものになってゆくであろう。少し例をあげておいたが、子どものもつ宗教性の発想についてもっと注目する必要がある。これまではどうしても子どもに「教える」ことに気をとられすぎて、子どもの方から発想してくるものを把握し理解する努力がなさすぎたと思う。既成の宗教の教義や儀礼にとらわれず、子どもの行動のなかに宗教性が現われるのを研究すべきである。そうすると宗派にとらわれない宗教教育も可能になってくるのではなかろうか。

臨床教育学の適用範囲を大学にまで広げることが必要である。これまで「教育の研究」というと大学を除外して研究しがちだったが、もっと大学教育についての研究をすべきである。

これからの国際化時代に日本の大学が他国の大学と競争してゆくためには、大学の教育、研究のあり方を改善すべき点が多くあると思われる。そのときに単なる思いつきでなく、有効な改善をするためには、まず実状について研究することが必要である。

教育における人間関係において、本書にはもっぱら教師と生徒の関係に焦点を当てたが、教師と教師、教頭、校長などの関係についても研究すべきである。教育の国際化などということを述べたが(二二二ページ参照)、学校と学校外の人たちの協力関係について研究し、また新しいアイデアを見出すことが必要と思う。週休二日制になると、土曜日曜をいかにすごすかは、子どもにとっても大人にとっても重要なことになる。このあたりに学校と校外の人たちの協力関係が大切となるポイントがあると思う。ただ、本書に指摘しておいたが、日本的な精神主義や「易行」教育の害が下手に加わると子どもたちは休日が増えても、かえって自由が奪われるようになったりする。この点については、その利用法に対する研究が必要である。

臨床教育学における学際的、国際的研究も盛んにしたい。学際的研究の必要性は本書内にも指摘した。わが国では教育に関心をもつ人が多く、それについての論議が盛んなのは結構であるが、どうしても評論となると、批判や慨嘆が増え、一面的になりがちである。外国の学者が日本の教育を高く評価していることも忘れてはならない。と言っても、それは手放しでよろこんでいられる類のものではないから、お互いによく話合って国際的な視野で教育を考えることをしたい。

このように臨床教育学はまだまだ未開拓の広い領域をもっているので、今後ますます発展してゆくが、新しい学問としての意義をよく考え、古いアカデミズムの体質のなかに逆もどりしてゆかぬように注意しなくてはならない。

Ⅲ

日本の教育の底にあるもの

過熱する教育問題

日本の教育問題は、常にマスメディアの関心をひきつけてきた。それが今回の神戸須磨の殺人事件で頂点に達したような観がある。いったい日本の子どもはどうなっているのか、日本の教育はどうなっているのか、という、疑問というよりは強い不安が日本人全体に生じている。不安になって考えはじめると、日本の教育は問題に満ちているように感じられる。このままじゃどうにもならない、というので、日本の教育に対する批判や改革案などが続々と出てくる。しかし、なかなか名案というものはない。あちら立てればこちら立たずになる。いったいこれをどう考えるべきであろうか。

まず、日本の教育において問題視されることと言えば、不登校といじめであろう。学校へ行かない、あるいは、行けない子どもの数は現在も増加しつつある。その「原因」として、「子どもが悪い」、「親が悪い」、「学校が悪い」などと順番に論じられたが、いまではそれほど単純に原因を決めつけられるものではないと認識されている。文部省が、不登校は「どんな子でもなり得る」と言ったのは周知のことだが、確かにそのとおりで、誰が「悪い」などと言っていられないのが現状である。そして、その数は増加してきているのだ。

いじめについても、いろいろに論じられた。対策も行なわれている。しかし、簡単に減少するものではない。このような場合、一番困るのは、いじめの件数を減らそうとして、その事実を隠してしまおうとする傾向である。不登校にしろ、いじめにしろ、それによって学校が悪いとか、教師が悪いと単純に断定できることではない。それでも、それを「不名誉」と考える。そして、もっと困ったことにその事実を隠そうとする。それでは、まったく逆効果である。

後でも論じるように、不登校やいじめなどある程度あっても構わない、と私は考えている。問題はそれがあるかないかではなく、それに対してどのような対応が行なわれているか、なのである。ところが、むしろ後者のことは等閑に付され、ともかく「無い」ことを強調したがる。時に、校長先生で「私の学校には不登校もいじめもありません」と威張る人があるが、そんな人に会うとやれやれという感じがする。おそらくその陰で大変な無理をしている人がいるだろう。このようなパターンが存在するということが、日本の教育の問題点である。

このような点を指摘すると、校長のしめつけ、教育委員会のしめつけ、文部省のしめつけ、などという弁解をよく聞かされる。この「しめつけ」というのは日本の教育の大問題である。それを文字どおりに実行して、校門を時間どおりにしめて、生徒を圧死させた教員がいる。これなど日本の教育の問題を示す象徴的事件である。しかし、このような「しめつけ」を行なっている主体は何かについて、われわれはよほどよく考えてみる必要があるのではなかろうか。

もし、文部省をその主体と言ったとき、文部省が国会議員のしめつけをその理由とし、国会議員が選挙民のしめつけと言いはじめたらどうなるのだろう。これは、あながち言い逃れとばかりも言えないのである。

大学入試は常に批判の対象になる。しかし、誰もが納得する方法などあるのだろうか。受験競争の激しさも常に問題となる。確かに、現在の大学生を見ていると、多くの者が受験競争による何らかの被害を蒙っていることに気づく。青春の大切な時期に不必要な努力を強いられている。この時期に苦労したり、勉強したりすることはいいことだ。しかし、それがあまりにも不毛なのである。

「競争社会」ということを目の敵のように言う人があるが、そのような人は欧米社会が日本よりはるかに厳しい競争社会であることを知っているのだろうか。国際化の激しい今日において、諸外国と関係をもっていくときに、競争に弱い人間など何の役にも立たないであろう。このことを不問にして、教育における競争の問題を論じることはできない。私は別に競争がよいなどとは言っていない。しかし、それは決して無視できないことを指摘しているのだ。

日本の教育で、実は最大の問題は、子どもの「個性」に関することであろう。日本が経済的に急成長したときに、いわゆるジャパン・バッシングとして主張されたのは、日本人は他人の真似をしたり改良したりして得をしている。その元になった大発見、大発明をするような個性を育てず、全体として他人の知恵を喰いものにして経済的成長をしてきた、というのである。私は実際にヨーロッパ人から「日本人は人真似をして、とうとう一番になったが、一番になってからどこの真似をするつもりか」と言われたことがある。確かに、日本人の教育水準は高い。しかし、大発明、大発見をするような個性を生み出す教育はと言われると、そこに大きい弱点をもっている。

日本の教育の特性

何人かが集まって日本の教育について話をはじめると、嘆きやら怒りやらがすぐ噴出してくるのではなかろうか。近頃の子どもはなっていない、からはじまって、教師、学校、文部省、手当たり次第に文句を言いたくなってくる。確かにそれらは部分的には正しいことが多い。しかし、それでいいのだろうか。

先に「しめつけ」について少し触れたように、日本の教育問題はなかなか単純ではなく、よく考えてみると、日本人の一人一人の生き方に深くかかわっていることに気づく。日本全体の構造、日本人の人生観などと、それは深く関連していて、教育に関するどこかの一部分を改変することによって解決できるようなものではないのである。教育の問題は日本人の生き方の根本にかかわるものだという自覚が必要である。

このような全体的視野に立ってみると、日本の教育の長所と欠点はものごとの表と裏のような関係にあり、単純に欠点を見出して、それを無くしていくような方法が取りにくいことがわかる。また、問題と思われることも、他のよいことの結果として生じていることもあり、問題を見出して嘆いてばかりいることもできない。

たとえば、すでに述べたように、日本における画一的な教育によって、個性が育っていないことが、今日大いに問題視されている。しかし、日本の教育において、これまで画一的に全体の平均をあげようと努力してきたことは、「追いつき、追いこせ」を目標としているうちは、きわめて有効であったことを認めねばならない。敗戦後より短期間のうちに日本が驚異的な経済発展をなし遂げてきた要因のひとつとして、日本の初等教育の成果をあげる外国の学者がかなりいる。きわめて効果的に国民の知的水準をあげてきたことが、経済の発展に大いに寄与したというのである。このことは、日本人自身も評価していいのではなかろうか。

しかし、現在においてはこのような教育のあり方が反省され、改変の必要が生じてきている。この際、これまでの教育が間違っていたとか悪かったのではなく、それはそれとして——特に現在までは——評価されるべきであることを忘れてはならない。したがって、いまそれを改変するということは、単純な方向転換などというのではなく、考えねばならない要因が多くあることがわかる。

受験勉強の過熱が常に問題になる。しかし、これは昔に比べると自分の希望する大学を受験できる者の数が、圧倒的に増加していることから生じている。昔は貧困のために、大学受験などできない者が多かった。あるいは、上級学校に進むとしても地元の学校に限られる、という場合も多かった。日本の経済が急成長して、大学への進学率が高まったことはよいことである。このことを忘れて受験地獄を嘆いてばかりいてもはじまらない。何かよいことがあると、それに伴う影が生じる。そのことは避けられない。もちろん、それにどう対応するかを考えねばならないが。

経済の成長に伴う大きい問題として、これは後にも詳しく論じるが、物が豊かになり、経済的にも余裕があるので、物や金によって人間関係を円滑にしようとするあまり、人間関係が稀薄になってきた。また、高い経済水準を維持するために仕事が忙しくなり、人間関係があわただしくなり、深まらない、ということが生じてきた。これも、物が豊富にあり、生活が快適になることはいいことだが、その影の部分として人間関係の稀薄化が生じてきたのである。一例をあげると、高い生活水準を維持するために、夫婦が共にはたらき、仕事量も増えてくると、子どもと接触する時間が少なくなるのも当然である。それを意識すると、子どもに対して何となく申し訳ない気持がして、どうしても子どもに物を買ってやったり、小遣いを与えることが増えてくる。人間的な接触が少なくなり、お金のみ貰うことは、子どもにとって望ましくないのは当然である。現在の多くの子どもたちは、親から「お金で買えないもの」を与えられるのを、空しく望んでいる。

日本の今日の経済的発展の基礎は、欧米の文明をいち早く取り入れたことによる。そして、いわゆる「和魂洋才」でやってきたが、もういまとなっては、それを続けていくことができなくなってきた。次に論じるように、西洋においてはキリスト教がその文明の支えとなってきたが、日本はそれをほとんど取り入れなかった。文明の上澄みをすくうような器用なことをしてきたが、西洋の考えを取り入れながら、日本的な倫理や宗教観でそれを支えることが不可能となってきている。このことも、日本の教育を考える上で無視できない大きい問題である。

能力主義か平等主義か

日本の教育においては、「能力主義か平等主義か」という問題があり、そのどちらを取るかという形で論じられてきた。そして、これまでのところ「平等主義」のほうが強く、人間にはそれぞれ能力差がある、という当り前のことを言うのさえタブー視されるほどであった。日本の教育のこのような問題点を論じるために、『中央公論』一九七五年十月号に「能力主義と平等主義」という論考を発表した。いまから思うとほとんど常識のようなことを書いたのだが、激しい攻撃にさらされぬように細心の注意を払って書いたことを、よく記憶している。当時はそれでも珍しかったのか、それを見て、あちこちのジャーナリズム関係からの寄稿の依頼があった。

その当時のことを思うと、今度の第十五期の中央教育審議会において、「とび級」のことが話題となったり(採用されなかったが)、大学入試に十七歳でも可能という特例を設けることを答申したりしたのは、日本もゆっくりと変化してきたものだ、と感じさせられる。

ところで去る六月にアメリカに行ったので、中教審での話題をアメリカ人に話をしてみたが、なかなかその意味を理解してもらえない。彼らにすると、まったく当たり前のことをなぜそれほど長期にわたって審議し、長い報告書を書くのかが了解できないのである。そもそも、「能力主義と平等主義」の対立という図式そのものがわからないのである。人間に能力差があるのは、自明のことである。彼らにとっては、「とび級」など当然である。

日本人が平等主義の主張をするとき、それを民主主義と結びつけて考える人が多い。そして、これはアメリカから輸入されたなどと思っているが、それはまったく誤りである。日本人全体が信じているような平等主義は、世界でも珍しいのではないだろうか。このような平等主義と結びついての民主主義は、日本固有と言ってもよいほどである。もっとも、そのよしわるしはにわかに断定できるものではないが。

欧米のことを理解するためには、個人主義ということがわからねばならないが、それをほんとうに「わかる」日本人は、いまでも数少ないのではなかろうか。西洋にしてもこれが確立してくるのは近代になってからである。個人主義が生まれてくる根っこにはキリスト教があるが、最初のうちは、「神」の力のほうがはるかに人間よりも強く、「個人」などということは問題ではなかった。すべては唯一で至高至善の神の意志によって、ものごとが運ぶのだから、人間が出てくる幕などない。これは他にもすでに述べているが、現在では肯定的な感じを与える「コミット」という英語は、かつては、犯罪、自殺などの否定的な行為にのみ使われていた。つまり、すべては神の意志によってことが運ぶのだから、人間が「コミット」すると、ロクなことがない、という考え方である。

ルネッサンスを経て、近代になって、ヨーロッパ人は「神」に対して相当に対向できるようになった。おなじみの「自我の確立」ということが前面に出てくる。しかし、この自我にしても、背後にキリスト教をもっていることは確実である。何と言っても、他と区別され屹立している存在としての「自我」は、世界の中心に立っている「神」の姿の模倣である。次に、自我が一生の間いろいろなことを成就するとして、それは死後に復活し審判を受ける、ということによって、その死後に至るまで考えが貫徹している。

ここにきわめて簡単に述べたが、西洋の「自我の確立」には長い歴史があり、それを生きようとする個人主義はキリスト教とセットになっている。つまり、人間が個人としていかに多くのことをなし遂げようと、それは常に神の目にさらされているのであった。つまり、個人主義を日本では利己主義のように考える人があるが、それが常に神によって見られていることを考えると、利己主義とは異なることがわかる。もっとも、人間の力が強くなるにつれて、最近では欧米における神の抑止力が弱まってそれが問題となりつつあるが、ここではそれに触れない。

欧米の個人主義によると個々の人間に能力差があるのは当然で、個人の能力を最大限に生かそうとするため、「とび級」などがあるのは当然である。ただ彼らはいかに能力に差があろうとすべて神の前において平等であると考える。

人間は生まれつきそれぞれ異なるのだから、能力差などあるのは当たり前のようだが、それでは日本人はどうして戦後から五十年あまりを「平等主義」のたて前でやってきたのだろうか、日本人のこの強い平等観はどこから来たものであろう。

イエ、身分

欧米の個人主義の背後にキリスト教があると述べた。人間は「この世」に一人の人間として好き勝手に生きているだけでは、どうも不安定であって、自分という存在を何らかの自分を超えた存在に根づかせる必要があるようだ。キリスト教文化圏においては、それを唯一の人格神との関係によってなし遂げてきた。このことが現代の西洋の文化をすべて説明すると言ってよいほどであろう。

個人を根づかせるもうひとつのわかりやすい存在は血縁関係による家族であろう。あるいは、それは拡大されて部族ということになり、部族のもつ神話が大きい意味をもつ。

日本の場合は「イエ」という不思議な存在があった。それは必ずしも血縁によるとは限らず、結構、能力主義の考えを取り入れて養子を迎えたり、必ずしも長子相続とは限らない方法を用い、「イエ」の存続のために苦心した。各人はその「イエ」に所属し、死んだ後は、そのイエの「御先祖」になるという形で安心感をもっていた。現在の日本においてもまだこの形に従って生きている人も相当にいる。

「イエ」の考えは血縁による家族観に比較すると、能力主義的なところが入っているところが興味深い。血縁絶対となるとそれが能力に優先する。アジアの国々では、まだこの考えによるところが多く、権力者は自分の親族を優遇する、というより、優遇しなくてはならない。このことが、これらの国々の近代化を阻む強い力となっている。

日本はこれらの国に比して、能力主義肯定の面をもっていたので、他のアジアの国よりも早く近代化をなし遂げることができた。しかし、それは一人一人の能力を大切にする、というよりは、あくまで「イエ」の存続が優先して考えられるところに特徴がある。

日本において人間の安心感を保証するもうひとつの仕掛けとして「身分制」があった。人間は生まれたときより与えられた「分」があり、それに一生留まることによって、その個人が安定する。この制度を細かく厳格に守るとインドのカースト制になる。これはもちろん近代人から見れば非常に不合理な制度であり、日本も近代になって身分制を廃止した。

身分制は近代から考えるとまったく不合理であるが、人間の安心感という点から考えると他の側面をもっている。現代の日本においてはすべての人間が大学を受験できるので、受験地獄が生じるが、これを身分制度によって大学入学者の資格が限定されていると、少なくとも受験地獄は生じない。それぞれの人間が自分の「分」を守って生きることに徹しているならば、それは競争の少ない平和な世界になる。

今日「開発途上国」などと言われている国を訪れ、そこで子どもたちがいたずらをし合ってキャアキャアと騒いでいる顔を見ると、こちらの顔も思わずほころんでくるような楽しい気持になる。これに比して、日本の小学生で塾に通い、成績の上下に心を使い、友人と遊ぶときでもデートブックをひろげて時間を打ち合わせしているような姿を見ると、何ともユーウツになってくる。いったいどちらの子どもが幸福かと思ってしまう。日本では「教育」という荷物が子どもの自由で楽しい動きを抑えつけている。そして、その基本には、どんな子どもでも努力さえすれば「よい大学」に入学できるという信念がある。

日本において、個人の自由を求めて「イエ」も身分も取り払ってしまったのはいいが、それらは実のところ形を変えて残っている。すでに述べたように、人間はまるっきりの孤独には耐えられず、何かの根っ子を欲しがるのだ。

たとえば、日本では古来からの「イエ」から自由になったと思っても、すぐに疑似イエ構造をどこかにつくりあげている。その典型が、これまでの日本の企業である。企業戦士が自分のことを忘れてまで会社につくしたのも当然で、その努力によって彼らは「イエ」による守りを得て安心感を獲得できたのである。あるいは、家出をして「自我の確立」を目指した人たちも、文壇とか俳壇とかの「イエ」をつくり、そこで安心立命する。そして、もちろん「イエ」社会特有の日本的人間関係にまきこまれて嘆いたりする。文化人とか知識人とか、口では個人主義を主張していても、このパターンに陥っている日本人は多い。

身分のほうはどうか。私は日本人が「××大学卒」というのを、ひとつの身分として考えているように思う。日本では平等観が強いので、能力によって人間を選別することがきわめて難しい。アメリカなら当然のことである。個人の能力に応じて給料やボーナスを変えることは難しい。そこで日本では大学入試などは公平に行なう(このときは競争原理に従っている)が、卒業後は、たとえば、大卒、高卒などということによって給与体系を決めてしまう。つまり、それを身分のように取り扱ってきた。しかし、大卒があまりにも多くなってきたので、後にも述べる日本人の一様序列性の好みと関連して、「××大学卒」というときに、大学を一流二流などに分けて、それによって身分を獲得したと考える。身分は一生固定しているので、それを得たら後は幸いというわけである。したがって、二浪や三浪をしても、特定の大学入学にこだわることになる。このために、大学入試に身分競争の要因が加わってきて競争が倍加される。ここが欧米と異なるところである。

一様序列性

自分の子どもがどのような子どもであるのか、親が考えるとき、日本でなら、学校の成績が何番かというのが一番納得がいくのではなかろうか。私はかつて高校の教師をしていたが、保護者との話し合いで、その子の特徴をいろいろあげて話をしても、「結局うちの子は何番ですか」ということをせっかちに知りたがる親が多く、どうしてこうなんだろうと思ったことがある。しかし、考えてみると、ある集団ができると、その成員に対して一番、二番と順番に序列をつけて考えるのは、日本人の大好きなことなのである。このような一様序列性のこだわりの出発点は、絶対平等観である。ある集団があると、その成員は本来平等でなければならない。この前提は日本では非常に強い。しかし、何かものごとを決定したりするためには、成員に順番がついていないと不便である。したがって、昔はそれが運命的に決まっているものとして、長幼序ありという考えが適用されていた。つまり、少しでも早く生まれた者が上になる。あるいは、その集団に所属した年月日の早い者が上になる。先輩・後輩の区別が非常に厳しいのもこのためである。

このような完全に運命的な決定に対して、能力主義を日本は取り入れるようになったのだが、西洋のように個性ということから出発していないので、個性に従って多様に評価するということをせずに、一様に序列をつけないと気がすまないのが日本的なのである。自分がどのような能力や特性をもっているか、ということではなく、集団のなかの何位に位置するかということによって、アイデンティティが定まる。したがって、「何番か」がわからないと落ち着かないのである。

日本の子どもたちは実にかわいそうである。親が子どもの個性を信頼し、自主的に生きる方向で考えるのではなく、すべての子は平等で、努力さえすれば一番になるということを前提に、クラスで何番なのかにのみ評価の基準を置く。とすると、成績の悪い者は、「怠けている」とか「心がけが悪い」などという評価を受けることになる。あるいは常に自分は劣等であるという意識をもちつづけねばならない。

日本の教育者のなかにはこのような点に気づいて、「競争社会はよくない」と主張し、子どもたちにできる限り差をつけない教育をしようとする人もいる。子どもすべてに3をつけたり、運動会で徒競走することを廃止したりする。しかし、そのように無理な努力をしても、子どもが大人になって経験するのは競争社会であり、特に国際化ということを考えると、欧米の競争の強さに対抗できない人間をつくることになってしまう。

真に意味のある教育者となるためには、学力にしろ他の能力にしろ評価は評価としてしっかりと行ないつつ、それが人間の評価とは異なるものであることを、自分自身がしっかりとわきまえていることが必要である。根本的には人間がどのような意味で平等であるかをどれだけよく、実感として知っているかが大切である。日本的一様序列性から、まったく自由になることは、実に困難なことであるが、それを常に意識して努力していると、少しは変わってくる。

たとえば、自分はかつて高校の数学の教師をしているときに、数学のできる生徒はよい生徒で、できない生徒はわるい生徒と思いがちになっている自分に気がついて、はっとしたことがある。数学が人間の評価の基準になっているのだ。これを解消するひとつの手段は、教室外で生徒にできる限り接することである。そのことによって、個々の生徒の多様なよさを知ることになり、単純な評価軸が壊されてしまう。

子どもたちに接することで嬉しいことは、子どもたちは大人の根本姿勢をすぐ見破る力をもっていることである。成績の悪い子どもに成績が悪いと言い、走るのが遅い子に遅いと言っても――時にきつく言ってさえ――、こちらの人間評価の軸がそんなことでゆらいでいないことを子どもたちが知っているときは、そんなことで深く傷ついたり、劣等感をもったりはしない。その逆に、口先だけで、いかに平等を強調しても、子どもたちは教師の根本姿勢がどのようであるかをちゃんと知っている。つまり、大人はもっともっと子どもを信頼してもいいのだ。

以上のことは、親が子どもに接するときも同様である。子どもの個性ということに注目すること、一様序列のなかに自分の子どもを位置づけしないこと、これが大切である。

テクノロジーの発展

子育てや教育の問題をますます困難にする現代の要因のひとつは、科学技術の急激な発展にある。今世紀におけるテクノロジーの発展により、どれだけ多くのことが人間に可能になったかはいまさら言うまでもない。このことによる大きい恩恵に対して、それに見合う心の準備や努力を怠ると、人間は大変な不幸を背負うことになるだろう。

まず、近代科学とテクノロジーの方法によって人間は多くの利益を得たので、その方法をややもすると人間個人に対しても当てはめようとする。このために人間関係が稀薄化するという問題がある。近代の科学技術の方法は、対象を客観的に観察して見出された法則を利用し、対象をうまく操作することによって望ましい結果を効率的に得ることを可能にする。これがあまりうまくいくので、そのような方法によって子どもを「よい子」に育てようと考える。ここに問題が生じてくる。そこに考えられる「よい子」イメージが、親の望んでいる「よい成績をとる子」ということにのみ限定されてくると、その子は人間性という点では非常に貧しい、あるいは歪んだ人間になってくる。次に、子どもを「対象」として見る、ということで、生きた人間と人間との血の通った関係が薄くなってくる。子どもたちは、はじめは親の言うとおりに従っているかもしれないが、自我が目覚めはじめる思春期になると、自分は親に「操られている」のではないかと感じはじめ、そのときにいろいろな暴発的な行為が生じる。校内暴力、家庭内暴力、そして、最近ではもっと恐ろしい事件まで生じている。

科学技術の発展により、日本は非常に豊かな国になったが、端的に言うと、このように物が豊富にあるときの子育てについて、いかに宗教性や倫理性を養うかについて、日本人には何の準備もなかったという問題が生じてきた。

日本人の宗教観や倫理観は、日常生活そのものと深く結びついており、キリスト教のように教義、説教、礼拝などと明確に結びついてはいない。たとえば、われわれが子どもの頃は、「もったいない」ということが、子どもを育てるしつけのなかの中核になっていた。「もったいない」は「物の節約」とは同じではなく、ものそのものに対する畏敬の念にまで深めることのできる宗教性をもっている。仏教との関連については省略する。

現在、子どもたちに「米粒ひとつでも、もったいない」ことを実感させることは難しい。あるいは、年中行事にしても、節句やお祭りのときの餅やごちそうを、家族が共に楽しんで食べることによって得る一体感なども、保持するのが難しくなった。物がありすぎて、ごちそうの魅力が消え失せてしまったのである。

暖房にしても、たとえば、一家のなかで、いろりにだけ火があるならば、何も言わなくても、火を中心とする家族の輪ができた。そして、子どもたちは子どもたちなりに家事の手助けの仕事があった。いまはそれも無い。数えたてていくと切りがないが、人間関係を密接にし、宗教や倫理について学ぶ機会が——とりたてて親が言葉にしなくても——いくらでもあった。それらは、いまから考えると不便であったり、貧しいものであったり、と言えることなのだが、それら全体のなかに、うまく子どもを育てていくための仕掛けが隠されていた。

物が豊かになることや、生活が便利になることはいいことである。しかし、それによって失われる大切なことを、どのような形で補償するかについて、日本人はあまりに無自覚すぎたのではなかろうか。自分たちの極端に貧しかった子ども時代から考えて、子どもにとって、物やお金があることが幸福だ、などと単純に考えすぎていなかっただろうか。親が一生懸命に働いて子どもに与えている物が、子どもの心を深く傷つけたり、自由を奪ったりすることに役立っているのだ。

親に暴力を揮《ふる》う子どもは、なぜ自分がそうするのかうまく言えないことが多い。それは自分の欲しいものが、目に見える物でも、お金で買える物でもないからである。このことを理解できない親は「何の不足があるのか」と憤慨したりする。しかし、子どもからすれば、大切なことは何ひとつ貰わなかったし、教えられなかったのだ。

ついでのことながら、村上陽一郎は、これだけ物が豊かになり、今後もテクノロジーが発展して、個人の欲望がどんどん満たされていくとき、何らかの意味でのそれに対する抑止力がないと、人類の未来は危ういのではないかと警告している（村上陽一郎・河合隼雄編『現代日本文化論』第12巻「内なるものとしての宗教」岩波書店、一九九七年）。

欧米においてはキリスト教が抑止力としての役割をもっていたが、それもだんだん弱まってきている。日本においてこのことをどう考えるかは、子どもの教育のみならず、大人の生き方を考える上でも重要なことである。豊かな時代の日本における宗教と倫理の問題は、かなり深刻である。

白日に曝される子どもたち

教育と関係のないことまで、ながながと述べてきたようだが、実はこれでもまだ言い足りないし、考え足りない気もする。教育の底に日本人の生き方の全体がかかわり、文化の歴史がかかわっているからである。個性の尊重と言っても、キリスト教に裏打ちされている個人主義、というのと異なる形で、個性をどうとらえるかという問題がある。

これ以上論じはじめるとどこまで広がるかわからないので、この辺で打ち切るとして、個性をどう考えるにしろ、それは子ども一人一人によって異なるものだから、他から「教え込む」ことなどできるはずがないのは自明のことであろう。個性は自《おのず》から育ってくる。とすると、子どもの個性を尊重するには、子どもの自由で自主的な行動を見守ることが第一である。しかし、これは放任ではない。まったくの放任では子どもとの関係が切れてしまう。あくまで、親と子、教師と生徒などの関係を保ちつつ、相手の自主性を尊重することは、日本の親や教師のもっとも苦手とすることである。日本の大人は教えるのが好きすぎる。きまり切った知識を早くつめこむことによって、子どもの個性を壊してしまうのである。

日本の大人たちは、子どもたちを自分の考える「よい子」に仕立てあげようとして、早くから知識を教えこむ。その上困ったことに、子どもの数が少なくなり、大人の子どもに対する監視機構が出来あがっているので、子どもたちは、まったく自由に遊ぶ機会が極端に少なくなってしまった。子どもは常に何か「よいこと」をしていなくてはならない。そのときに、すでに述べたように、どんな子でも努力さえすれば一番になれるという発想があるので、子どもたちに対する大人の圧力は非常に強くなる。

すでに指摘したような操作的な考えがこれに加わり、子どもたちは自分自身の自由な世界をどんどんと奪われていく。自分が「そこにいる」ということを無条件に許される場所がなくなっていくのだ。

われわれ臨床家が会う多くのいわゆる問題児は、自分の気持を述べても大丈夫とわかると、自分の「居場所がない」と嘆くことが多い。家庭も学校も彼らの居場所でなくなっているのだ。彼らは大人に対して「子どもたちにとっての真の居場所はどこか」という重要な問題提起をしているのだ(問題児とは、大人に対して問題を提出しているのであり、大人はそれを解く努力をすべきである、と私は以前から繰り返し指摘している)。

個性を育むには、それにふさわしい場が必要である。それは言うならば神聖な場所であり、秘密の場所なのだ。白日のもとにいつも曝《さら》されていては、真に貴重なものは生じてこない。ものごとが生まれるときは、それを生みだす闇が必要である。あるいは、もしもこの世に夜がなかったらどうなるかを考えてほしい。あるいは、晴天ばかり続くとどうなるかを考えていただきたい。いまの子どもたちは、かわいそうにビニールハウスで育てられ、都合のいいときに刈り取られてしまう植物のような存在になっていないだろうか。

私は最近、『子どもと悪』という本を上梓した(本巻所収)。そのなかで主張したかったもっとも重要なことは、大人からは一見悪に見えることが、いかに子どもの個性の発展と深くかかわっているか、ということであった。

われわれカウンセラーのところには、一般に問題児とか、悪い子どもと言われる子どもが送られてくる。そのときに、われわれはそれをどのように「よく」するかなどと早急に考えるのではなく、その問題や悪をバネとして、その子がいかに自分の個性を見出していくかを助けようとする。こんな意味で、文部省が試験的にではあるが、スクールカウンセラー導入に踏み切ったことは、きわめて画期的であり、意義深いことだと思う。

ある中学校で、髪は染める、お化粧はするで「不良」と烙印を押されている女生徒が、スクールカウンセラーのところにふらりとやってきた。はじめは雑談か冷やかしに来たような態度だったが、しばらくして、「先生は何のために生きているのですか」と正面から目を見据えて問いかけてきた。カウンセラーはその生徒の勢いに思わずたじたじとなるほどだったと言う。彼女は続けて、「こんなこと誰にも話しできない」と言ったという。

成績は何番か、何校を受験するのか、そんな話題は学校の白日のもとで語られる。しかし、「人は何のために生きているのか」という問いは、白日のもとでは語りにくい。じっくりと人知れぬところで、ほんとうに気持を分かち合える「居場所」があってこそ、それは可能である。彼女はカウンセラー室が彼女にとってそれを提供してくれる場であるのを感じとったのである。

スクールカウンセラーは単に問題を糊塗するための応急措置のように誤解している人がある。むしろそれとは逆に、あくまで、子ども個人に注目し、これまでの画一性の強かった学校教育に新風を吹きこもうとしているものであることを、我田引水かもしれないが、誤解を解くために、ここに少し触れておいた。

成人の意識改革を

カウンセリングは個人を大切にすると述べた。私は長らくこの仕事を続け、沢山の子どもたちに会い、子どもたちのためのカウンセラーの実際的指導も続けてきた。それらの多くの経験を基にして本論を書いているのだが、日本の子どもの教育を改善していく上で、一番必要なのは、成人の意識改革であると言いたい。

それは単純に言ってしまえば、個人、個性を大切にする方向へと考え方をシフトすることである。たとえばそれの制度としての顕われのひとつとして、中教審の答申のように、十七歳でも大学入学が可能となる。しかし、このことをこれまで同様の一様序列性の尊重や、日本的平等観のままで受けとめると、きわめて変なことになる。あくまで、個人のほうから発想して、十七歳で大学生になる人も、あるいは二十歳で大学生になる人もあろう、というだけであって、そんなことにおびやかされていては話にならない。要は、自分自身がいかなる人生を歩むのかにある。

ほんとうに子どもにとっての幸福は何か、という点についても発想の転換が必要である。よい大学を出てよい企業に就職すれば幸福になる、などという一筋道の考えは通用しなくなるだろう。子どもの幸福は子ども自身にまかせるのであって、親があれこれとアレンジしたり操作したりできるものでないことを知らねばならない。

このように言いながら大きい問題として思うのは、欧米の個人主義がそのまま模範にならないことである。これについて詳しく論じる紙数は残されていないが、それはたとえば、アメリカにおける青少年の犯罪、ドラッグによる障害の問題を見てもわかるだろう。科学技術の発展と共に、あちらにおいても「神」による抑止力を失い、個人主義は危険な状態になりつつある。

日本においては、すでに見てきたように、「イエ」や身分などが、あんがい人間の守りのために役立っていたのだが、近代化と共にそれを棄て去ったのはいいとして、いったい日本人はどのような「個性」とか「個人」とかを考えようとするのかについて検討するのをあまりにも怠ってきたのではなかろうか。それを不問にしたままで「個性の尊重」を言ってもはじまらない。

ここでわれわれに課せられた責務は、新しい世紀に向かって、これまでより格段と「個人」を大切にする方向に向かって努力をすると共に、それを支えていくべき人生観、世界観を新たに構築していく努力をすることであろう。後者の努力を忘れていては、個性の尊重も結局は掛け声だけに終わってしまうだろう。そして、それが世界の精神史においても、これまでに達成されたことのない新しい世界への挑戦であって、きわめて困難な課題であることを認識すべきである。このような困難な時期の特徴として、われわれは多くの子どもの問題をかかえているのである。

このような自覚なしに短絡的に解答を焦ると、単純に「昔はよかった」式の考えになったり、子どもの規制を強化しようとしたりする不毛な方法が提案されてくる。たとえば、昔の日本の「家族的人間関係」のよさのみを強調して、それが個性の破壊につながることを不問にしたり、今回の神戸須磨の事件に驚いて、もっと子どもを監視監督しようと考えたりすることである。これまででも、すでに述べたように子どもは大人によって自由を奪われているのに、それを強くすることは、かえって強い暴発を準備するようなものである。

大人は子どもに「教え」、「導く」ことにやっきにならず、子どもの自主性を尊重して、そこから生まれてくるものに学ぶほどの気持をもつべきである。これは放任とはまったく異なる。子どもたちに自由を許すと、そこから出てくるものは時に大人をおびやかすものもある。それらと正面から対決することによってこそ、新しい道が見えてくる。子どもが提出してくるいろいろな問題は、新しい発見へのきっかけをつくるものである。個性の尊重ということは、一人一人の責任と課題を重くする。制度の改変は必要であるが、それによって個人が楽になるのではない。日本の成人は各人が自分の意識の変革と取り組む覚悟をもたねばならない。

心理臨床における学生相談の方向性

学生相談の専門性

わが国における学生相談の歴史は長い。わが国の臨床心理学はアメリカの影響を強く受けてきた。そもそも「心理学」は戦前からあったが、臨床心理学などという学科は存在していなかった。敗戦とともに、アメリカに見習って新制大学を発足させたとき、アメリカには「学生相談」があると知り、それを輸入しようとしたが、実のところはそれを行う専門家がいなかったといっていい。これは「臨床心理学」がなかったのだから当然のことである。

そこで、ともかく学生のために援助をしようと思う人たちが「学生相談」を担当することになり、このようなことに熱意をもった教官や事務官がそれに従事してきた。「相談」というのは「人生経験の豊富な人」がすればいいので、その「専門家」などというのがあまり考えられなかったのが実状である。日本人はもともと「心」のことに関する専門家という考えに抵抗があり、人生経験さえあれば、「相談」など誰にもできるという考えが強いので、上記のような傾向は相当に長く続いた。

ところが、学生相談も「心の専門家」が担当すべきであるという考えが、最近十年ほどの間に急激に強くなった。学生相談を担当する臨床心理士が急増してきた。これは学生相談において取り扱う事例がむずかしくなり、学生相談に熱心である大学教授が言ったように、「善意や熱意が通じなくなった」からである。つまり、常識の延長上で、たとえ相当熱心に学生の面倒を見ても、効果がないどころか、後で逆に恨まれたりすることが生じてくるようになったのである。このことは、最近における境界例の増加が、その大きい要因のひとつとなっている。境界例に対しては、素人の熱意はかえってマイナスにはたらくことが多い。

以上のような理由で、これまでむしろ熱心に学生相談の仕事にかかわってきた教官や事務官から、学生相談に「専門家が必要」という声があがってきた。自分たちが熱心にするから専門家不要というのではなく、熱心にかかわることによって、その困難さを実感するようになったためである。

あるいは次のような例もあった。相談に来た学生が、失恋した相手の女性の面影が忘れられないために、心が落ち着かない、と訴える。そして、せめて恋人に似た顔の女性を探し出してその人とつきあうと心が休まると思うので、在学中の女子学生の顔写真を学生課で調べさせてほしいという。われわれ専門家であれば、このような話を聞くだけでも、すぐに「注意深く接するべきだ」という警戒心をもつはずである。まして、本人に直接に接していると、もっと診断的な考えが生じてくるだろう。ところが、この相談を受けた人はまったく臨床心理の心得をもっていなかったので、本人の言うところに従って熱心にも学生課に頼みこんで、二人で女子学生の顔写真を点検することをはじめてしまった。そのうちに、本人の妄想がだんだんと顕著になってきて収拾がつかなくなり、専門家に頼ることになった。

あるいは、ある学生寮で学生の指導に熱心な寮監があった。その寮で彼が熱心に指導してもよくならない学生がひとりあった。何でもないことで急に怒り出し、相手をなぐりつけたりする。寮監が教え諭すとおとなしく聞き、よくなったと思っていると、突発的に争いが起こる。とうとうたまりかねて、筆者のところに相談に来た。よく様子を聞いていると、てんかんの小発作と思われるようなところがある。そこで、てんかんについて説明し、現在では薬の服用によって症状がなくなることが非常に多いこと、精神科に行くべきであるが、精神科は一般の人が考えるほど「恐ろしい」ところではないこと、を説明して納得してもらう。そこで、この寮監は学生を説得して精神科を受診させ、てんかんと診断され服薬するようになる。以後、問題はまったく解消した。この際は、臨床心理士のもつ精神医学の知識が役立ったのだが、その知識だけではなく、寮監に上手に説明して、本人が精神科を受診するのに抵抗を感じないようにする、ということも大切である。

大学において臨床心理士を学生相談の担当とする必要がないと主張する、あるいは積極的に批判する立場をとる大学教官も、かつては相当にあった。それは、自分たちこそ、人生について深く知っているのに、大学院を出たばかりの人間がいかに専門家といっても、他人の——とくに大学生の——相談などできない、という考えである。哲学、倫理学、宗教学のオーソリティの先生が主張されると、まさにそのとおりと言いたくなる。ところが、実際的には、自殺未遂者があったとき、その人に向かって、人生の意義や、生命の尊厳について説教してみても、あまり役立たないことが多い、それよりも、その人に接して、耳を傾けて聴き、今後実際的にどのようにするかを考えられるのは、臨床心理士としての訓練を受けた若い人のほうがよほど役立つのである。ここで最も重要なことは、人生について何を語れるかではなく、自殺未遂をした人に接して、その人が自分の考えや感情を表現したくなるような人間関係をもつことができる、ということである。そして、その本人の心の動きにしたがって共に考えていくことが、最も有効なのである。そのような意味で、臨床心理士は専門家なのである。

以上のようなことがだんだんと一般に認識されるようになり、大学の学生相談においても、臨床心理士が専門家として仕事をするようになった。

学生相談における「見立て」

カウンセリングや心理療法においては、「見立て」が大切である。ここにわざわざ「見立て」という言葉を用い、「診断」という用語を用いないのは、それが医学における「診断」とは異なることを明確にする意図と、このような日本文化の伝統に由来する語のもつ含蓄を生かしたいと思うからである。(1) もっともこの「見立て」という用語の有用性を最初に主張したのは、精神科医の土居健郎であるが。

学生相談に来談する学生は、来談の動機、目的、病理水準などさまざまの点で多様をきわめる。したがって、このような学生に対してどのように接するかについて、初回面接のときに「見立て」をすることが必要である。時によっては、一回では不十分で、二―三回会ってみないと「見立て」ができないこともあろう。「見立て」に従って、その後の方針を立てねばならない。

学生相談に訪れてくる学生のなかには、〝事務的〟にある程度処理できるような内容に関して来談する者がいる。「アルバイトの斡旋をして欲しい」、「単位はどのくらい取るのか」など、厚生課や教務課で訊くとすぐわかるようなことである。「それは××課で訊いて下さい」と言えばすむようなことである。あるいは、同級生にたずねるとすぐ答えてくれるようなことである。

この場合に、そのようなことは××課で訊くとよい、というふうにすぐに答えを出さないことが大切である。一応学生の質問を聞いたうえで、少し待っていると、あんがい他のことを話しはじめ、実はそちらのほうがほんとうの主訴であることもある。本人がそのあたりをどこまで意識しているかわからぬときも多いが、主訴となるようなことを最初から言い出すのに抵抗があり、学生であれば普通に問題になるようなことを、学生相談に来るための一種の通行証のようなかたちで使っているわけである。そのとき、カウンセラーの態度に従って話が簡単に打ち切られたり、どんどん深まっていったりする。なかには、友人やクラブの後輩のことを相談したいと言って来るが、結局は自分自身の問題を相談したいのだというときもある。したがって主訴がどんなに簡単そうに見えても、最初の一時間は落ち着いて、じっくりと話を聞くことが必要である。

以上のことは、学業に関する相談の場合も同様である。大学生としては学業に関して相談するのはあまり抵抗を感じない。あるいは転学部するには手続きをどうすればよいのか、というときも、単なる手続きのこととは限らず、将来の進路のこととか、あるいは親子関係の問題などがそれにからんでくることもある。親の希望と本人の目標とが一致せずに困っている場合や、ともかく親の意図の反対のことをしたいと思っているときもある。これらの話をじっくりと聴き、本来の課題がどこにあるのか、を見いださねばならない。

「見立て」として、来談者のもつ心理的課題がどのようなことであり、その解決をする能力が本人(および、その援助者を含めて)にどの程度そなわっているのか、したがって、どのくらいの年数を必要とするか、などについての判断を下さねばならない。たとえば、訴えの内容から「対人恐怖症」を考えても、その本人がどのような心理的課題をもっているかは、個人によって異なるはずであり、それを抜きにして、「対人恐怖症」という診断を下しただけでは十分とはいえない。

ここに「心理的課題」という表現をしたのは、クライアントの問題(症状)などの「原因」を探る、という考え方をすると、その過去にばかり関心が寄せられるが、クライアントが「何をなすべきか」という考えをすることによって、現在や未来に対しても視野が広がるところが特徴的である。このことを「見立て」として考えることが、医学の「診断」と異なることである。そして、このようなことを判断するためには、青年期の心理的課題について理論的知識を十分にもつことが必要である。

クライアントの病理水準についての判断が是非必要である。確定的な医学的診断はできないにしても、クライアントが、神経症圏、境界例、分裂病圏に属する病理をもっていないかを判断できねばならない。心理的課題にのみ注目して病理的なことを不問にしていると、危険な状態になったり、予想外の長期間にわたることになったり、不都合なことが生じてくる。あるいは、抑うつ症状の場合は、薬物が効果をもつ場合が多いので、まず精神科医に紹介すべきである。分裂病圏のクライアントは医者の診断を必要とする。これらの場合、精神科受診に抵抗を感じる学生も多いので、よく説明して紹介することを怠ってはならない。大学の学生相談室は、精神科医と何らかの方法で接触し、協力しあう体制をつくりあげておかねばならない。

すでに例をあげておいたが、てんかんなどの器質的な脳の障害の場合、もちろん診断はできないが、「これは精神科医に紹介するほうがよい」という判断が適切に下せるようになっていなくてはならない。症状や訴えに心理的には了解しがたいところがある、という点や、何らかの行動の異常などを指標にして判断すべきである。この際、断定的なものの言い方は避けるべきであり、「念のため」に精神科の受診をすすめるというのがいいであろう。何の説明もなく、「精神科に行くべきだ」などというと、不安や抵抗を生ぜしめるだけである。

現在の学生相談において、最も注意すべきは、境界例であろう。その数は増加しているし、それと知らずにつきあっていると大失敗をすることも多い。境界例の人は、最初は何の症状も示さず、芸術的なセンスのよさを示したり、何らかの才能をもっていると感じさせることが多いので、カウンセラーが無防備に〝親しく〟なって、後になって非常に困った状況に追いやられることになる。訴訟事件にまでなったりする。

ここは境界例について論じる場ではないので、これ以上は省略せざるをえないが、学生相談に従事する者は、境界例に関する知識を十分にもつ必要がある。ただ、境界例のような心性は、治療者の態度によっても誘発されるところがある。境界例にこだわりすぎて、かえってクライアントをその方向に追い込むような面もあるので、その点にも留意しなくてはならない。

学生相談の「見立て」において、自殺の問題がある。日本人は欧米人に比して、「死にたい」、「死にます」という人が多く、青年期にはとくにそのような表現が生じやすいので、これをどう扱うかが大切な点になってくる。これが「苦しい」とか「わかってほしい」とか、カウンセラーに対するいろいろな訴えの表現のひとつとしてなされているのか、字義どおりなのかを判断する基礎に、治療者とクライアントとの人間関係がある。その関係が相当にできあがってくると、「死にたい」という発言の意味がわかりやすい。それと「死にたい」と言われても、すぐにとめないで話をじっくりと聴いていると、その真意もわかってくるし、クライアント自身が発言を訂正するときもある。

もちろん、セッションの終わりになっても、「死にたい」という気持が変わらず、実行される危険を感じるときは、それに対処する実際的な措置を考えねばならないが、それはきわめてまれである。「死にたい」とわざわざ治療者に向かって言うというのは、そのような表現でしか伝えられないクライアントの心の状態があるわけで、それを治療者が了解すると、クライアントは「死ぬ」と言う必要がなくなるわけである。「見立て」はクライアントの状態のみでなく、治療者とクライアントの関係をも含んでなされるのである。

学生相談の実際

わが国の大学も学生相談室をおくところが増えてきた。来談する学生数も急激に増加してきている。ただ、現在でも学生相談室を開いたが、ほとんど利用者がいない、相談室が物置になっているなどという大学がないことはない。このようなところは、すべて学生相談を担当する適切なスタッフがいないところである。「PRの仕方が悪いから」とか、「学生に来談することの抵抗感が強いから」とか言う人もあるがそんなことはない。優秀なスタッフが熱心にかかわっているところでは、必ず来談者が増えている。学生間の口コミというのは大したものである。

たしかに一昔前は、相談室に来るのに何らかの抵抗があった。もちろん、いつになってもそれを感じる人はあるだろう。しかし、全般的に見て、学生が来談するのに抵抗を感じるのが少なくなっている。筆者は三十年以上も前から学生相談をはじめたが、その頃は学生の抵抗を弱めることや、PR活動に相当努力しなくてはならなかった。心理テストに関心のある者に対して、いつでも心理テストをして結果を伝えることをしたり、学生相談室主催で、談話会、グループの話しあい、などを企画し、それはある程度の効果があった。これは今でも有効であろう。しかし、根本は、来談する学生個人に対して、熱心に的確に面接することである。それをしておれば、現在であれば学生相談の仕事は十分に果たせるのではなかろうか。

ある日本の心理学者がアメリカの大学で、最近の日本の学生は気の毒である、自分の真の悩みを打ち明けて話しあえる友人がなくなったからである、という話をしたが、アメリカの学生はわけがわからないという反応を示した。アメリカでは自分の「真の悩み」など友人に話すことは、絶対といっていいほどない。そんなことをすると自分が危うくなる、というわけで、アメリカでは専門職《プロフエッショナル》としての相談者が多くなる。学生相談が必要なのも当然である。日本はアメリカとまったく同じではないが、それに近づきつつある。それと、日本における大きい問題は家庭教育が急激に弱くなっている事実である。欧米はその点は一般的に言って日本より上であり、キリスト教のもつ宗教教育の力も相当にある。これに対して日本ではいわゆる「勉強」にのみ力をつくし、家庭内の教育がほとんどないような状況になったので、大学生になっても、心理的には幼稚極まりない者が相当にいる。彼らは極端な場合、友人をつくることもできず、同級生に何と言って話しかけていいかもわからない。そのような学生が学生相談に現れつつある。このような学生をどのように指導すべきかについて、日本の学生相談担当者はよい方法を考えるべきであろう。これは「相談以前」とでもいうべきことだが、今後ますます増えていくのではないだろうか。それはまさに「教育」の問題である。カウンセラーは、そんな意味における教育的機能も、仕事のひとつとして考えておかねばならない。

これとは逆に、きわめて困難な事例が増えているのも事実である。最近は「青年期平穏説」が主張されたりするほど、かつてのおきまりの「青年の苦悩」などというのとは無関係に、アッケラカンと生きている青年も多い。しかし、そこから落ち込んだ学生は、非常に深い層にまで沈んでおり、普通の言語表現では、なかなかコミュニケートすることができない。学生の「アパシー」などと呼ばれることもあるが、本人にとってみれば、ただ何をしても空しいというだけで、何が「悩み」であるとはいえない状態になる。

このような学生に、しっかりやれとか人生の目的とか、「教育的」なことを言っても何の効果もない。これらの学生に対しては、カウンセラーが彼らの落ち込んでいる深い層について十分に知っていることがまず必要である。それに対する共感を基にして「共に居る」姿勢を示すことによってのみ、関係が成立してくる。そのとき、言語表現がむずかしいので、絵画、箱庭、その他の非言語的表現が役立つことが多い。あるいは、夢によって表現されることもある。このような困難な学生に対しては、カウンセラーは、イメージによる表現についてよく知っていることが、大いに役立つであろう。

学生相談活動の実際として問題になるのは、最後に述べたような本格的な心理療法を必要とするものは、学生相談の範囲をこえるので、外部の専門家に紹介するという考えである。アメリカではこのような考えによっているところが多い。学生相談の来談件数が多いためと、そこまで専門的援助を無料でするのは大学の役目でないという考えである。したがって、学生相談においては、心理テストによるアセスメントや、助言などを中心に、数回程度の面接で終わるものに限定し、それ以上の重いケースは外部に紹介するわけである。

これはひとつの卓見で、日本においても、このとおり実行されているところもある。ただ、日本人の場合は、一度「おまかせ」して、他に紹介されたりすると見棄てられたように感じる者もあり、学生相談は「あてにならない」、「冷たい」というイメージを与えることもある。これらすべては、学生相談に従事するスタッフの時間的容量と来談者の数に関係してくるので、今後は実状に応じて工夫していくとよいであろう。

(1) 見立てと日本文化については、下記を参照されたい。河合隼雄「日本文化における「見立て」と心理療法」『精神療法』二二巻二号、金剛出版、一九九六年。〔本著作集第二巻所収〕

学校における心理臨床

生徒指導の変遷

学校内における心理臨床の仕事として、まず思いつくのは、生徒指導ということであろう。学校教育においては、実に多くのことを行わねばならないが、教科指導とともに生徒指導という分野がある。教師は子どもたちに対して、知識を伝達するだけではなく、社会人として生きてゆけるように指導を行わねばならない。そこで、教科指導以外に、生徒指導が大切になってくる。

そこで、わが国の学校教育における生徒指導のあり方を振り返ってみると、「指導」という言葉に示されているように、子どもを正しい方向に導く、あるいは、まちがった行為をしている子どもを「矯正する」という考えが強かった。そのような意味もあって、「補導」という用語が用いられることもあった。

このようなところへ、一九五〇年頃にアメリカから「カウンセリング」ということがもたらされた。そして、わが国ではそれは、ロジャース(C. R. Rogers)の考えによるところが大であったので、それまでに行われてきた「補導」とは対立的にとらえられるところがあった。初期の頃は、それが「非指示的カウンセリング」として理解されていたので、補導の方からは、カウンセリングは「甘い」と非難され、カウンセリングから見ると、補導は「強制」ばかりということになり、両者は対立することが多かった。

初期の頃に学校内にカウンセリングを導入しようとしたところでは、当時のカウンセラーが、やや型にはまったものになりがちだったこともあり、あまり成功しなかった。

時が経つとともに、臨床心理学も進歩し、日本心理臨床学会において、事例研究を中心として、あくまで個々の事例を大切にし、具体的に詳細に研究を重ねてきたことにより、カウンセリングや心理療法の技術や能力をしっかりと身につけた臨床心理士が多くなってきた。これと並行して、日本の学校においては、いじめや不登校などの件数が増え、また個々の事例に深刻なものが多くなる傾向が強くなってきた。そこで、試験的にではあるが、一九九五年より、公立校にスクールカウンセラーを導入する、という画期的な施策が行われることになった。補導かカウンセリングかなどといっておられない、ともかく有効な方法を考えざるをえない、というところまで、日本の学校教育が追いこまれてきた、ということもできる。

スクールカウンセラーの導入は実に画期的である。日本の学校は「聖域」とさえいわれるほど、外部の人間のかかわりを拒否してきたのだから、スクールカウンセラーの導入を、かつての日本の「黒船来航」にたとえる人がいるほどであった。これがどのような理念にもとづいているのかについては次節に少し詳しく述べたい。さもなければ、文部省がせっかく画期的な施策を実行しようとしているのに、その意図が的確に具現できないおそれがあると思うからである。

スクールカウンセラーが導入されたとき、これまでの日本の教育界の状況から考えて、いろいろと摩擦が生じるのではないかと危惧したが、予想外に円滑に事が運び、その結果、スクールカウンセラーの増員が年ごとに行われ、現在は、制度化のことも具体的に考えられるほどになったのは、非常にうれしいことである。これは、スクールカウンセラーが事前の研修などを通じて、学校の状況や、教師の考え方などについて知り、その点をよく理解したうえで、カウンセラーの仕事をしようとしたこと、および、学校側もカウンセラーの受け入れについて、きめの細かい配慮をしたこと、の相互効果によって、思いのほかに円滑に行われたと思う。もっとも、このような新しい企画につきものの摩擦が少しは生じたことも事実ではあるが。

教育改革と心理臨床

文部省がスクールカウンセラーの導入という画期的な試みをしたのは、時に誤解されるような、いじめや不登校に対する応急対策として実施したのではない。その根本には、現在わが国において必要な教育改革の施策のひとつとして位置づけられるという考えがある。

日本の教育は、日本文化の特性を反映して、平均的に全体のレベルをあげる傾向が強く、学級も均質的で、教師の教えることをそのまま早く学ぶ子どもをよしとする考えが優勢であった。これは、日本が欧米に対して後発国として「追いつき追いこせ」型の努力をしてきたため、当然ともいえることであった。しかし、現在のように国際化の傾向が強く、欧米諸国から、日本人が創造性に欠けるとか、個性的ではないと批判されるようになったので、それに対抗するためには、急激な教育改革が必要と考えられるようになった。その際の重要な柱のひとつが「個性の尊重」である。

「個性の尊重」ということに反対する人はいない。しかし、日本で現実には実行することはむずかしい。日本人は「均質性」への固執が実に強いので、個性的な人間はややもすると「変人」とか「異質」と思われ、それを全体のなかに同化させようとする力が有形、無形にはたらいてくる。教師も自分の担任する学級の、そのような

「変わり者」を、他と同じような子どもにしようと指導することが多い。たとえば、帰国生徒が転校してきた場合、その子が外国で身につけた姿勢で発言したりすると、そのような考え方を、どのように生かしていくかというよりも、変なことを言うというので頭から否定したり、無視したりしてしまう。それを子どもたちだけではなく、教師も共にするようなことが、よく生じる。

日本の教育をここで抜本的に変革するひとつの手段として、スクールカウンセラーの導入が考えられた。日本の学校に外部からの新しい要素を入れ込むことによって、変革を促進しようとするのである。これは、スクールカウンセラーがよりどころとしている臨床心理学が、その出発点として個人の尊重ということをかかげている事実を有意義に考えるからである。

一般に学問と呼ばれるものは、「普遍性」を大切にする。そこで研究されたことは、何らかの意味で普遍性をそなえていなくてはならない。しかし、臨床心理学においては、何といっても大切なのは、悩み苦しんでいる個人であり、人間が個性をもちひとりひとり異なることを前提とする限り、人間全般に通じる普遍的なこと、というのはあまり意味がなくなってくる。まず大切なことは、その個人の主観の世界である。その「個人にとっての真実」の尊重という言い方ができるかもしれない。このような立場をとるために、臨床心理学は「学問」として出発するのが非常に遅く、大学のアカデミズムに受け入れられるのも遅かった。しかし、社会からの要望が高いのと、「臨床心理学」自身も、その立場や方法論などについて自覚し、独自の学問をつくりあげてきた。ちょうど、そのような時機と、日本における教育改革における個性の尊重という点がうまくかみ合って、スクールカウンセラーという試みがなされ、制度化に向けての努力もなされつつある。

以上のような現状の根本認識をもっていないと、スクールカウンセラーの仕事が、本来の役割と異なったものになってしまう。この試みがなされたとき、一部では教育現場のことをよく知っている者、というわけで退職した教員が適当だという論もあったが、それはスクールカウンセラー導入の理念を理解していないことを示している。前述したように、むしろ、従来の教育現場のあり方と異なる考えや態度をもった者が、カウンセラーになるところに意義があるのだ。教育現場のことをよく知っているというので、日本的なあなあの関係になってしまったのでは、何のためにわざわざスクールカウンセラーを入れようとしているのか、まったくその意味がなくなってしまう。

たとえば、不登校の子どもがいると、担任教師としては、できるだけ早く登校させようと気持が焦るが、スクールカウンセラーは、その登校できない子どもが、今どのような状況にあるのか、どんなことを感じ、考えているのか、というところから出発しようとする。筆者はかつて高校の教師をしていたので、現場の教師の気持がよくわかるのだが、どうしても早く解決したい気持が先立ってしまって、子ども本人の感情に目を向けることを忘れてしまうのである。こんなときに、スクールカウンセラーが異なる視点から発言してくれると、視野が広がって、子どもに対する姿勢も変わってくる。

スクールカウンセラーが、こんなときに「改革」の意志に燃えあがりすぎていて、「だから現場の教師は駄目だ」とか、日本の教師はカウンセリングに理解のない人が多いと憤慨したりすると、それは事態を悪くするばかりである。臨床心理学は「個人」を大切にするといって、不登校の子ども個人のみを大事にするのはまちがっている。登校させたいと焦っている教師個人も同様に大切にしなくてはならない。このようなときに全体を判断して、もっとも適切な方法を考え出す力をもっていなかったら、それは専門家とはいえない。

「改革」というのは息長く、じっくりと取り組んでこそできるものだ。制度の改革はある程度できるとしても、そこに込められた精神を実現していくのには、相当な年月とエネルギーが必要である。個人の変革にずっとつきあっている臨床心理士であれば、このことを身をもって知っているはずである。ひとりの人間が変わるためには周囲も変わる必要があることもよく知っているはずである。このような点から考えても、わが国の教育改革の一端を担う者として臨床心理士に期待されている意義があると思う。あくまで個人を中心としながら、日本の学校教育の改革にじっくりと腰を据えて取り組んでいかなければならない。

専門家としての役割

スクールカウンセラーとして仕事をしている臨床心理士は、自分が「専門家」であるという意識をしっかりともたねばならない。しかし、この「専門家」という意味は、他の職種と異なる意味をもっているので、その点についてもよく考えてみなくてはならない。

すでに述べたように、教師は教師として熱心に生徒のことを考えているとき、スクールカウンセラーはそれと異なる視点から意見が述べられるところに意味がある。しかし、それが相手に「納得」されないと意味はない。拒否されたり、時には反撥されたりしても意味はないし、表面的に同意されたものの、その後にそれがぜんぜん生かされてないと意味はない。教師に「なるほど」と感じてもらうにはどうすればいいのか、それも「教師」として一般化するのではなく、この際、この教師に、ときわめて個別的にそれにふさわしい方法を思いつくことができなかったら専門家とはいえない。

要するにマニュアルにすべて頼ろうとする姿勢をもっていては、専門家とはいえないのである。これが、一番端的なかたちででてくるのは「秘密」をどのように守るか、というときである。相談に来た子どもが、シンナーを吸っているとか、万引をしたとか告げ、「秘密は絶対に守ってほしい」と言ったときにどうするのか、ここにもおきまりの答えはない。その子どもの態度、その学校の状況、自分のスクールカウンセラーとしての立場など、すべてを考えねばならない。カウンセラーには守秘義務があるとか、子どもが希望したので、などと安易に秘密を守っていると、その内容によっては大変なことになってくる。だからといって、子どもの言ったことをそのまま、担任や校長に言うべきである、というのでもない。そのときに、カウンセラーと担任、校長などの間に、どれほどの信頼関係があるかについてもよく考えてみる必要がある。

このような困難な状況のときに、秘密を守るか守らないか、というように単純に二者択一的に考えないことが大切である。これは、校長(あるいは教頭)にだけは言っておこうという場合もある。あるいは、「大切な話なので、そのうちに報告しますが、今しばらくはカウンセリングを続けます」というような言い方もある。そして、どうしても秘密を守りきれぬと思ったときは、そのことをクライアントと話しあうべきである。真剣に話しあうと、そこから新しい展開が生まれるときもある。

専門家というときに、いわゆる「専門家面《づら》」をしないことが大切である。人間の個性を尊重するということは、それが唯一の存在ということだから、自分のもっている知識によって完全に理解できるはずがない。それと、そのような個性は、深い人間関係が成立してこそ、はじめてそこに現れてくるものであるから、すぐにわかるようなものであるはずがない。これらのことを他の人たちよりもよく知っているからこそ専門家なのである。したがって、われわれは人間の「心」、「個性」というものに対しては謙虚にならざるをえない。このようなしっかりとした裏づけをもった謙虚さが専門家としての姿勢である。

人間の心の問題はレベルによって解決の仕方が異なってくる。表層にいくに従って、解答も出しやすく、対処の方法も思いつきやすい。たとえば、中学生でもすでに「人はなぜ生きるか」とか、「人間の死は何を意味するか」などの本質的な問題にぶつかって登校せずに家に閉じこもっている場合がある。そのような子どもに、「そんなことは忘れて登校しなさい」とまでは言わないにしても、本質的なことを回避して登校するようにしたとして、それは果たして意味のあることだったかと考えはじめるとわからなくなる。そのようなとき、表層のレベルでも深いレベルでも対応しつつ、実際に今何をするかを考えていかねばならない。これは大変困難なことである。

表層の問題は解決策がわかりやすい。そのようなときは指示も忠告も与えられるし、それに従うと結果もよいので、さすがに専門家といわれるときもある。もちろんこの程度のことはできて当然だが、そんなことのために、「自分は専門家だから何でもわかる」という態度になる人は、ほんとうの専門家ではない。表層のことと思って解決しても、それは深い問題からの回避になっているのではないかと疑い続ける姿勢をもっていないと専門家ではない。心の問題はどこまで深いかわからないのだ。

すでに述べたように、臨床心理士の立場は、一般的な学校の立場とは対立的になることがある。その対立に耐え、それを生かしながら新しい道を考え出すのが本来の仕事である。それを忘れて、学校の姿勢に迎合して、円滑な関係をもっているなどと喜んでいるのは、本末転倒である。ひとりの子どものためには、学校全体と対立しても、それを耐えぬきながら解決にいたるほどの覚悟と能力をもっていなくてはならない。もっとも対立ばかりしているのは問題外であるが。

課題の広がり

臨床心理学は教育の実際において、カウンセリングや生徒指導の領域を超えて、いろいろと役立つところがあると思われる。すでに、スクールカウンセラーのなかには学校内のことに幅広く関与している者もあり、それらの報告を知ってうれしく思っている。一番多いのは、教師および保護者の研修の講師として仕事をすることである。これは、これまでの研修がややもすると「偉い先生にお話を聞く」というかたちを取り、それがよい話であっても概念的、理念的になるので、あまり実際の役に立たないことが多かった。それが臨床心理士の場合は具体例をよく知悉しているので、日々の行動や生活に結びつくことが多く、喜ばれている。それと、たんなる「お話」に終わるのではなく、質疑応答やロールプレイ、小集団のバズセッション、その他の技法を交えてするために、参加意欲が湧いてくるという長所ももっている。このようなことに、どんどん協力していくとよいが、一番心がけるべきことは守秘義務のことであり、不用意に事例に関する話をしないことである。もちろん、臨床心理士は具体例に多くふれているのが強みであるが、不用意に事例のことを語らぬように注意しなくてはならない。

筆者自身は試みたことがあり、発表もしているが、心理臨床家が「授業」の研究に参加する、あるいは、時には授業をしてみることも、授業研究に新しい切り口を開くことになると思われる。これはもちろん、学校全体の理解と協力がないとできないことではあるが、今後非常に豊かに広がる領域であると思う。道徳教育の授業などを担任と共に行うのなどはどうであろうか。道徳を上から教え込むのではなく、大人も子どもも共に考え、共に見いだしていくこととして学ぶことが可能と思われる。

教員の採用問題が見直されようとしている。これまでのようにペーパーテストの結果に重きをおくと、頭はよいが人物として困った者が採用されたりする。この問題を解決するために、採用時の面接試験にスクールカウンセラーが陪席したり、意見を求められたりしている。これも重要な仕事である。このような機会に、たんに病理的な面のみを考えるのではなく、教員の資質としてはどんなことが望ましいか、それを選別するのにどんな方法があるのかなどについて、教育委員会の人と共に研究してみてはどうであろう。

授業以外の校内の行事をどのように考えるか、どう行うかも重要なことである。このことについて、教師との話しあい、あるいは、教師と生徒の話しあいへの参加、などを通じて共に考えていくのも有意義であるだろう。

以上のようなことは、たとえば、ある不登校生が修学旅行に参加するかしないか、ということにかかわっているうちに、より本質的なこととして出てくるかもしれない。そんなときは、自分の能力や学校全体の状況などを判断し、スクールカウンセラーとしても意義あることと思えば教師や保護者と話しあうこともいいであろう。しかし、よほどよく状況を判断してからでなければ、何もかもが収拾のつかない状態に追いこまれてしまうだろう。

ここに述べていることは、スクールカウンセラーの仕事としてよりは、むしろ、臨床心理士が今後かかわっていくべき課題として論じている。その点誤解のないように。

筆者自身は、以上のような考えから、学校教育の多くの場合に臨床心理士がかかわることの意義を考え、あらたに「臨床教育学」ということを提唱し、書物も書いた。その後、このことは全国的に広がりつつあるのでうれしく思っている。ただ少し残念なのは、臨床教育学が少し誤解され、大学に留まっていた学者が教育現場のことに発言したり、意見を述べることと思われていることである。筆者が「臨床」とわざわざ言っているのは、教育現場に何らかのかたちで自らかかわることを前提としているのである。そのような体験にもとづいて学問を築き、それによって現場に貢献することが大切である。その点で、臨床心理士が臨床教育学の分野で活躍するのが望ましいと思っている。

参考文献

稲垣忠彦・河合隼雄ほか編『シリーズ授業』全四巻、岩波書店、一九九一―九三年。
河合隼雄『臨床教育学入門』岩波書店、一九九五年。〔本巻所収〕
河合隼雄『カウンセリングを考える』上・下、創元社、一九九五年。
梅原猛・河合隼雄編『小学生に授業』小学館、一九九八年。

野外文化教育の意義

現代人の課題

最近の思春期の子どもの引き起こす事件に眉をひそめる人は多い。「いのちを大切にする」教育が必要ということで、一足とびに昔の修身教育や教育勅語の復活につながるほどの論をなす人さえいる。問題はそれほど単純ではない。このことについてここでは論じる気持はないが、教育勅語や修身教育をたたきこまれた日本人が、戦争中に韓国や中国などの外地でどんなことをしたか考えてみるだけで、問題の難しさがわかる、というものである。

にわか仕立ての道徳教育では、解決しそうにない現代の問題について、少し考えてみることにしよう。ここで、少年たちのよく言葉にする「キレル」を鍵として考えてみよう。「いのちを大切に」などと言っているが、そのことを知識としては、問題を起こす少年たちも知っているはずである。しかし、怒りがこみあげてきたとき、感情と知識とが切れてコントロールを失ってしまう。

なぜ彼らは簡単にキレルのか。それは、キレルの反対のツナガリの経験がないからだ。ツナガリはキレルのを防いでくれる。たとえば、ある少年は自殺を決意して家出するが、「おばあちゃん」の姿が目に浮かんできて思いとどまったことがある。つまり、祖母とのツナガリが彼のキレル行動を防いだのである。

「関係喪失」ということは、現代人の大きい問題である。人と人との関係、人と自然の関係、知識と体験の関係、心と体の関係、どの関係をとりあげても、現代人は地球上のいかなる文化におけるこれまでの人たちよりも、「関係喪失」に悩んでいるのではなかろうか。

これはどうしてだろうか。それは、近代になって生まれてきたヨーロッパの文明は、知識と技術によって対象に操作を加え、人間の望むとおりのことをつぎつぎと成し遂げてきたからである。その成果は著しく、われわれ現代人はかつてない便利で快適な生活を享受するようになった。これはこれで素晴らしいことである。しかし、対象化して操作することに上手になって、対象化以前に存在する「関係」を無視する傾向が強くなりすぎてしまったのだ。

キレル子どものよくいう言葉に、「親のひいた路線に乗せられて生きてきた」というのがある。自分の子どもを「よい子」にしようと操作しているうちに、親子の関係性は薄れ、それまでは「よい子」だった子が急にキレル現象が生じるのである。よい子であろうとなかろうと、うちの子はうちの子だ、というようなツナガリが薄くなっている。このことを、子どもたちは、自分の「居場所」がないとも表現する。ほっとする場がないのだ。

このような状況のなかで、知識を多くつめこむことにのみ専念すると、頭でっかちの、頭と体が切れた子どもになってしまう。せっかくの知識が借りもので、自分のものになってない。知識を自分の生活のなかに生かすことができないのである。

野外の知・体験の知

いろいろな面においてキレている人間の「関係性の回復」をはかることが必要である。このことの一環として、人間と自然との関係の回復がある。現代の子どもたちは、あまりにも「お勉強」に追いまくられていて、自然からキレているのではないだろうか。これには、大人たちは二重に責任を負っている。まず、子どもに対して勉強や習い事などを押しつけすぎている。つぎに、子どもたちの自由な遊び場を奪ってしまった。つまり、バブル経済に乗って、空き地をなくしたので、子どもたちにとっての非常に大切な空間を無くしてしまったのである。

これらの点を反省して、子どもたちに自然と触れる体験をさせる機会を与えるように、大人たちは努力しなくてはならない。そこに野外文化教育の必要性が生じてくる。ともかく、勉強の部屋を出て、野外に行くのだ。そうすると、そこは子どもたちにとって興味深いことに満ちているはずである。

まず、身体活動がある。ともかく跳んだりはねたりするだけでもいい。最近の子どもたちのなかには、心と体がバラバラと言いたいような子どももいる。少しのことでつまずいて倒れたり、しかも大変なけがをしたりする。心と体の協応関係は、野外で自由に動くことによってできてくる。

子どもたちは自由さえ保証してやれば、遊びは上手だ。彼らなりにいろいろな体を使った遊びやゲームをやりはじめる。このためには必然的に人間関係のことが入ってくる。ルールをどう設定するか、ルールを守らないものはどうするのか。これらひとつひとつのことが、子どもにとっては「人生学」の学びにつながってくるのだ。

野外において子どもたちが自分の身につけてゆく野外の知は、すなわち体験の知である。体験を通して、知識が自分のものになってゆく。蛙、かたつむり、蟬、などなど、絵で見ているのと、実際に生きている姿を見たり、手で触れたりするのとでは、まったくその知識の意味合いが違ってくるはずである。野外で生じるさまざまのことは、子どもにとっては驚きであり、驚きや感動を通じて知ったことは、簡単に忘れ難いものになる。

野外の体験は実に豊富である。虫一匹を見ても、植物ひとつに触れても、それはどのような方向に広がってゆくかわからない。そこから詩が生まれるかもしれない。理科的な知識につながるかも知れない。そこから友人関係が生じてくるかもしれない。そして、大切なことはそのような動きがすべて子どもの自主性にまかされていることである。子どもの心や体が自主的に動き出すことによって、「自分の体験」が生じ、それは体験知として子どものなかに組みこまれていく。

野外に育つ文化

この学会が「野外教育」と言わず、「野外文化教育」と称しているところに意義が感じられる。そこに文化が生まれてくることを期待している。

教育という言葉は、かねがね指摘しているとおり、「教える」と「育む」という言葉から成り立っている。しかし、わが国では、欧米先進国に追いつけ、追い越せ、という姿勢が強かったので、先進国のもつ知識を早く吸収しようとする傾向が強く、どうしても「教える」ことが前面に出てしまう。知識をできるだけ早く、多く、というので「教える」よりは「教えこむ」態度が強くなって、子どものなかから育まれてくることを、つい無視したり、ときには潰してしまうことさえある。これが、わが国の従来の教育の欠点であった。下手をすると、「教育」とか「指導」の名によって、子どもの個性や創造性を壊してしまうのである。

野外文化教育においても、この点をよくよく注意しなくてはならない。どうしても何かを教えたり、指導したりすることに、大人は焦りがちになるのだ。子どもたちの自主性を尊重すると、必ず失敗が生じるだろう。しかし、そのような失敗を通じて学んだり、ときには、失敗から新しい発見が生まれたりするところに、体験学習のよさがあるのだ。それを、失敗を恐れて、あるいは効率よくするために、何もかも先に教えてしまったのでは、せっかくのほんとうの教育の機会を奪うようなものである。

野外における最大の教師は「自然」である。このことを野外文化教育の指導者は決して忘れてはならない。子どもたちが自然から何を学ぼうとするかは、子どもたち自身にまかされている。もちろん、子どもが何かを知ろうとしたときに、それに関連して知識を与えたり、もっと深く知るにはどうすればよいかなどと援助することは大切である。しかし、最初から「教える」ことを意図すると、屋内におけるつめこみ教育に似たものになってしまって、せっかく野外に出てきた価値がなくなるのである。

野外教育と言わず、野外文化教育と称するのは、そこに文化的要因が関係してくることを明らかにしている。野外と言えば、ともするとスポーツや遠足などに重点がおかれ、身体を鍛えることや身体を動かす方に注目しがちになるが、これまで述べてきたことでもわかるとおり、野外での活動はもっと広く、「文化」と関連してくる。

京都のある小学校で、野外での合宿の体験をもったが、そのときに教師が、これから三日間の生活は学校のそれとまったく異なるので、「勉強」に関係なくそれぞれの同級生のよさが認められるはずである。だから、そこのところをよく見て報告するように、と子どもたちに言っておいた。このとき、この生活は学校内とは異なるので学校の成績などにとらわれずに、同級生のそれぞれのいいところを見出すようにと強調しておいた。

合宿が終わって、子どもたちにその間の体験をもとに同級生の一人一人について、そのよい点を書いてもらい、それを集めて、各人について、級友がどのように書いてくれたかをフィードバックした。そして、それを皆の前で読むことにしたが、誰もが——成績と無関係に——自分の長所を他に認められ、ほんとうに嬉しそうだったという。子どもたちはそのリストを「宝もの」として、ずっと持っているという。

これなど野外文化教育として面白い試みではないだろうか。毎日知っているはずの同級生の姿を「野外」において見て、まったく新しい面を発見する。そこには新しい「文化」が生まれている、というべきである。これはひとつの例であるが、このようにして野外における文化の発見がなされていくと考えられる。

家庭教育の重要性

親の自覚

子どもの問題、および子どもをめぐっての問題が多発している。この問題を嘆く人は多く、したがって、教育に関する評論が巷に溢れる状態になる。受験地獄が問題の元凶と見なされると、いかに大学入試を改革するか、ということになり、多くの改革案が出され、実行もされている。国民すべてが教育評論家になったかの如き観があったが、この傾向が最近になって少し変化してきたように思う。

このことに関して興味深いアンケート調査の結果がある。東京新聞が一九九九年十一月四日に人間の生き方に関するアンケートを掲載し、それに全国から約一万五千の回答が寄せられた。そのなかに「いじめ、非行など、子どもの心の問題を解決するには、どこを一番、直すべきですか」という質問がある。これに対して「親」と答えた人が四二・八％で圧倒的に多い。続いて、大人の風潮二七％、教育制度一二・一％、学歴偏重社会一〇・二％と続く。教育制度や社会の在り方を「直す」よりも「親を直す」ことが第一であると、相当多数の人が判断しているのだ。これは、一般に子どもの問題に関する評論として、これまでマスメディアを賑わしてきた論潮とははっきりと異なっているのではないだろうか。あれが悪い、これも変えねばなどと言ってきて、結局のところは、親が自分の生きる姿勢を直すことが大切と思う人が、多くなったのである。

もうひとつ、このアンケート結果で、注目すべき結果を紹介しておこう。「あなたが一番大切にしたいものは何ですか」という質問に対して、「家族」が四五・五％と圧倒的に高い。これは予想どおりとも言える（ちなみに、二位は「健康」の二九・五％）。ところで、家族が一番大切と答えた人の年齢結果を見て驚いた。三十歳代が六六・七％と圧倒的に高いのである。続いて四十歳代の六〇・七％、二十歳代の五四・八％であり、六十歳代からは家族よりも健康が大切になる。つまり、「家族が一番大切」と感じているのは、高齢者ではなく、三十歳代なのである。つまり、現在、親である人、親になろうとしている人たちである。

それでは、日本の家庭の親子関係はうまく機能しているだろうか。家族が大切と思い、親の生き方を直さねば、と思いつつ現状は困難が多いように思う。現在、試験的に学校に配置されているスクールカウンセラーの報告を聞くと、「こんな場合は子どもを叱るべきでしょうか」という類の、自分で考えれば、と言いたくなるような単純な質問をする母親が非常に多いとのこと。はじめはどうしてかと思ったが、考えてみると、母親たちの相談する場がないことと、善悪の判断の規準がゆらいでいて、どうしていいかわからないこととが重なって、このような現象が生じていることがわかってきた。先に紹介したアンケート調査でも、「今の社会で、一番変化している価値観は何ですか」に対して、道徳観が五四％と圧倒的に高い結果を示している。

「イエ」から「私の家」へ

日本人は「イエ」を大切に生きてきた。人間というものは限りある自分の命を支えるものとして、何らかの永続性のあるものとのかかわりを必要としている。たとえば、日本以外のアジアの国々では、血縁による家族を大切にする。自分が死んでも、所属していた大家族の永続と繁栄を願う。日本は血縁よりは「××家」という「イエ」の存続が大切で、そのためには血縁を無視して、有能な人物を養子にしたりする。

「イエ」を大切にするのも、人間が安心して生きるためのひとつの方策であるが、これは個人の自由を束縛するので、戦後はアメリカの影響もあって、日本人はこれの廃止に努めた。そして、それに代わるものとして、映画などによく出てくるアメリカのマイホームがひとつの理想となった。ところが、日本の現状を見てもわかるように、それはうまく達成されなかった。これはどうしてだろう。

「イエ」は何とか壊すことができたようだ。ところが、人間はそれほど変わるものではない。それに普段は意識していないが、人間はどこかで自分の命を超えた永続性のあるものとのかかわりを欲している。それなしでは安心できないのだ。日本人のしたことは、「イエ」を壊し、知らぬ間に「代理イエ」を作っていた。その典型が「カイシャ」である。ある「カイシャ」に所属し、カイシャが繁栄し永続することで自分は安心できる。その意味で、日本の多くの男性は「イエ」を出て、「代理イエ」の「カイシャ」に所属することになった。

多くの日本の女性は、このために父親不在となった「家」で、父親役と母親役の両方をこなして子どもを育てることになった。まだ大家族的な傾向が残っている間は、祖父母などがこれにかかわって、何とか切り抜けてきたが、核家族化が進行してくると、この構造がだんだんと破綻しはじめた。

このような偏奇した構造に対して、女性が反撥するのも当然であり、女性も社会に進出したり、趣味を生かそうとしたり、自分の世界を持とうとするようになる。ただ、この場合も、男性同様、「イエ」を出て「代理イエ」に入る傾向が強いので、夫も妻もそれぞれが別の「代理イエ」に所属し、子どもだけが「家」に残されるようなことも生じてきた。

これは、日本人が日本の古い殻を破り、欧米先進国の真似をしているつもりで、まったく別のことをしている自覚がなさすぎたためであると思われる。社会学者で日本語も流暢に話せるポーリン・ケントは「コジンシュギ」と題するエッセイで次のように述べている(『京都新聞』一九九九年九月六日夕刊)。

夏休みの家族旅行の様子を見ていると、日本の家族はそれぞれ勝手をしてバラバラ。それに対して西洋人の家族の方がはるかにまとまって楽しそうにしている。日本人こそ「コジンシュギ」だと彼女は言う。たとえば、欧米では一定以上の年齢に達した子どもに部屋を与えるが、「それは「寝室」であって「個室」ではない」。大人も子どもも寝るとき以外は、「居間」に皆と一緒にいる。「子供がドアを閉めて寝室にこもっていれば、親は異常事態だと受け止め、当然すぐにノックして子供と話し合うために入ろうとする」。日本人は子どもが何をしようとも放っておくのが、「コジンシュギ」だと思っていないだろうか。

筆者もアメリカに居たとき、高校生や大学生が家族旅行を大いに楽しんでいる実態に触れて考えさせられた。日本で、大学生や高校生が家族旅行などしていると、「自立していない」などと言われるのではなかろうか。

このように言うのは簡単だが、実はここに重大な問題が隠されている。それは、欧米の個人主義がもともとはキリスト教を支えにして――それと反撥しながらも――生まれてきたという事実である。個人が大切だと言っても、それが唯一の神と関係しているから安心であり、唯一の神の目を意識することによって厳しい倫理が保たれる。それは個人主義であるが利己主義ではない。

ポーリン・ケントは「日本人の生活が「欧米化」される中での「コジンシュギ」に関する根本的な誤解」の存在を指摘しているが、問題は極めて深刻であり、簡単に言ってしまえば、日本人は古い「イエ」を出て、各個人が「私の家」が欲しいと願うとき、それはキリスト教の支えなしで、どのようにその家を築いていくのか、ということになるだろう。

家庭のための教育

以上のように考えてくると、日本における家庭教育は、実に根本的な問題をかかえこんでいることがわかる。「イエ」の考えに頼るのでもなく、キリスト教の神に頼るのでもないとすると、日本のこれからの家庭はどのような考えに立ってつくられるべきかが、不問にされているからである。「夫婦円満」とか「家族団欒」が大切などというのは簡単である。しかし、男性が残業をやめてでも早く帰宅すべきか。中学生がクラブの練習と家族旅行のどちらを優先するか。高校生の帰宅時間を何時にするか。これら個々の場合の判断の規準を問われると、答に窮する人は多いのではなかろうか。「世間に笑われない」という規準は通用しない。それではそれに代わる規準を日本人は持っているのだろうか。

家庭教育とは一般に、家庭内で大人が子どもにする教育と考えられている。しかし、ほんとうのところ日本で必要なのは、家庭とはどんなところか、家庭をつくるにはどうすればよいかなど、家庭をもつ人やもっている人のための教育が必要なのではないだろうか。これこそが、家庭教育の根本だと言えそうである。

実はキリスト教文化圏においても、問題は深刻化しつつある。ポーリン・ケントの指摘するように多くの人は家族を大切にしている。しかし、キリスト教文化圏に住んでいて、信仰心を失った人は、個人主義が極端な利己主義になり、家庭も崩壊する。アメリカを見ても、青少年の問題は日本よりもよほど重大な状態になっている。

日本人は、現在においてどこかの国をモデルとして家庭教育を考えることはできない。「家庭のための教育」は必要である。しかし、誰が何時どこでやっているのだろう。あるいは、やれるのだろうか。この答を知っている人はおそらく居ないことだろう。

大人が子どもに「教える」というのではなく、ここに論じたような根本問題も踏まえて、男も女も、大人も子どもも共に考え、共に論じ合うことが、日本の「家庭教育」においては必要である。これを怠ると日本の家庭は早晩崩壊してしまうであろう。

初出一覧

序説　臨床心理学と教育　　書き下ろし。

I

子どもと悪　　一九九七年五月、岩波書店刊。

II

臨床教育学入門　　一九九五年六月、岩波書店刊。

III

日本の教育の底にあるもの　　『中央公論』一九九七年十月、中央公論社。

心理臨床における学生相談の方向性　　『心理臨床の実際3　学生相談と心理臨床』一九九八年六月、金子書房刊。

学校における心理臨床　　『心理臨床の実際2　学校の心理臨床』一九九九年八月、金子書房刊。

野外文化教育の意義　　『野外文化教育』準備号、二〇〇〇年十一月、野外文化教育学会。

家庭教育の重要性　　『教育委員会月報』六〇〇号、二〇〇〇年一月、第一法規出版。

■岩波オンデマンドブックス■

河合隼雄著作集 第II期 5
臨床教育学入門

2002年1月15日 第1刷発行
2015年12月10日 オンデマンド版発行

著 者 河合隼雄《かわいはやお》

発行者 岡本 厚

発行所 株式会社 岩波書店
〒101-8002 東京都千代田区一ツ橋2-5-5
電話案内 03-5210-4000
http://www.iwanami.co.jp/

印刷/製本・法令印刷

ISBN 978-4-00-730337-1 Printed in Japan